초보자를 위한
화두참선 수행기

조정연 지음

불광출판사

초보자를 위한 화두참선 수행기

서 문

　이 글은 여행 기록이다. 내가 5년 동안 여행하고 나서 그 느낌을 기록한 것이다. 다만 그 여행지는 이 세상 어디에도 없는 곳이다. 어느 지도(地圖) 책에도 나와 있지 않고 어느 안내 책자에도 나와 있지 않은 곳이다. 왜냐하면 나는 '나'를 여행했기 때문이다. 나는 나의 마음을 여행했기 때문이다. 나의 몸 속을 구석구석 여행한 것이 아니고 나의 마음속을, 나의 내면세계(內面世界)를 구석구석 여행했기 때문이다.

　나는 가끔 친구들로부터 과거에 대한 기억, 특히 어릴 적의 기억이 어떻게 그렇게 잊혀지지 않고 남아 있느냐는 말을 들었었다. 예를 들자면 나는 모유 대신 처음으로 우유를 먹던 기억, 처음으로 걸음마를 했을 때의 기억이 꽤 선명한 영상으로 남아 있다. 그러면서 자연스럽게 떠오르게 되는 의문은 이런 것이다. 그 때의 나는 누구이고 지금의 나는 누구인가. 다 같이 똑 같은 나인데 왜 모습이 다르고 생각이 다른가. 은연중에 이런 의문이 생겼었고 그래서인지 결국 나는 수행(修行)의 길로 접어들게 되었다.

수행을 하면서도 나는 여러 이유에서 현실 생활을 떠날 수가 없었다. 수행하면서도 나는 계속 속세(俗世)의 생활을 유지하였다. 또 작년 봄까지 수행을 열심히 하였으나 여러 이유로 당분간 수행을 쉬고 있는 중이다. 따라서 현재는 세속적 생활만을 하고 있는데, 이렇게 수행을 쉬는 중이라서 나는 수행에 대한 글을 쓸 수 있게 되었다. 왜냐하면 수행이란 말과 글로써 접근할 수 없는 곳에 있다. 수행을 깊이 할수록 아무런 할 말이 없어지는 것이다. 수행을 잠시 중단한 지금에서야 겨우 붓을 들고 말로 글로 표현할 수 있게 된 것이다.

글을 쓸 수 있게 된 동기는 이렇다. 수행(修行)을 초등학교에 입학한 것으로 비유하자면 나는 초등학교 3~4학년 수준이다. 이제 구구단도 할 줄 알고 곱셈, 나눗셈도 할 줄 안다. 따라서 이제 초등학교에 입학하려는 사람, 혹은 유치원에 있는 사람에게 초등학교 교육을 가르치기에 적격(適格)이다. 자상하게 또 현실감있게 소개하고 알려줄 수 있을 것이다. 왜냐하면 비슷비슷한 수준에서 알려 주기 때문이다. 그러나 미분적분(微分積分)을 잘 알고 있고 또 상대성이론(相對性理論)까지 잘 알고 있는 선지식(善智識)들은 초등학교 1학년에게 교육하기가 쉽지는 않을 것이다. 아니 교육은 잘할 수 있겠지만 초등학교 1학년들은 어딘지 피부에 와닿지 않을 것이다. 왠지 모르게 거리감을 느끼는 경우가 많으리라 생각된다. 따라서 나는 초등학교 3학년으로서 현실감있고 자상하게 1학년에게 알려 줄 수 있는 것이다.

그리고 바로 그 점 때문에 나는 수행에 대해서 소개하는 글을 쓴 것이고 내가 알고 있는 것을 쓴 것이다. 나는 나의 언어로 나의 말을 썼지 경전을 인용하거나 큰스님들의 법문을 인용하거나 하지는 않았다. 왜냐하면 그런 종류의 책들은 세간(世間)에 많이 나와 있기 때문이다. 이 책의 장점(長點)이 바로 이것이지만 동시에 단점(短點)도 된다. 왜냐하면 나는 초등학교 고학년 이상의 과정은 경험해 보지 못했기 때문이다. 또 나의 경험에 틀린 점도 있을 수 있기 때문이다.

그럼에도 불구하고 내가 과감히 글을 쓰게 된 용기를 지닌 것은 유치원생이나 초등학교 1학년에게 자상하고 현실감있게 알려주고 소개하는 책이 이제껏 없었다고 판단하기 때문이다. 따라서 어떤 부분은 잘못 표현된 부분도 있으리라 생각되지만 과감하게 붓을 들었다.

따라서 이 책은 일반인이 참선 수행(參禪修行)에 대해서 알고자 하는 사람은 아주 쉽게 접근할 수 있을 것으로 생각한다. 멀리 달나라 이야기도 아니고 미국이나 아프리카의 이야기도 아니고 바로 '나'의 이야기이기 때문이다. 이미 쉽다면 이것처럼 쉬운 책은 없을 것이다. 그러나 또 어렵다고 생각하면 역시 이것처럼 어려운 책도 없을 것이다. 왜냐하면 이 책은 '나'의 이야기이지만 동시에 내가 나를 극복(克服)하는 이야기이기 때문이다. 그리고 내가 나를 극복한다는 것, 내가 나의 껍질을 깬다는 것, 그것도 수십년 동안 형성되어온 나의 인식과 감정의 껍질을 깬다는 것은 절대로 쉬운 일은 아니기 때문이다.

이 책을 읽는 모든 분들께 감사드립니다.

1999. 3 조정연 올림

차 례

서문

제1장 나를 돌아봄

항상 즐거운 것 ─── 17
나의 주체성의 확립 ─── 21
여러 가지 착각의 종류 ─── 25
새하얗게 내린 눈이 흙탕물이 될 때 ─── 30
판단력과 사고력 ─── 37
대장과 공주 ─── 42
젊음에 속지 말자 ─── 48
악인악과(惡因惡果) 선인선과(善因善果) (1) ─── 53
악인악과(惡因惡果) 선인선과(善因善果) (2) ─── 57
악인악과(惡因惡果) 선인선과(善因善果) (3) ─── 61
무상(無常)을 느끼게 하는 것들 ─── 65
행복한 이여! 그대는 불행하다 ─── 69
마음이 이 세상을 움직인다 ─── 73

제2장 나를 찾아감

나에게 속지 말자(나의 삶의 언저리) ——— 79
화두의 필요성 ——— 85
나는 무엇인가? ——— 88
화두 들어가기 ——— 92
생각 느낌의 주체가 바로 나의 본연의 모습 ——— 97
내 마음의 밝음 ——— 101
주의점과 상기병(上氣病) ——— 106
분노와의 만남 ——— 110
나의 마음에 적혀 있는 것들 ——— 117
과거의 기억과 만나다 ——— 122
무의식에 잠자는 분노 ——— 128
작은 상념들의 가운데에서 ——— 132
두려움과의 만남 ——— 137

삶과 죽음의 가운데 ——— 143
아침에 시작하는 화두 ——— 147
도고마성(道高魔盛)(1) ——— 156
도고마성(道高魔盛)(2) - 생각의 습관 ——— 162
우주와 함께하는 화두 ——— 168
우주와의 만남(2) ——— 177
우주와의 만남(3) ——— 183
우주의 발견 ——— 190
우주의 모든 것이 나의 모습이다 ——— 196
화두독로(話頭獨露) ——— 200
나의 느끼는 점(1) ——— 207
주장자 소리 ——— 212
내가 느낀 점(2) - 마음과 마음의 관계 ——— 217

제3장 다시 점검함

처음 선방에 들어갔을 때 —— 225
어처구니 없는 경험 —— 230
이 뭣고란 무엇인가 —— 233
화두가 조금씩 되기 시작하다 —— 238
생각의 단속(團束) —— 246
생각을 만난 다음에 감정을 만나다 —— 253
화두란 내가 왜 이런 생각을 하느냐 하는 것 —— 258
화두참선이란… —— 264
후기(後記) —— 268

제1장
나를 돌아봄

자신의 행동을 반성하는 시간을 갖고 자신을 한번 되돌아본다? 한국에는 많은 수행자와 스님들이 이런 시간을 지녔었고, 더구나 그 방법이 간단하면서도 독특하고 효과적인 방법이 있다. 그 방법은 무엇일까. 그것은 '나는 무엇일까?' 라고 자신에게 물어 보는 방법이다. 자신이 스스로에 대하여 직접 의문을 품는 방법이므로 아주 간단하지만 아주 직접적으로 자기 자신을 일대일(一對一)로 맞부딪쳐 대면하는 방법이다. 자기 자신을 접대하는 방법이다. 이 방법은 무려 천년이 넘는 역사와 전통을 자랑하고 있다.

항상 즐거운 것

내 젊은 시절에는 즐거움을 누릴 만한 것이 없었다. 있다면 주로 저녁에 친구와 혹은 누구와 술을 한 잔하면서 그 날의 회포를 풀고 그날의 감정을 추스르곤 하는 일이었다. 어떤 날은 술을 많이 마셨다. 그리고 젊은 기운으로 디스코 장으로 가서 몸을 흔들기도 하였다. 젊은 혈기가 있을 때이므로 어떤 경우에는 새벽까지 술을 마셔도 그 다음날 거뜬히 일어나곤 하였다.

그러나 그 다음날 몸이 거뜬하다고 하여서 마음도 거뜬한 것은 아니었다. 몸은 아무 이상 없었는데 마음은 솔직히 말해서 좀 허전한 느낌을 많이 지닐 수밖에 없었다. 왜냐하면 어제 밤의 흥겨운 시간은 이미 다 흘러가 버렸고 지금부터는 다시 일상적인 지루한 일과로 복귀해야 하기 때문이다. 그러므로 술기운이 깨고 나면 허전했다.

그런데 그 후로 가만히 살펴 보니 술 먹는 것만 그런 것이 아니고 비슷한 종류가 많았다. 영화를 보더라도 그 때는 즐거웠으나 그 후에는 반복되는 일상사, 즉 재미없는 일만 남으므로 역시 허전함을 느껴야 했고, 즐거운 여행은 자연히 즐거운 추억을 남기지만 그 후의 일정은 역시 좀 여행보다는 고달프기 마련이다. 술기운이 깨고 나면 허전하듯, 여행의 감상이 추억으로만 남아 가라앉으면 그도 역시 허전하긴 마찬가지였다.

아니 세상의 모든 일이 다 그러하다고 생각된다. 대통령도 좋은 일이지만 임기를 다 채우면 그 역시 끝은 있는 법이고, 그 후에는 대통령보다는 못한 처지로 내려앉으니 역시 공허함이 있는 것이 아닐까. 아름다운 것도 젊어서 한 때이지 늙으면 공허하다. 그에 따라서 사람의 기분도 기복을 느끼게 된다. 젊은 것도 한철, 때가 지나면 젊음도 기울어진다.

그렇다면 항상 즐거운 일은 없는 것일까. 처음과 끝이 없이 항상 즐거울 수는 없는 것일까. 노래 부르는 것이 즐겁다 하여 계속 노래만 부를 수는 없다. 잠도 자야 하며 밥도 먹어야 한다. 술이 즐겁다고 하여 역시 계속 술독에 빠져 있을 수도 없는 노릇이다. 역시 잠도 자야 하고 밥도 먹어야 한다.

평생 부자(富者)로 산다? 평생 대통령을 한다? 그렇게 되면 어느 정도 가능하다. 왜냐하면 부자이면서 혹은 대통령이면서도 밥도 먹을 수 있고, 잠도 잘 수 있으니까. 그런데 여기에는 한 가지 문제가 있다. 모든 사람이 평생 부자일 수는 없고 모든 사람이 평생 대통령 할 수도 없다. 또 이 대통령이나 부자는 화장실 가서 똥을 누거나, 목욕탕에서 목욕을 하거나, 심지어 잠을 잘 적에도 '나는 부자이다.', '나는 대통령이다.'를 항상 마음속으로 확인하고 되새겨야 한다. 항상 즐겁고 행복하려면 다른 일에 신경을 쓰면 안 된다.

이런 것은 어떨까. 지겹고 힘든 타향살이 접어 두고 고향으로 가는 것이다. 고향에 가면 부모님도 친척들도 모두 반갑게 나를 맞이한다. 고향의 산과 들도 어릴 때 놀던 개울물도 나를 즐거운 목소리로 환영한다. 몸과 마음이 편안하다. 경제적인 여건만 어느 정도 된다면 복잡하고 번거로운 도시 생활을 청산하길 다행이다. 그리고 평생 고향에서 산다. 그러면 아마 영원히 즐거울 것이다. 그렇다. 고향! 고향이 정답이다. 고향에 가면 영원히 즐겁고 행복할 것이다.

우리 말 중에 "몸 둘 바를 모르겠다"는 말이 있다. 입장이 난처하거나 무안한 일을 당하거나 하여 어찌할 바를 모를 때의 표현이다.

우리는 고향같이 영원히 즐겁고 행복한 길을 찾고 있다. 이 말을 다른 말로 하면 "마음 둘 바를 찾고 있다."고 할 수 있으리라. 어느 곳에다 마음을 두면 우리는 행복할까. 우리의 마음을 어디에 천착(遷着)해야 하나.

상대가 나의 마음을 받아 주면 편안하고 행복하듯이, 고향 품이 항상 편안하듯이, 마음을 편안하게 두어야 할 곳을 찾아야 한다. 마음의 고향을 찾아서, 마음의 둘 바를 찾는 것이 필요하리라. 그러면 다시는 방황하지 않으리라. 그러면 다시는 속지 않으리라.

그날 밤에 술을 마시면서 나는 생각했다. 술을 마시면서 나는 나의 마음이 편안해짐을 느끼고, 친구와 우정도 이해도 나눈다. 그런데 그 다음 날에는 다시 공허하였다. 또 나중에 알고 보니 우정이란 한잔의 술로써 달성되는 것이 아니었다. 술로써 영원히 행복할 수는 없었다.

혹은 이렇게 생각했다. 여러 사람 앞에서 그들의 시선을 끌 때, 그들이 나의 멋진 모습을 바라볼 때, 나는 얼마나 행복한가. 나는 그것이 나의 본 모습이고 행복에 겨워했지만, 나이가 들어 기억력과 판단력이 감퇴하고 나의 아름다움이 사라질 때에는 어떻게 될까. 그 때에 나의 본 모습은 어디 있고 나의 행복은 어디 있나. 또 그 때 나는 나에게 다시 한번 물어 본다. 그렇게 남들의 부러움을 사는 것이 진정으로 내가 원하는 것일까.

아니면 어떤 사상(思想)이나 이론(理論)에 나의 몸과 생각을 바쳐서 그 사상이 발전하고 다른 사람이 그 사상을 알아주기를 원했다. 그런데 지금 와서 생각해 보니, 그것은 본래 내가 나의 몸 둘 바를 모르고 마음 둘 바를 몰라서 가지게 된 생각이었다. 그렇다면 그 때 나에게 다시 한번 물어 볼 일이었다. 그것이 내가 진정으로 원하는 일이었느냐고. 또 그곳이 진정으로 나의 마음 둘 곳이었는지.

　이제는 다시는 속지 말고 나의 본래 생각과 본래 모습을 찾아보자. 나의 마음의 고향을 회복해 보자. 어느 곳을 둘러보아도 고향인 그런 편안한 고향을 회복해 보자.

나의 주체성의 확립

　사람과 사람간의 관계는 어떤 때는 간단한 경우가 있고 또 좀 복잡할 때가 있다.
　아주 친하게 지냈었으나 현재는 멀리 떨어진 곳에서 사는, 친한 친구가 있다. 그런데 그 친구가 오랜만에 나에게 들렀다. 그러면 얼마나 반갑겠는가. 옛날에 중국의 철학자 공자(孔子)도 친구가 멀리서 찾아오는 일은 무척 반가운 일이라고 논어(論語)의 첫머리에 적어 놓았다. 그런 친구들은 항상 그리웁고 만나면 반갑고 즐겁다.
　그런데 어떤 친구는 나에게서 돈을 꾸어 갔는데 이를 갚지 않는다. 혹은 시험 공부를 하는데 좀 알려 달라고 해도 알려 주지 않는다. 그리고 가까운 친척인데도 별로 만나서 반갑지 않거나 한 사람도 있다. 이런 사람들과는 별로 원활한 관계라고는 볼 수 없고 만나서 반갑지는 않다. 그리고 이것이 심해지면 만나서 불쾌한 사람도 있고 더욱 심해져서 아주 원수처럼 지내는 사이도 있다.
　그런데 이런 경우는 차이는 많이 있지만 단순하고 명백한 사이이다. 관계가 단순하지만은 않은 사이도 있다. 또 국가와 국가의 관계에 있어서는 실로 복잡다단하다. 우호적 측면과 적대적 측면이 상호 복잡하게 섞여 있다. 예를 들자면 그런 경우는 한일관계(韓日關係) 같은 경우이다. 또 사람의 경우에도 별로 달갑지 않지만 계속 관계를 유지하며 살아가야 하는 경우가 많이 있고, 또 반대로 아주 우호적(友好的) 관계를 계속 유지하면서도 중간 중간 무엇인지 편안치 않은, 그런 경우도 있다.

그러면 이렇게 약간은 복잡한 관계일 때에는 상대에게 어떠한 태도를 취해야 하나. 상대를 만났을 때 어떤 식으로 접대해야 할까. 내 생각으로는 그런 경우에는 일정하게 생각할 필요는 없고 사안(事案)에 따라서 또 상황에 따라서 그에 걸맞은 방법으로 대접하면 되리라 생각한다.

예를 들어서 아주 친했던 친구이다. 고향 친구이므로 죽마고우라고 해도 좋다. 그런데 최근에 사소한 일로 한번 다투었다 치고 친밀도를 한 번 숫자로 생각해 보자. 그러면 친밀도가 100%에서 90%로 하강하였다. 아주 심하게 다투었다면 아마 70~80%정도로 더 하강하였으리라. 그런 경우에는 그에게 말을 건네는 나의 말투는 그에 따라 약간씩 달라질 수 있다. 물론 나중에는 다시 원상태로 복원되겠지만 그 친구와 다투거나 섭섭한 사이일 때에는 태도와 말투가 달라진다. 물론 사람마다 성격에 따라서 친밀도의 변화가 다르겠지만 일단 이렇게 생각해보자. 나는 이것이 정상적인 것이고 자신의 주체성이 확립된 것이라고 말하고 싶다.

집안에서도 친척끼리도 마찬가지이리라. 아무리 친척끼리는 양보하고 사이좋게 지내는 것이 미덕이라지만 만약 그 친척이 우리 집 돈을 꿔 가서 갚지 않고 오히려 사죄도 하지 않는다면 나는 그를 증오하고 어떻게 해서든 그 돈을 다시 찾아와야 한다.(그 돈이 꼭 찾아와야 할 만한 정도의 액수인 경우이다.) 말하자면 친척끼리 양보한다는 대의 명분만 생각하고 돈 꿔 준 것을 잊어 버린다면 나의 본분을 상실한 것이요, 주체성을 상실한 것이요, 자아(自我)를 망각한 것이다. 아무리 같은 집안이라도 사기 치고 거짓말만 한다면 이는 남보다도 더 못한 것이므로 나는 나의 주체성(主體性)을 확립하여 확고한 입장을 취해야 한다.

이와 같이 여러 가지 상대를 대할 때마다 나라고 하는 주체는 달라진다. 그래야만이 상대에 따라 그에 맞게 응분의 접대를 할 수 있다. 어머니 옆에서는 아들 역할을 해야 할 것이고 친구 앞에서는 친구 역할, 아들딸 앞에서는 부모 역할을 해야 할 것이다. 이와 같이 '나' 란 위치와 경우에 따라 입장이 달라진다. 아들일 수도 있고 아빠일 수도 있다. 예술가일 수도 있고 혹은 회사원일 수도 있고 혹은 빚쟁이의 역할도 해야 한다. 그리고 이러한 여러 가지 직분을 잘 알고 이에 맞게 행동하는 사람이 능력 있는 사람이다. 이를 '주체성(主體性)의 확립'이라고 가정하고 생각해 보자.

그런데 사람이란 항상 누구를 상대하거나 대화하거나 접대하며 살아가는 것만은 아니다. 또 항상 어떤 직위나 직분만을 유지하고 있는 것은 아니다. 그런 상대가 있을 때의 나의 주체성 말고 상대가 없을 때의 나의 주체성, 어떤 직분에 있지 않았을 때의 나의 주체성은 어디에 있나. 상대적인 나의 자리 말고 절대적인 나의 자리는 무엇이라고 생각해야 하나

나 혼자 있을 때는 그냥 멀거니 방에 앉아서 TV만 본다? 주위에 아무도 없으므로 내 편한 대로 잠만 잔다? 그러면 TV 보다가 지치고 잠을 많이 자서 더 이상 잠이 안 오면 어떻게 하나? 사실은 이렇게 혼자 있는 시간이 자기 자신과 대면(對面)하고 있는 시간이다. 그 시간에서, 그 절대적인 시간에서 나의 주체성을 살리고 나의 절대적인 입장을 확고히 하는 것, 이것을 수행(修行)이라고 한다. 그래서 수행자들은 혼자 있는 시간이 제일 바쁘다.

다시 말하자면 수행자들은 자기 혼자 있는 시간에 자기 자신과 대면해 보자는 것이다. 앞에 부모님이 있으면 정성스레 봉양을 해야 하고 옆에

친구가 있거나 손님이 있으면 최선을 다해서 접대를 해야 한다. 그렇듯이 혼자 있는 시간, 앞에 아무도 없는 시간은 자기 자신과 대면을 하는 시간이다. 이럴 때에는 자기 자신을 접대(接對)를 해야 하지 않을까? 자신이 자기 스스로에 대하여 정성스레 바라보고 자신에게 제대로 인식해야 하지 않을까? 자기 자신을 대면해 보아야 하지 않을까? 그럴려고 하면 어떻게 해야 하나? 다시 말하면 자기 자신을 어떻게 직시하고 대면해야 하나?

자신의 행동을 반성하는 시간을 갖고 자신을 한번 되돌아본다? 아마 이런 것도 하나의 방법, 자신을 돌아보는 방법이 되겠지만 예로부터 한국에는 많은 수행자와 스님들이 이런 시간을 지녔었고, 더구나 그 방법이 간단하면서도 독특하고 효과적인 방법이 있다. 그 방법은 무엇일까.

그것은 '나는 무엇일까?'라고 자신에게 물어 보는 방법이다. 자신이 스스로에 대하여 직접 의문을 품는 방법이므로 아주 간단하지만 아주 직접적으로 자기 자신을 일대일(一對一)로 맞부딪쳐 대면하는 방법이다. 자기 자신을 접대하는 방법이다. 이 방법은 무려 천년이 넘는 역사와 전통을 자랑하고 있다.

한번 '나는 누구일까?' 하고 의문을 품어 보자. 아마 의문은 생기지 않고 자꾸 딴 생각만 일어날 것이다. 그렇지만 딴 생각이 자꾸 나더라도 자꾸 한번 의문을 품어 보자. 물론 이 때의 '나'란 나의 정신(精神), 나의 마음을 뜻하는 것이지 팔, 다리, 몸체 등 나의 육신(肉身)을 뜻하는 것은 아니다. 철저히 마음먹고 한번 끝까지 의문을 탐구해보자.

여러 가지 착각의 종류

가끔 어느 곳에선가 할 일이 없을 때 나는 어릴 때를 회상하곤 한다.

아주 갓난아기였을 때는 나는 엄마의 젖을 빨곤 했었다. 아마 그 때는 생후 얼마 지나지 않은 때이었을 것이다. 무언가 맛있고 만족스러운 것이 나와서 내 입으로 들어 왔을 때의 그 기쁨! 기쁨이라 해도 좋고 만족감이라고 해도 좋으리라. 그 기쁨이 그대로 내 마음속에 남아 있는 것은 아니지만 그 당시의 충족감의 편린은 아직 나의 뇌리의 저 깊은 곳에 남아 있다.

그리고 이제 나의 회상의 테이프를 조금 돌려서 그로부터 몇 년이 더 지난 후를 생각해 본다.

그 때가 아마 초등학교 저학년 때이었을 것이다. 내가 초등학교에 다닐 때, 나의 등교 길에는 길가에 리어카를 고쳐 세워놓고 떡볶이를 팔던 아주머니가 한분 계셨다. 원래는 1원에 한 개씩인데 10원어치를 먹으면 그 아주머니께서는 나의 탐욕스런 눈빛을 의식해서인지 12개씩을 주었다. 그 당시는 모든 것이 어려울 때이고 물자가 부족한 때여서 그랬지만, 어머님께 용돈을 타서 등교길에 '떡볶이'를 10원어치 사서 먹으면 그것이 바로 행복이었다. 물론 그 행복이 오래 가지는 못했지만(왜냐하면 잠시 후에 다시 배가 고프니까) 먹는 순간의 그 느낌을 잊을 수는 없는 것이다.

이런 식으로 회상을 하다가 다시 현실 생활로 돌아오곤 한다.
나는 이미 장년(壯年)이 되어 있다. 언제 세월이 흘렀는지 모르지만 장년이 된 나는 이미 '엄마젖'이나 '떡볶이'로는 만족할 수 없는 상황에 이르렀다. 사실 나는 나도 모르게 어느 정도 '경제적인 부'를 쫓아다니며 살고 있다. 그렇기 때문에 나의 행복의 전제조건은 그쪽 측면에서 어느 정도 충족이 되어야 한다는 것이다. 그뿐만이 아니다. 나는 어느덧 '명예'도 어느 정도 갖추어져야 행복해지거나 만족해지게끔 생활이 성숙하였다. 사실은 성숙한 것이 아니라 '체면'만 는 것인지도 모른다. 여하튼 성숙이든 체면이든 나는 현재에 이런 상태에 있는 것이다.

사실 어릴 때의 행복이란 일종의 착각이었다. 너무 어려서, 성숙되기 전에 아무 것도 몰랐기 때문에 생긴 착각이었다. 생각해 보면 '떡볶이' 먹고 난 후의 상황과 그 이후의 상황이란 달라진 것이라고는 별로 없다. 다만 약간의 음식으로써 나의 위장의 비어있던 공간이 채워진 것 빼고는⋯ 그리고 그러한 상황에서 내가 행복을 느꼈다니⋯ 참으로 우스운 노릇이다. 요즈음에 와서 누가 나에게 "이 떡볶이를 먹고 행복해지거라"라고 말한다면 나는 그의 정강이를 구둣발로 걷어찰 것이다.

그러나 돈만 있으면 나는 내가 하고 싶은 일을 얼마든지 할 수 있는 것이다. 또한 많은 사람들이 나를 부러워하게 되는 것이다. 나는 어른이 되어서야 비로소 일반적 행복감을 느낄 수 있는 조건을 알게 되었다. 현재의 나는 정확한 판단을 하고 있으며 이것은 어릴 때에 비해 많은 사실을 알고 있기에 가능한 판단이다. 말하자면 "떡볶이 먹으면 행복하다"는 착각이고, "돈 벌면 행복하다"는 정확한 판단이다.

그러나 여기서 잠깐 생각을 몇 년 후, 아니 10년이나 20년 후쯤으로 돌려보자. 어려서부터 장년이 되기까지의 시간만큼이 앞으로 더 흘렀을 때를 생각해 보는 것이다. 말하자면 정년 퇴직한 노인(老人), 혹은 더 한참 지난 후의 노인이라도 좋다. 노인의 행복은 무엇으로써 이루어질까?

아마도 좋은 직장에서 많은 부하 거느리며 사는 것은 아닐 것이다. 왜냐하면 정년 퇴직했으므로 부하 직원이 있을 수는 없는 노릇이므로… 또 많은 돈을 펑펑 쓰면서 세계 여행하는 것도 아닐 것이다. 물론 체력 관리 잘 하고 건강한 노인이야 세계 여행이 가능할 수도 있겠지만 그런 체력을 지닌 노인이 그렇게 많을까?

사람은 나이가 들수록 점점 더 가정을 생각하게 된다. 그렇다면 부부가 함께 장수하는 것? 아들 딸들이 모두 선남선녀이고 다들 출세하여 잘 되는 것? 자신 스스로가 건강한 것? 아마 이 정도가 노인의 행복의 열쇠가 아닐까? 즉 노인의 행복은 건강, 장수, 화목, 자녀의 출세 등등에 있는 것 같다.

그렇다면 다시 현재로 돌아와 보자. 현재의 행복은 진급과 출세, 부와 명예에 있는데 시간이 흘러 노인이 되고 나면 행복의 기준이 바뀌게 된다. 그러면 현재의 내가 열심히 갈망하고 있는 것도 사실은 미래의 관점에서 보자면 별것이 아니지 않나? 장년 시절에 의미를 두고 생각을 깊이 했던 가치들이 노인이 된 이후에는 별 의미가 없는 것이 되고 말았다.

그렇다면 이는 모순 아닐까? 어릴 때의 나, 현재의 나, 미래의 노인일 때의 나 똑같은 나인데 왜 이렇게 생각이 다르단 말인가? 사람은 하나인데 왜 이리 생각이 제각각으로 갈라지게 되나.

그러면 한 걸음 더 나아가 임종을 앞에 두고 있을 때는 무엇으로써 행복이 결정될까? 물론 집안 화목, 자녀들이 잘 되는 것도 마음에 하나의 만족감으로서 자리잡고 있겠지만 제일 절실한 행복은 '죽지 않고 사는 것' 아닐까? 노래의 가사처럼 돈도 명예도 사랑도 다 싫고 오직 '살아 있는 것', '맥박이 뛰고 폐가 호흡을 하고 있는 것'만이 나의 마음에 위안이 되는 것이다.

이 얼마나 슬픈 일이냐마는 이것이 사실이 아닐까. 아무리 슬픈 사실이라도 이것을 부정할 수 있는 사람은 없으리라고 생각된다. 성취욕에 불타고 무엇이든 자신 있는 나의 이 마음은 어디로인지 흘러가서 흔적 없이 사라지게 된다.

그렇다면 생각나는 것이 있고 하고 싶은 말이 있다. 행복감에 취해 있는 사람, 혹은 행복한 사람에게 하고 싶은 말이다. 이 일을 어찌할 것인가. 행복이 온 곳이 어디며 앞으로 어디로 갈 것인가? 행복감은 착각으로부터 일어났으며(어릴 때 생각이 착각이듯이 노인이 되어 보면 젊을 때의 생각도 착각이다.) 조만간 흔적도 없이 사라져 버릴 것이다. 가만히 생각해 보면 행복은 착각으로부터 발생했다. 사실은 행복한 것이 아닌데 나 스스로 '행복하다'고 환상에 싸여서 허상을 보고 있는 것이다. 또 설령 진짜로 행복하다고 하여도 금방 없어져 버릴 터이다. 그 때가 되면 행복이니 행복감이니 하는 것이 모두 소용없어지고 다만 내가 이 공기(空氣)를 흡입(吸入)할 수 있다는 것, 나의 눈에 어떤 영상(影像)이 비친다는 것만이 나의 행복이 된다.

수행자들은 이런 이유에서 수행에 노력하고 참선을 하고자 노력한다. 모든 것이 가을하늘에 뜬구름이고 실다운 것이 없다. 자신이 참되고 의미 있다고 생각한 것, 행복하다고 생각한 것이 언제 바람처럼 사라질지 모른다. 그리하여 수행자들은 이런 것에 답을 구하고자 한다.

오로지 살기 위해 몸부림치고 한번이라도 더 이 세상 공기를 들이마시며 호흡하고자 하는 불구의 노인을 보고서, 혹은 비웃거나, 혹은 남의 일처럼 생각하거나, 혹은 멸시한다면 이는 착각에 기반을 둔 판단이다. 왜냐하면 그 모습은 바로 얼마 지나지 않은 우리의 모습이기 때문이다.

새하얗게 내린 눈이 흙탕물이 될 때

    나의 어릴 적, 그러니까 1960년대 중반부터 후반까지의 겨울 날씨는 요즈음의 겨울보다는 훨씬 더 추웠던 것 같다.
    아마 겨울에 한강이 꽁꽁 얼어붙는 것은 으레 그러려니 하는 일이고, 최저 기온이 영하 20도에서 맴돌던 때가 뭐 그리 드문 일도 아니었다. 그런 시절에 나의 어머니는 여름에는 빨래를 깨끗이 하려 해서 그랬는지 세 들어 살던 집에서 좀 떨어진 곳까지 빨래감을 이고 가서서 그곳 샘물에서 빨래를 하셨다. 어린 나이인 나는 옷감을 손으로 비빌 때마다 생기는 물거품, 물방울들을 그저 하릴없이 쳐다보곤 하였다.
    겨울에는 샘물이 얼어 나오지 않으므로 할 수 없이 집에서 수돗물을 연탄불에 데워서, 데운 물과 수돗물을 섞어서 그 물에다 손을 담그셨다. 아침마다 어머님께서는 그렇게 소중하게 데운 물을 나에게 세숫물로 내미셨다. 그러면 나는 당연하다는 듯이 그 물에다 세수를 하고 학교에 등교하곤 하였다. 나는 그 물 속에 어머님의 그토록 소중한 사랑이 담겨져 있다는 것을 미처 몰랐다. 아마 십년하고도 몇 년이 더 흐른 뒤에야 희미하게 그 진리를 깨닫게 된 것 같다.
    겨울에 재미있는 놀이는 단연 썰매타기였다. 눈이 많이 오는 날 아버지께서 만들어 주신 썰매를 동네 마을의 언덕배기에서 신나게 타고 놀았다.

　나는 전혀 의식하지 못하였겠지만, 썰매에 몸을 싣고 내려올 때 나는 그 순간이 순간적으로 영원할 것으로 생각했었다. 그러다 언덕 밑의 평지까지 내려와서 더 이상 썰매가 진행하지 않으면 이내 실망하곤 하였다. 그러면 이내 다시 언덕을 올라가서 썰매의 스릴을 맛보았다.

　내가 눈에 대해서 실망한 것은 그 이후, 그러니까 중학교 때쯤이었던 것 같다. 한번은 눈이 무척이나 많이 왔다. 금방 눈이 두툼하니 쌓였다. 그 때 나는 교실에서 창 밖을 쳐다보고 있어서 오는 눈을 실컷 볼 수 있었다. 그런데 수업을 마치고 귀가할 때쯤 벌써 상황이 달라져 있었다. 친구들과 실컷 눈싸움도 하고 눈사람도 만들고 등등의 상상(想像)을 하기가 무섭게, 그만 이내 날씨가 포근해져서, 쌓인 눈이 금방 녹고 말았다. 그 쌓인 눈은 길거리에 질퍽하게 보기 싫은 모습으로 쌓여 있었다. 그리고는 이내 흙탕물로 변하고 말았다. 기대했던 눈이 그만 실망스런 모습으로 변하고 말았다. 눈이 하염없이 내리면서 쌓일 때 나는 그러리라고는 생각 못했다.

　나는 그 당시에 생각했다. '에이 눈이 많이 왔는데도 이것 별거 아니네…' 눈이 오고 나면 당연히 흙탕물로 될 것인데도 나는 그 생각을 못했었다. 그래서 실망스러웠다.

　그러나 가만히 생각해 보면 이런 식으로 희망과 실망이 반복되는 경우가 자주 있었다. 사실은 초등학교에 입학하기 전에도 나는 아버지를 졸라서 빨리 학교에 가게 해달라고 떼를 썼다. 그 당시 우리 집은 정릉동에 있는 '숭덕초등학교' 후문에 위치해 있었고, 나는 매일 아침에 책가방 둘러메고 학교로 향하는 꼬마들이 그렇게 부러웠다. 나는 자주 아버지께 떼를 썼고 이같이 반복되던 떼는 결국 아버지의 마음을 움직이게 만들었다.

아버지께서는 동사무소에 가서 여러 번 사정하여 결국 나는 요즈음 말하는 조기교육을 받게 되었다. 왜냐하면 원칙적으로는 그 이듬해에 입학이 허락되었으나 나는 1년을 규정보다 빨리 초등학교에 입학하게 된 것이다.

그리하여 내가 드디어 초등학교에 입학하여 입학식을 할 때, 그리고 담임 선생님한테서 화장실을 소개받고 소변보는 법을 배우고, 앞으로 공부하게 될 교실과 책상을 소개받았을 때, 나는 희망에 부풀어 있었다. 이제부터 학교를 다니게 되었으니 정말로 희망스럽고 재미있는 일만 일어날 것이다. 나는 드디어 초등학생이 되고야 말았다. 나는 이제 동네 코흘리개들과는 무언가 다르다.

그런데 얼마 안 지나서 금방 실망했었던 것이다. 하루 몇 시간씩 교실에 앉아 있기만 하니 이 얼마나 답답한 노릇인가. 즐거운 일이 하나도 없었던 것은 아니지만 답답하고 지루하기만 하지 기대만큼 재미있는 일은 없었다. 그러는 것이 고학년이 되어도 마찬가지였다. 그래서 눈이 녹아 흙탕물이 된 것처럼, '에이 초등학생이 됐는데도 이거 별거 아니네…' 라고 생각했다.

학년이 바뀌거나 혹은 학교가 바뀌거나 매번 나는 새로운 기대와 희망으로 부풀었다. 하지만 그 때마다 현실에서 나타나는 것은 기대에 못 미치는 실망이었다.

사실 나의 인생은 기대와 실망, 또 기대와 실망, 이런 식으로 반복되는 가운데 변함없이 시간만 흘렀다. 대학생이 되었을 때도 마찬가지였고 내가 직업을 가지고 돈을 벌기 시작했을 때도 마찬가지였다. '대학생이나 돈이나 기대보다 즐겁지도 않고… 그저 그러네…'

그러므로 어느 수행자(修行者)는 말하였다. 우리 인생은 '꽃을 따는 처녀'라고… 어느 처녀가 산기슭에서 꽃을 따고 있는 모습과 똑같다고 말했다. 꽃이 아름답고 예쁘니까 이 꽃을 따본다. 그리고는 그 옆에도 꽃이 있으니까 그 꽃이 더 예뻐 보이므로 그 꽃을 따본다. 그런데 따서 보니까 별 것이 아니더라. 그러니 가지고 있는 것은 버리고 다른 꽃, 더 멋있는 꽃을 딴다. 그러다 보니 산기슭에 있는 꽃을 많이 따놓았다. 그런데 해는 기울었다. 그러니 이 꽃 저 꽃 다 따보아도 남는 것이 무엇인가.

그러니 수행자들은 자신을 한 번 되돌아본다. 내가 이 꽃을 왜 땄나? 내 마음이 무엇이길래 이렇게 꽃을 땄나? 이렇게 의문을 갖는 것이다.

일반 사람들은 정신 모르고 이 꽃 저 꽃 다 따보지만-물론 예뻐 보이니까 내 것으로 하고자 꽃을 꺾는 것이다.- 수행자들은 꽃을 따다가 도중에 자신을 한 번 되돌아보는 것이다. 그리고는 부질없는 꽃 따기를 멈추고 이렇게 꽃 따기를 하는 나는 무엇인고? 하고 자신으로 돌아가는 것이다.

또 다른 수행자는 인생이란 '바닷가에서 조개 줍는 어린이'라고 했다. 바닷가에 조개가 널려 있다. 예쁘니까 주워 보자. 이것 줍고 저것 줍고… 그런데 예쁜 것을 집어 올려도 저쪽에 보니 더 예쁘고 진짜로 아름다운 것이 있다. 그러니 그것도 주워야 한다. 그러나 아무리 집어 보아야 아주 마음에 드는 조개껍질은 없더라. 그런데 해는 저문다. 그러므로 수행자들은 부질없는 조개 줍기를 잠시 그만두고 자신에게 물어 본다. "이러는 나는 무엇인가. 왜 조개 줍기를 하였는가?"

요즈음 스포츠 계에서는 스타가 많고 연예계에서도 스타가 많다. 이들은 상대방과의 대결에서 승리한 사람들이다. 어떤 경우는 미국에서 다른 나라 사람과의 대결에서 승리하여 스포츠 재벌이 되는 사람도 있고 나라에도 기여하고 있다. 국가적으로 좋은 일이면서도 개인적으로는 다른 생각이 있다.

한 번 우승하고 두 번 우승하는 것은 얼마나 기쁜 일인가. 또 돈을 벌어 생활이 풍족해지는 것은 얼마나 즐거운 일인가. 그러나 그것도 처음에 몇 번이지 그것이 반복되면 사실 별 것 아닌 것이다. 돈도 벌 만큼 벌면 그 다음부터는 다만 '숫자의 증가'에 지나지 않는다.

그러니 우승이란 또 승리란 기쁘고 즐거운 일이로되, 기쁨과 즐거움에 그리 집착할 일은 아닌 것이다. 또 스포츠란 체력과 연관되는 것, 체력이란 세월이 흐르면 쇠퇴하는 것, 체력이 쇠퇴하여 뽀얗던 눈(雪)이 흙탕물 되면, 잘못하면 기쁨과 즐거움만큼의 실망이 찾아 올 수도 있다.

따라서 나는 우승자에게 묻고 싶고, 승리자에게도 묻고 싶다. 1등 하는 사람에게도 묻고 싶다. 진짜 좋더냐고. "그렇다."라고 대답한다면 그럴 수도 있다. 그러면 다시 묻고 싶다. 진짜 행복하냐고. 만약 이번에도 "그렇다."고 말한다면 그 사람은 아직 나이가 어린 사람이 아닐까. 만약 "그저 그렇더라."라고 말한다면 그 사람은 눈이 밝은 사람 아닐까. 개안(開眼)한 사람 아닐까.

그러니 이제 세월이 흘러 90년대 하고도 9년의 시간이 지나니 알 것 같다. 사실 그 때 60년도에 초등학교 입학하기 전이나, 입학한 이후의 시간이나, 그 때가 나의 삶에서 제일 행복하였던 때인 것이다. 대학교 입학하기 전이나 후나 돈을 벌거나 안 벌거나 상관없이 나의 행복 정도는 변함이 없다. 왜인가? 어머님 아버님 모두 건강하게 잘 살아 계시니 이 얼마나 즐거운 일인가. 살아 계셔서 내가 효도도 드릴 수 있고, 또 정도 나눌 수 있으니, 이것처럼 좋은 일은 없을 것이다.

또 지금처럼 행복한 때도 없는 것이다. 아, 처자식 다 있고 처로부터 뒷

바라지 다 받고, 아들딸과 대화하고 지켜 볼 수 있으니, 또 나는 처자식 뒷바라지 해 줄 수 있으니, 극락 천당이 따로 있는 것이 아니다.

얼마 전에 어느 프랑스의 사회학자는 대학 강단에서 정년 퇴직하게 되어 강의를 그만두게 되었다. 그리고 세계 여행을 하게 되었는데 한번은 필리핀의 어느 밀림 지역으로 가게 되었다. 그런데 그 때가 마침 우리 나라의 추석 명절에 해당하는 기간이었던가 보다. 가족 친척들끼리 같이 모여서 같이 놀며 노래 부르며 대화하며 모두 함께 즐겁게 지내는 모습을 보고 크게 감동을 하였다. 개인적이며 자유주의적인 이 프랑스 인은 자기 나라에서는 이런 모습을 전혀 보지 못하였다. 결국 이 프랑스 인은 인간의 진정한 행복이 무엇이며 즐거움이 어디에 있는지 말년에야 깨닫게 되었다고 술회하고 있다.

사회보장이 잘 되어 있는 프랑스에서는 실업율이 10~20%가 되면 실업에 대한 사회 저항이 일어난다고 한다. 그러나 비교적 보수적이며 또 가족 친척끼리 우리 나라처럼 연대가 잘 되어 있는 스페인에서는 30%의 실업율에도 까딱하지 않고 사회 평온을 유지하고 있다고 한다. 그 이유는 이웃이나 친지가 실업을 당했을 때 스페인에서는 서로 도와주고 챙겨 주는 사회 분위기가 유지되기 때문이라고 한다. 이는 우리 사회가 나아가고 있는 방향에 하나의 유력한 참고 사항을 제공한다고 할 수 있다.

어느 스님은 이렇게 술회한 적이 있다. 추석이 되면 부모님 옆에서 봉양 한번 하고 싶은 생각이 사무친다고 한다. 옆에서 빨래라도 해 드리고 밥이라도 한번 해 드리고 친척이 오거나 누가 오거나 뉘집 아들이라고 얼굴 보여주는 것이 간절하게 생각난다고 한다.

내 생각으로는 이 프랑스인이나 스님이나 다 똑 같은 생각이라고 느껴진다. 진정한 행복은 내 주변에 있다고 생각하는 것이리라.

  그러면 내가 여기서 한 가지 묻고 싶은 것이 있다. 그렇게도 형제가 좋고 친척이 좋고 나의 주변에 나의 행복이 널려 있다고 했는데, 그럼에도 불구하고 수행자들은 어째서 이렇게 좋은 것을 내버려두고 출가(出家)하여 고향과 부모 형제를 저버리는 것일까. 지금부터는 그 답을 알아보고 같이 생각해 보는 마음의 여행을 떠나 보기로 하자.

판단력과 사고력

사고력이란 단순하거나 복잡한 사실을 생각하는 것 혹은 연구하는 것을 말한다고 치자. 예컨대 1 더하기 2는 3이다. 검은 구름이 많이 생겼다가 비가 온다. 지구는 태양 주위를 돈다. 이와 같이 검증된 사실, 혹은 과학적 사실이라고도 할 수 있겠는데, 여기서는 이런 과학적 사실을 생각하는 힘을 사고력이라고 칭하도록 하자.

이에 대해서 자신의 주관적 판단이 게재된 경우를 판단력이라고 할 수 있다. 예를 들자면 "…는 좋다. …는 나쁘다." "…는 옳다. …는 그르다."라고 하는 경우이다. 말하자면 주관적인 판단이요, 주관적인 결정이다. 여기에는 반론의 여지가 많이 남아 있다. 왜냐하면 다른 사람의 판단은 이와 다른 내용이 될 수 있기 때문이다.

그리고 인간이 한평생의 삶을 영위하는 데 있어서 더욱 중요한 것은 판단력이다. 자기 판단이요, 자기 책임이고, 자신의 마음이기 때문이다.

"성적이 올라서 기분이 좋다." 여기에서 성적이 오른 것은 객관적인 사실이고 기분이 좋은 것은 주관적 판단이다. 성적이 오른 것은 부인할 수 없는 사실이고 기분이 좋은 것은 그렇지 않을 수도 있다. 물론 기분이 나쁠 리야 없겠지만 만약에 그 학생이 지금 몸이 크게 아프다면 그리 기쁜 소식도 아닐 것이다. 성적보다는 건강을 회복하는 것이 더 급하기 때문이다.

말 잘하는 남자를 좋아하는 여자가 있다고 치자. 왜 말 잘하는 남자를 좋아하는 것일까? 그 여자에게 물어 본다면 아마 이렇게 대답할 것이다. "맘에 들어서요. 멋있어서요."

그렇다면 그 여자에게 다시 한 번 물어 보도록 하자. "왜 언변이 좋은 것이 그대의 맘에 들었을까요?" 이 질문에 그 여인은 아마 쉽게 대답하기는 힘들 것이다. "좋다", "마음에 든다"고 하는 것은 저절로 마음이 한쪽으로 끌리는 것인데 이를 왜냐고 물어 본다면 대답하기 곤란할 것 같다.

그럼에도 불구하고 왜 말 잘하는 재주가 여인의 마음을 끌었을까를 한번 생각해 보자. 물론 여러 경우가 있겠지만 그녀의 성장 과정과 관련이 있는 경우를 한번 상정해 볼 수 있다.

즉 성장 환경이나 가정 분위기가 몹시 딱딱하거나 가족 구성원들이 자신의 의사 표현을 잘 안 하는 분위기에서 자랐던 것이다. 그리고 그런 환경을 부지불식(不知不識)간에 싫어하는 마음이 자신에게 형성되어 있었던 것이다. 그런 것이 싫어지므로 그와 반대되는 것에 대해 저절로 호감을 지니게 되었다. 그러다 보니 달변가를 좋아하게 된다. 왠지 모르게 '좋아지는' 것이므로 그 이유를 아무리 캐 보아도 알 수가 없으리라. 왜냐하면 좋은 그 이유는 잠재의식에 쌓여 있으므로 눈에 안 보이는 것이다.

'좋다'고 하는 판단은 지금 이 순간에 하였지만 그 판단에는 사실 많은 판단의 자료가 가려 있는 것이다. 지금까지 태어나서 살아온 과정에서 '싫다', '좋다'고 판단해 온 수많은 역사의 기록이 자신의 잠재의식에 깔려 있는 것이고, 이 잠재의식이 현재의 상황과 합쳐져서 "달변가라서 좋다"라는 판단을 만들어 내었다.

따라서 사람이 내리는 중요한 주관적 판단의 경우 그 판단을 읽어보면 그 사람의 인생이 보인다. 그 사람이 살아온 삶의 궤적이 그곳에 배어 있다. 그 판단이 내려지기까지의 그 사람의 인생의 냄새가 배어 있다.

그런데 사람의 판단이란 아주 어수룩한 것이어서 아주 엉망진창인 판단을 내릴 때도 있다.

아빠는 안경을 쓰고 있다. 어릴 때 아빠한테 심하게 꾸지람 듣고 매를 맞은 적이 있다. 혹은 매는 안 맞더라도 심한 공포감이 들도록 엄한 훈계를 들은 적이 있다. 그 때 아빠는 안경을 쓰고 있었다. 그 때의 그 공포가 뇌리에 잊혀지지 않고 계속 남아 있어서 현재의 판단에 혼란을 유발시키는 경우가 있다. 물론 그 기억이 현재(現在)의 의식(意識)에 남아 있는 것은 아니고 잠재의식의 저 뒤안길 한 귀퉁이에 있을 것이다.

그렇게 그렇게 세월이 흐른 연후에 성인이 되고 대학생이 되어 교제를 하게 되었다. 그래서 첫 번째 미팅을 할 때였다. 즐겁고 설레는 마음으로 미팅 장소에 왔는데, 아주 멋진 남학생을 만났다. 안경을 쓰고 있던 그 학생은 말도 또렷또렷하게 잘했다. 그 남학생과 같이 대화하면서 참 즐겁다고 생각되었다. 그런데 그 순간에 자신의 내면세계에서의 한 개념이 떠올랐고 어떠한 느낌이 생겼다. 그것이 상대 남학생의 얼굴과 겹쳐지면서 갑자기 그 남학생이 싫어졌다. 자신도 몰랐다. 좋아 보이던 남학생이 갑자기 혐오스럽고 무서운 느낌으로 다가오는 이유를….

그것은 순간적으로 무의식에 잠자고 있던 내면의 느낌이나 과거의 기록이 현재의 영상과 겹쳐졌기 때문이다. 왠지 모르지만 앞에 안경을 쓰고 있는 이 남자는 갑자기 자기에게 무서운 존재로 인식이 되기 시작하는 것이다.

사실은 아빠가 안경을 착용하고 있어서 나를 때린 것은 아니다. 내가 무엇인가 잘못했으므로 매를 맞을 짓을 했으므로 매를 맞은 것이다. 다시 말해 어릴 때 느꼈던 공포감과 '안경'과는 아무 연관 관계가 없다. 객관적으로 보자면 너무나 당연한 사실이다. 그렇지만 이런 과거의 기록은 현재는 아무 것도 기억되지 않고 기억의 깊은 곳에 느낌으로만 남아 있다. 그러므로 원인(原因)과 결과(結果), 혹은 시시비비(是是非非)가 분명하지 않게 뒤섞여져 있는 것이다.

'잘못 적힌 과거의 기록'은 그릇된 판단 자료를 제공함으로써 현실에서 '판단 오류(判斷誤謬)'와 '착각(錯覺)'을 유발시켰다. 제대로 상황을 판단하지 못한 것이다. 그래서 수행자들은 정견(正見), 즉 올바로 보는 것을 중요시 여긴다. 그러기 위해서 수행을 한다.

따라서 수행자들은 기도를 하거나 참선을 하여 자신의 잠재의식을 정화시켜야 한다고 권한다. 내가 경험한 바로는 참선을 하게 되면 자신의 마음의 바다를 유영(遊泳)하게 된다. 잠재의식에 내재되어 있는 모든 판단과 사려와 분별이 제 위치를 찾게 된다. 그리고 착각과 오판은 어디까지나 착각과 오판이었다는 것을 알고 자신의 본마음이 아니었다는 것을 알게 된다. 그러므로 참선한 사람은 안경 썼다고 해서 그를 싫어하지 않는다. 그의 모습을 오판하지 않고 바로 보게 된다.

이것은 마치 온갖 흙먼지와 오염 물질과 노폐물이 뒤섞여 있는 흙을 깔대기를 통해서 걸러내는 것과 마찬가지이다. 혹은 금광에서 광석을 캐어 순수한 금으로 제련하는 것과 같다. 갖가지 나쁜 성분과 잡탕, 오판과 착각의 성분들은 자신의 기억에서 걸러지고 순수한 성분만이 남아서 질서정연하게 쌓여지고 축적된다. 그래서 무엇이든 올바르게 보고 올바르게 생각한다. 그 이유는 자신의 마음의 기억과 과거의 생각과 판단이 질서 있게 정돈되기 때문이다. 국가나 나라도 그 과거의 역사가 바로 서야 현재에 제대로 역량을 발휘할 수 있듯이 수행자들은 수행을 통해서 정견(正見)과 정념(正念)의 힘을 길러 낸다. 그러므로 수행이란 '개인의 역사를 바로 세우는 일'이라고 할 수 있다.

대장과 공주

누구에게나 어릴 적의 기억이 있을 것이다.

나의 어릴 적 그러니까 1960년대에는 특별한 놀이 시설이 없어서인지 주로 구슬 몇 개로 할 수 있는 구슬치기, 그리고 막대기 하나로 할 수 있는 전쟁놀이 등을 많이 했었다(막대기로 따발총을 대용). 그 당시에 축구공으로 축구를 할 수 있다면 부유층에 해당하는 사람이고 만약에 야구를 할 수 있다면 최고위층(最高位層)에 해당하는 사람이었다.

내가 어렸을 적에도 전쟁놀이를 자주 했었다. 전쟁에서 각자 할 역할이 주어지고 그에 따라 서열이 정해졌는데 대장(大將), 부대장(副大將), 연락병, 졸병, 간호원 등등의 역할이 있었다. 대장은 주로 키가 크고 나이도 한 살이라도 더 많은 아이가 했었다. 나도 대장을 하고 싶었으나 여러 여건상 그 직위는 맡아보지 못했던 것으로 기억된다. 그 대신 부대장(副大將)은 몇 번 할 수 있었다. 여러 명이 부대장을 하고 싶어하므로 부대장 숫자가 아마 많았을 것이다. 언제인가는 옆의 친구가 자신이 어제 졸병을 했으므로 오늘은 부대장을 해야 한다고 말했다. 나는 그 말에 동의하고 졸병 노릇을 했던 기억이 난다. 물론 그 날은 그 친구가 부대장을 했으리라 생각된다.

또 나중에 알고 보니 여자아이들도 놀이를 할 때 서로 '공주' 혹은 '왕비'를 하고 싶어하는 것 같다. 겉으로 내색은 안 하더라도 속마음은 그런 경우가 많은 것 같다. 하녀 역할 등은 서로 맡기 싫어한다는 것이다. 또 자기 자신이 공주 같다고 스스로 생각하기도 하고 혹은 다른 사람이 그렇게 생각해주길 바라며 혹은 그렇게 되길 노력한다. 요즘에는 이것을 '공주병'이라고들 한다. 남자 어린이들이 대장노릇 하고 싶어하는 것을 '대장병(大將病)'이라고 하고 싶다.

　이것은 말하자면 '남들보다 좋은 역할'을 하거나 혹은 '남들보다 좋은 자리'에 위치하고 싶은 욕망이 있는 것인데, 아이였을 때부터 그런 것을 보면 인간의 본심이라고도 할 수 있다. 대장은 그 부하들보다 높은 자리이며 중요한 역할이다. 공주나 왕비도 좋은 자리, 중요한 역할이다.

　그리고 세월이 흘러 '어린이'를 졸업하고 '학생'을 졸업한 나이가 되어도 사실은 그런 마음은 그대로 남아 있는 것 같다. 직장 내에서도 좋은 자리, 중요한 자리에 배치되어 좀 더 남보다 뛰어난 역할을 수행하고자 하고 금전적인 수입도 남들보다 많았으면 하고 바라는 것이 인지상정(人之常情)이다. 또 배우자도 나에게 잘 맞는 배우자를 물론 선택해야 하지만 이왕이면 남들이 보기에도 부러움을 살 수 있는 그런 배우자를 원한다.

　또 여자들은 용모도 남들보다 뛰어나고 매력적이고 남들에게서 미인이라고 부러움을 살 수 있기를 원한다. 그렇게 되기 위해서 부단히 노력하는 것이며 현대의 경쟁 사회에서의 그런 노력들은 눈물겹고 감동적이다. 또 사실은 이런 노력들이 있어야 문명과 문화가 발전하는 것이며 우리의 삶에서 보람을 느낀다고도 볼 수 있다.

　그런데 문제는 세월은 변함없이 흘러간다는 것이다. 그리고 나이가 더

들게 되면 이제는 더 이상 중요한 역할을 수행할 수가 없어진다는 점이다. 그 역할을 그대로 하고 싶어도 타인이 그것을 허용하지 않는다. 또 다른 사람들이 우리를 계속 좋은 자리에만 앉아 있게끔 용납하지 않는다. 또 우리의 용모도 주름살이 하나 둘 늘어나게 되는 것이며 아무리 자세를 바르게 하려 해도 허리는 점점 구부정하게 된다. 아무리 가꾸고 꾸미고 하여도 더 이상 매력적이니 미인이니 하는 단어는 우리와는 상관없는 단어가 되는 것이다. 이쯤 되면 더 이상 '공주병'은 그 설 자리가 없어진다.

그런데 더욱 더 큰 문제가 또 있다. 그것은 우리의 마음의 문제인데, 바로 우리의 마음은 아직도 젊을 때와 마찬가지로 대장 역할을 맡고 싶거나 공주 역할을 하고픈 경우가 많은 것이다. 나이가 들고 몸과 마음이 노화되면 그런 정서와 욕망이 사라지게 되는 것이 정상일텐데, 별로 없어지지 않고 남아 있게 되는 경우를 종종 본다.

마음은 아직 정정하고 젊은 날과 같다. 그러나 현실에서는 직장에서 내쫓기기도 하고 모든 일에서 물러나야 하므로 현실과 욕망과의 괴리가 생긴다. 또 마음은 어릴 적과 같은데 몸은 이미 꼬부랑 허리가 되었으므로 몸과 마음 사이에 무너질 수 없는 벽이 생긴다. 그러므로 점점 갈등이 심화(深化)된다. 몸과 마음이 함께 늙고 같이 노화된다면 이런 갈등은 별로 없겠지만 사실 노인이라도 기억력(記憶力)만 감퇴(減退)됐지 욕망(慾望)이나 정서(情緖), 감정(感情)은 별로 젊은 날과 다름이 없다. 몸은 노화가 되는데 마음은 노화가 안 되는 것이다.

여기서부터는 앞서 말한 '대장병(大將病)'도 더 이상 지속되기가 힘들다. 얼굴에 주름살이 패이고 피부가 탄력을 잃어도 '대장병'은 물러서지 아니한다. 왜냐하면 대장은 주름살도 있고 피부 탄력도 없을 수 있으므로. 그러나 현실 생활, 사회 생활에서 은퇴하고 물러앉으면 '대장병'을 포기하게 되는 것은 어쩔 수 없는 대세이다.

그러므로 늙으면 모든 일이 서럽게 되는 것이다. 무엇보다도 내가 늙었다는 것이 서럽다. 또 다른 사람들이 나를 늙은이로 취급하는 것도 서럽다. 또 기억력도 감퇴하고 판단력도 떨어져서 하고 싶은 일을 못하므로 서러운 것이다. 또 '미인'이니 '매력적'이니 하는 것도 사실은 좋은 자리인 것이고 여자로서 남들보다 중요한 역할을 수행하기에 필요한 전제조건이다. 그런데 이제 더 이상 그런 역할을 하지 못하므로 슬픈 사실임에 틀림없다. 그렇기 때문에 분노가 생기기도 하고 우울해지기도 한다.

따라서 시간이 경과함에 따라 이 노인은 현실을 인정하고 시간에 순응할 수밖에 다른 도리가 없다. 나는 이제부터 '별로 좋지 않은 자리'에 앉게 되어도 별 수 없고 '별로 중요하지 않은 역할'을 맡게 되어도 별 수 없다. 어떤 다른 사람이 그런 역할을 하더라도 옆에서 구경이나 하고 박수나 쳐줄 수밖에 없다. 이제는 우선 몸이 말을 듣지 않으므로 어쩔 수 없다.

그래서 어릴 때 지녔던 대장과 공주에 대한 희망이 이 시기에 와서는 더 이상 지속되지 못하고 종결된다. 물론 그 대신에 다른 곳에서 자신의 꿈을 다시 만들고 이로써 위안(慰安)을 삼는 경우도 있다. 그럴 경우에는 이렇게 생각한다. '에유! 이제 나는 틀렸고 애들이나 잘 되어야 하는데…' '이제부터는 몸이나 건강해야 할텐데…'

그런데 이 때 좀 달리 생각하는 경우도 있다. 어떤 노인은 허망하게 생각한다. 내가 학생 때부터 수십 년 간 노력했던 나의 꿈이 사실은 어린 시절 골목대장이 으시댔던 것처럼 허무한 것이구나. 또 이렇게 허망하게 포기하게 되는 것을 왜 그렇게도 힘들게 노력하며 다른 것은 돌아보지도 않았나. 그렇게 애썼던 것이 사실은 아무 것도 아닌 뜬구름이었구나. 텅 빈 허공을 잡으려고 내가 평생 노력했구나. 그래서 이렇게 생각하는 노인은 나이가 들어서도 불구하고 수행자가 된다.

　일본의 어느 한 기업의 총수인데, 어느 신문지상을 통해서 알게 된 그 기업인의 모습은 오랫동안 내 머리 속에 남아있다. 그 기업은 잘 나가는 기업이었다. 그런데 그는 기업의 후계자를 정하고 늙은 나이에 기업에서 은퇴하였다. 그리고는 어느 사찰(寺刹)로 곧바로 출가하였다. 그는 평소에 자신이 정열을 기울여 노력해보고 싶었던 불교 공부를 이제나마 제대로 할 수 있게 되었다고 기뻐하였다.
　개인적으로 생각할 때 잘 나가는 기업의 총수라면 남부러울 것이 없는 사람이다. 그런 그가 고생길이 뻔한 출가의 길을 택한 것은 무엇 때문일까? 무엇인가 자신이 걷고 있는 길에서 부족한 것을 느꼈기 때문이 아닐까? 그렇다면 그는 온갖 명예와 부와 명성이 보장된 총수 자리를 마다한 것은 그런 화려한 업적이 알고 보니 뜬구름이고 알고 보니 텅 빈 허공인데 무엇인가를 잡은 것으로 착각했다고 느낀 것은 아닐까?
　명나라 말기의 저항세력을 평정하고 흉흉해진 민심을 수습하여 중국대륙을 통일한 중국 청나라 제 3대 순치황제(順治黃帝), 그는 부귀와 영화가 보장된 황제자리를 버리고 가족과의 인연도 끊고 출가하였다. 그가 출가할 때의 심정도 마찬가지가 아닐까?
　정치가나 기업인이나 일반인이나 물러갈 시기와 장소를 아는 사람은 옆에서 볼 때 아름답다. 죽을 때까지 자리와 돈을 고집하는 것은 옆에서 볼 때 그리 유쾌하지는 않다. 어떤 노인은 내가 왕년에 잘 나가던 사람인데 창피하게 은퇴했다고 어떻게 이런 일을 하느냐면서 끝까지 자리와 보직에 연연하고 자존심 때문에 시시한 일은 하지 않겠다는 것은 참으로 속이 좁은 사람이다. 그것은 어릴 때부터 가지고 있던 '대장병'이 일찍 없어지지 않고 노인이 된 이후에도 계속 남아 있는 것인데, 옆에서 볼 때 안쓰럽기도 하다. 그는 어릴 적의 '대장병'이 그대로 남아 있으므로 안타깝게도 그는 아직도 '철이 없는' 것이다.

내 생각으로는 '대장병'이니 '공주병'이니 하는 것이 허무하고 부질없다는 것을 느끼는 자만이 수행자의 길로 접어들게 된다. 왜냐하면 그에게는 자존심이니 자만심이니 하는, '자신은 남과 다르다'고 하는 생각이 별로 남아 있지 않기 때문이다.

젊음에 속지 말자

　어린 시절에 몹시 궁금해하던 것이 있었다.
　그것은 어른들에 대한 일반적인 의문이었다. 그 때 부모님께서는 일상생활을 무척 힘들게 영위하고 계셨다. 하루 일과 중간 중간에 그 힘든 몸을 쉬게 하느라 낮잠을 주무시는 때도 있었으며 혹은 잠은 주무시지 않더라도 그냥 방안에 누워 계시는 시간도 많았다. 너무나 어리석은 생각이었으나 나는 그 당시에 '왜 어른들은 재미있게 뛰어 노실 생각은 안 하고 재미없게 일만 하실까?' '왜 저렇게 어른들은 재미있게 놀지 않고 맨날 누워만 있을까?' 이렇게 의문을 가져 본 적이 있다.
　설령 어른들이 놀거나 즐기더라도 애들처럼 뛰어놀지는 않는다. 또 놀고 싶지만 돈을 벌기 위하여 일을 한다. 또 하루 일상생활이 힘에 겹고 과로가 있다면 낮잠도 자고 쉬어야 한다. 그렇지 않으면 견디기가 힘든 것인데 어린 나로서는 어른들이 힘들다고 하는 개념을 이해 못했었다.
　물론 지금 생각해보면 아주 어이없는 착각이다. 자기 자신만 알고 자신과 조금만 다른 것은 전혀 이해하지 못하는 철없는 생각이었다. 사실 나는 창피한 말이지만 부모님께서 힘들다거나 아프다거나 하는 것을 이해하지 못했었다.

물론 '힘들다', '아프다'고 하는 것은 그 이후로 조금씩 나이가 들어서는 충분히 이해할 수 있게 되었다. 자라면서 잔병치레도 있기 마련이고 또 갖가지 타박상도 있고 하면서 '아프다'고 하는 개념을 이해하게 되고 '힘들다'고 하는 개념도 조금씩 느끼게 된다.

그러나 정작 20대 초반까지는 그 개념을 완벽하게 납득하지는 않는 것 같다. 아프고 힘든 사람을 주위에서 많이 보지만 자기 자신은 별로 그렇지 않기 때문이다. 왜냐하면 그 때까지는 술을 아주 많이 마셔도 아침에 일어나 보면 거뜬하다. 아주 힘든 일을 하여도 금방 피로가 풀린다. 디스코 춤을 하루 온 종일 추어도 별로 피곤하지 않다.

또 그 때에는 얼굴이 점점 고와지기만 한다. 목소리도 예뻐지고 피부는 점점 탄력적으로 된다. 그러므로 이팔청춘에는 길 가다가 말똥 굴러가는 것만 보아도 깔깔거리며 웃는다고 한다. 말똥 때문에 웃는 것이 아니라 사실은 몸과 마음이 젊고 예쁘니까 웃는 것이고, 말똥은 하나의 핑계에 지나지 않는다.

친구들과 같이 어울려서 술을 마신다. 혹은 동료들과 같이 어울려서 노래방에 간다. 같이 노래 부르며 어울릴 때 얼마나 즐거운 일인가. 혹은 같이 어울려서 디스코 춤을 추게 되면 모든 스트레스가 깨끗이 씻기어 없어진다. 깜박거리는 불빛 사이로 보이는 젊은 사람들의 건강함과 푸르름! 별천지(別天地)에 온 기분이 들기도 한다. 혹은 산과 들로 나가서 자연을 감상하기도 하는데 기운은 넘치고 마음은 활력에 차 있다.

그런데 이것도 가만히 생각해 보면 즐겁고 활력 있고 푸르른 것도 전부 젊어서 그런 것이지 술이니 춤이니 자연이니 하는 것이 핑계에 지나지 않는다. 내가 생각하는 것이 혹 극단적인지 모르겠으나 그것은 '젊음'에 속고 있는 것이다. 그것은 내가 어릴 적에 지니고 있었던 몰이해(沒理解)의 상황과 똑 같다. '젊음'에 속고 있으므로 '늙음'에 대해서는 이를 무시하거나 그냥 나와는 상관없는 것으로 지나쳐 버린다. 그러나 사실 '늙음'은 곧 닥쳐올 자신의 일인 것이다.

나의 아버님께서도 항상 고향 생각을 많이 하시고 고향 일을 추억도 하시고 말씀도 하시곤 하는데, 내가 보기에는 고향도 물론 그리웁지만 그와 더불어 '젊음'이 더 보고 싶으신 것은 아닐까? 고향에서 당신의 과거의 젊음을 확인하고 싶으신 것은 아닐까?

여하튼 젊고 건강하다고 하여서 지나치게 술에 탐닉하거나 놀고 즐기는 것에 몰두하여서는 안 된다고 생각하게 된 것이 최근의 일만은 아니다. 왜냐하면 그것은 자신의 나이에 속고 젊음에 속는 일이기 때문이다. 그것은 착각이고, 그것은 몰이해(沒理解)의 상황이기 때문이다. 그것은 자신의 본모습이 아니고 '육체의 건강함'에서 비롯되는 '일시적 현상, 내지는 일시적 욕구'이기 때문이다. 그러므로 젊다고 하여도 몸과 육체의 소리만 들을 것이 아니라 마음의 소리에도 귀를 기울이고 경청해야 하는 것이다.

나중에 언제인가 병들어 누우면 어떻게 할 것인가. 환자가 되어 있으면 어떻게 할 것인가. 병들어 입원해서 누워 있다. 사람이 병들면 짜증나고 신경이 곤두서고 날카로워진다. 가족들이 위로의 말을 던질 때 당신은 계속 짜증만 낼 것인가? "아파 죽겠는데 옆에서 자꾸 알짱거리지 마!! 남은 아파 죽겠는데…." 친구들과 친척들이 병문안을 왔다. 예의를 조금 차려야 하므로 마음속에 있는 말은 못한다. "바쁘신데들 이렇게들 와주었네. 언젠가는 회복되겠지 뭐…." 그러나 실제 속은 부화가 치밀고 왕짜증이다. '아니 이놈들이 남 아픈 모습을 보고 즐기려고 왔나?' 그렇지 않은 사람이 훨씬 많겠지만 만약에 이런 사람이 있다면 있다는 사실 자체가 좀 슬픈 일이다. 아무리 아프더라도 너그럽게 말하고 너그럽게 생각해야 할 것 아닌가. "위로의 말을 해줘서 무척 고맙네. 그래도 당신이 있어서 이렇게 간호도 받고 위로도 받고 하지 당신이 없으면 가능했겠는가. 내가 이렇게 어려운데 옆에 있어줘서 고맙네." "여보게들 이렇게 잊지 않고 와줘서 정말 고맙네."

몸의 소리, 육체의 소리에만 귀를 기울이는 사람과 마음의 소리에도 귀를 기울이는 사람은 이렇게 다른 것이다. 또 그런 사람들은 나이가 들면 들수록 서럽고 외롭게 되고 한탄과 후회밖에 남는 것이 없게 된다. 나이가 들어서 노인이 되었다. 외롭고 쓸쓸하고 서럽다. 이제 남은 시간도 얼마 안 된다. 몸은 쇠약하고 허리는 구부정하다. 몸을 가누기도 점점 힘들어진다. 그 때 가족들이 와서 위로의 말을 건넨다. "할아버지 옛날에는 건강하셨는데 이제 이렇게 늙으셨으니 어떻게 해요?"

"늙어 본 적도 없으면서 무슨 위로야 위로는. 그런 소리 떠들지마. 나는 하루종일 짜증과 서러움뿐이야. 너희들이 이해하기나 해? 나는 아픈 데도 많고 하루 종일 부화만 치민다."

그러나 젊은 시절 '젊음'에 속지 않았던 사람들은, 그리고 수행자들은 대답이 다르다. "그렇게 이해를 해주니 무척 고맙다. 그러나 내 인생은 이제 얼마가 남았는지 모른다. 그러나 나는 너희들과의 고마운 추억은 영원히 간직할 것이다. 나는 이미 늙었으니 신경쓰지 말고 너희들이 잘 되는 것이 나의 행복이다."

수행자들은 어떤 현상은 모두가 하나의 원인을 지니고 있다고 생각한다. 또 모든 현상을 과거 · 현재 · 미래에 걸쳐서 일관성 있게 판단하기도 한다. 또 영원한 것을 찾고 영원성을 추구하는 것이 수행자이다. 그러므로 그들은 '젊어서 한 때 즐거운 것'에는 별로 관심이 없다. 왜냐하면 그것은 젊어서의 잠깐의 시간으로 끝나 버리기 때문이다.

  그런 것 말고 그들은 영원성을 추구하므로 늙어서건 젊어서건 상관이 없다. 그러므로 그들은 젊은이와도 대화하고 늙은이와도 대화한다. 늙은이와도 마음이 통하고 젊은이와도 마음이 통한다. 늙어서도 후회가 없다. 젊다고 즐거움만을 추구하고 나이 든 사람을 배척하는 것은 속이 좁은 것이고 영원성의 측면에서 기간이 짧은 것이다. 또 나이 들고 늙었다고 젊은 사람들을 부러워하고 자신은 서럽다고 생각하는 것도 속이 좁고 한정적인 것이다. 그렇지만 수행자들은 나이와도 상관없고 시간과도 상관없는 그런 것을 추구하는 것이다. 그들은 '젊음'에도 속지 않고 '늙음'에도 속지 않는 것이다.

악인악과(惡因惡果) 선인선과(善因善果) (1)

　신문지상을 통해보면 일본에는 '이지메'라는 것이 있다. 학교 급우들이 집단으로 한 학생을 괴롭히고 따돌리고 약올리고 배척하고 미워하는 것이다. 심지어 어떤 학생은 몹시 괴로워하다가 자살이라는 비극적 길을 선택하는 경우도 발생한다. 그만큼 주위 학생으로부터의 따돌림이 괴로웠을 것이다.
　우리 나라에서도 '왕따'라고 하여 종종 이지메 비슷한 일이 벌어지곤 하는 모양이다. 얼마 전에 뉴스를 통해서도 그것을 확인할 수 있었다. 물론 아직은 일본처럼 심하고 광범위하게 퍼져 있지는 않은 모양이다.
　사실 이지메까지는 안 가더라도 여러 사람이 한 사람을 따돌리거나 무시하거나 하는 짓은 어느 곳에서나 흔히 볼 수 있는 일이다. 내 생각으로는 인간사회의 어느 곳을 가더라도 그런 것은 있다. 예컨대 미국의 어느 마을에서는 백인들끼리 살다가 흑인이 이사오면 다들 다른 곳으로 이사한다고 하는데, 그 속마음은 비슷한 것이 아니겠는가.
　나는 이런 것을 생각해보았다. 이지메를 당한 학생은 심리적으로 심한 괴로움을 겪을 것인데, 그의 인생에 어떤 영향을 미칠 것인가. 심리적으로 크게 위축되거나 심한 상처를 입게 되는 것은 당연하지만 실제의 그의 향후 인생이 어떨 것인가 하는 점이다. 그의 인생은 이지메의 영향을 별로 받지 않고 순조롭게 잘 풀릴 것인가. 혹은 그 영향으로 반대의 길을 갈 것인가.

그는 앞으로의 삶과 인생 역정에서 일이 순조롭게 잘 풀릴 수가 없다는 생각이 들었다. 왜냐하면 그 조롱과 멸시와 괴로움이 깊이 마음속에 각인되기 때문이다. 가학자(加虐者)는 조롱과 멸시로써 상대를 대했지만, 피학자(被虐者)는 괴로움과 분노, 두려움으로 남아 있을 것이다.

물론 상급반으로 진급해서 순조롭게 학교생활을 유지할 수도 있다. 그렇다면 다행스러운 일이고 밝고 명랑한 생활을 회복할 수 있을 것이다. 그리고는 세월이 지나면 아주 잊어버릴 수가 있다. 그렇지만 무의식의 세계에서는 그의 인생의 커다란 오점으로 남아 있지 않겠는가.

예컨대 그 피학자는 나중에 자신의 결단이 필요할 때, 자신만의 결정을 내리지 않고 남의 의견만 따라가는 사람이 될 수 있다. 자신의 의견을 말해야 하는 자리일 때도 그는 자신의 의견을 밝히기를 주저한다. 그 자신이 그저 앞에 나서기가 꺼려지는 것이다. 그리고 남들과 어울리고 군중 속에 묻혀 있을 때가 제일 행복을 느낀다. 그리고 그는 자신의 성격이 그러려니 하고 자타가 인정하겠지만, 그의 본래의 성격이 그런 것은 아니고, 사실은 후천적인 체득이다. 이지메를 당하지 않고 대중 속에서 적응하려는, 생존을 위한 처세술이다. 물론 본인이나 그 주위 사람들은 이것을 성격 탓으로 돌릴 것이다. 그렇지만 이런 성격은 다시는 이지메를 당하지 않으려는 본능에서 우러나온 것이다.

세월이 한참 흐른 후에 그 이지메는 아마 그 피학자의 기억에서 사라질 것이다. 없었던 일로 생각할 가능성이 많다. 그러나 학생시절의 그 이지메의 상처는 영원히 인생에서 지워지지 않고 그의 성격에 그림자를 드리우고 있다.

　나중에 직장생활을 한다. 그 자신 사회생활에 잘 적응하는 것, 남들이 보기에 더하지도 않고 덜하지도 않고 모나지 않게 행동하는 것, 이것이 그에게는 제일의 행복이요, 처세술이리라. 그런데 어느 날 직장 동료들이 농담을 하면서 모두 웃었다. 그런데 그 자신은 그 때 작업에 열중하느라 그 농담을 듣지 못했었다. 그는 순간적으로 몹시 당황했다. 다른 사람이 나를 따돌리고 배척한다는 느낌이 들었다. 그는 옆에 있는 동료에게 무슨 일이냐고 물어보았고 농담 도중에 모두 웃었다는 사실을 알았다. 그는 자신도 모르게 안도의 숨을 내쉬었다.

　그 피학자(被虐者)는 주위 사람이 웃으면 자신의 마음이 불안해지는 이상한 습관이 생겼다. 그는 다른 사람의 표정을 살폈을 때 상대방의 표정이 이상하면 자기를 경멸하는 것이라고 생각하는, 이해하기 힘든 습관이 생긴 것이다. 요는 이지메를 가한 가학자(加虐者)들은 그들의 뜻대로 되었다. 피학자(被虐者)는 충격을 많이 입고 성격이 삐뚤어지거나 성장 후에도 어딘지 불안정한 성격이 되고 말았다. 그들이 가했던 피해만큼, 그는 피해를 입었다.

　그런데 가학자(加虐者)도 자신이 타인에게 쏜 화살이 언젠가 자신에게 온다는 사실을 알아야 한다.

　그는 어릴 때에 다른 사람을 놀리거나 괴롭혔다. 공부 못하고 얼굴 못생긴 그 녀석을 괴롭혀서 속으로 즐겼다. 그 후 세월이 흘렀고, 그는 그 사실을 잊었다. 그러나 그 사실은 그의 무의식에 남아 있고, 내심 그 녀석이 나에게 나타나서 복수할지도 모른다는 생각을 갖고 있다. 물론 현재에는 바쁜 생활을 영위하느라고 전혀 그 때의 일은 생각지도 못하고 있다.

　그런데 새로 부임한 상사는 좀 머리가 둔한 편이고 얼굴이 못생겼다.

이 때 그의 무의식은 그 상사가 자신과 불편한 관계, 혹은 적대적인 관계에 있는 사람이라고 직감(直感)한다. 물론 그 상사가 자신에게 무엇인가 적대적일 것이라는 합리적 증거는 없다. 내면세계의 깊은 곳에서 무의식적(無意識的)으로 그런 느낌이 생기는 것이다. 왜냐하면 무의식이란 이성적 판단보다는 '느낌'에 지배되는 경우가 많기 때문이다.

그는 왠지 상사로부터 어떤 보복, 혹은 해코지를 당할 것이라는 피해의식에 젖게 된다. 딴 부서로 좌천을 당하거나 심하면 퇴출당할 수도 있다는 상상을 자주 하게 된다. 여기서부터는 이상하게 상사가 정서적으로 심정적으로 싫어지게 된다. 상대가 나를 싫어하면 나도 상대가 싫어지는 법! 상사도 이상하게 그 직원만 보면 불쾌한 생각이 든다. 그 직원은 이상하게 업무 능력이 떨어지고 실적이 떨어진다. 이렇게 되면 악인악과(惡因惡果)라고, 타인과의 관계에서 좋지 않은 인연이 맺어지는 것이 현재에 이르러서 자신에게 좋지 않은 결과로 다가온다.

그러므로 선인선과(善因善果)가 되는 것, 좋고 편안한 관계로서만 유지될 때 후일 그에게는 좋은 결과만이 나타난다. 그의 주위에 있는 사람은 전부 그에게 선(善)을 베풀려고 한다. 많은 주위 사람들이 그에게 선의(善意)를 지니게 되며, 그의 일은 순조롭게 풀리게 된다.

악인악과(惡因惡果) 선인선과(善因善果) (2)

　내 일상사가 평범하게 풀릴 때, 내 기분이 상대방의 기분을 철저히 거부할 때가 아니라면, 기뻐하는 사람 옆에 한번 가보자. 기분 좋은 사람 옆에 갔을 때 나도 괜히 기분이 좋아진다. 그와 오래 있다 보면 그의 기분이 나에게로 전해 와서 기쁘고 편안한 마음으로 나의 기분도 변한다. 그의 기쁨의 에너지가 나에게로 와서 그 에너지만큼 나에게 영향을 미친 것 같다.
　반대로 분노에 가득차 있는 자에게로 갔을 때 내 기분이 좋아질 리는 없다. 우리는 대부분 대화 도중에 상대의 표정을 읽게 된다. 그러다 보면 대화 도중에 혹은 이심전심으로 느낌이 전해지게 된다. 그러다 보면 나도 같이 기분이 좀 상하게 되는 경우가 종종 있다.
　합리적·논리적 이유를 설명할 수는 없지만 사람의 느낌이란 때론 절묘하기도 하고 때론 정확하기도 하다. 속에서 분노한 자가 아무리 속마음을 숨기고 내색을 하지 않아도 그것을 느낌으로 포착할 수가 있다. 일부러 노력하는 것이 아닌데도 그 느낌이 전해지는 경우가 많다.
　나는 업무 관계상 사람과 대화를 많이 하고 하루에도 여러 사람을 상대하는 위치에 있다. 그러면서 지속적으로 느끼는 것이 있고 긴 시간을 두고 관찰하여 느끼는 점이 있다. 그것은 다음과 같은 점이다.

　내가 어떤 일로 기분이 상당히 좋다. 모든 일이 즐겁다. 누구를 만나도 즐거운 마음을 지니고 있는 상태에서 만난다. 만나는 사람마다 호감을 품게 된다. 그러면 상대방도 자신도 모르게 나에게 호감을 느끼게 되고 그러다 보면 저절로 서로 호의적으로 대하게 된다. 그러면 서로 편한 마음에서 대화가 오고가는 것이며 자연히 서로 좋은 결과를 만날 수 있다. 그러면 그의 업무 능력은 향상되고 그 분야에서 훌륭한 성적을 받게 된다(물론 그렇다고 일부러 혹은 억지로 기분을 좋게 할 수는 없는 노릇이다).

　그런데 나중에 길을 걷다가 우연히 그 상대방을 만났다. 서로 호의적으로 좋은 감정을 지녔던 사람이므로 무척 반갑다. 상대방을 우연히 만나더라도 서로 반가울 것이며, 서로 잘 해 주려고 노력할 것이다. 이런 만남이 쌓이고 쌓이다 보면 만나는 사람마다 모두 나에게 호감을 지닌 사람만 만난다. 이상하게도 그의 인생에서 만나는 사람은 사람 사람마다 좋은 사람이요. 사람 사람마다 자신에게 도움을 준다.

　거래처의 사람이 자신에게 갑자기 생각지도 못했던 제안을 한다. 그의 제안대로 하여서 뜻하지 않게 좋은 경제적 성과를 거둔다. 그의 친구들이 여러 손님들을 소개해 주어서 모든 일이 순조롭게 풀린다. 하는 일마다 떼돈을 벌거나 하는 것이 아니다. 어떤 일을 하더라도 일이 순순히 되는 것이며, 모나지 않게, 평범하게, 매사가 편안하게 되는 것이다.

　그러므로 좋은 마음과 좋은 인연이 이렇게 모여서 이렇게 좋은 결과가 빚어지게 되니, 그것이 누구의 덕택인가. 그 누구의 덕택도 아니다. 자기 자신의 마음 씀씀이가 누적된 결과이다. 그러니 자신의 인생의 공과(功過)가 있고 잘잘못이 있다면 모두 자신의 책임이요, 자신의 덕택이요, 자신의 마음의 덕택이다. 그러니 모든 것이 자신이 마음 품은 대로 되고, 마음

먹은 대로 일은 풀리는 것이다.

반대로 내가 불편한 마음을 지니고 있을 때, 누구와 말다툼을 하거나, 누구를 원망하거나 할 때, 자신도 모르게 그 기운을 발산하게 된다. 아무리 속마음을 숨기고 내색을 안 하려고 해도 말이다. 그러면 상대방도 무엇인가 좀 왠지 불편한 심기를 그 사람에게서 포착하게 된다.

여기까지는 그래도 그러려니 하고 넘어갈 수 있다. 만약에 어떤 원인으로 억울한 느낌을 지니고 있고, 남을 원망하는 괜스런 마음이 생길 때, 이것이 혹시나 아무 상관없는 직무상의 대화 상대에게 옮겨질 수도 있다. 마치 동쪽에서 뺨 맞고 서쪽에서 뺨 때리는 식으로… 그러면 왠지 모르게 상대는 이를 느낌으로 포착한다. 그러면 직무상의 일은 협상이 잘 안 될 것이다. 당연히 좋지 않은 결과가 빚어지며 그의 업무 능력은 점점 하강곡선을 그리게 된다.

그러다가 나중에 길을 가다가 우연히 감정이 좋지 않던 상대방과 만났다. 못 본 체 인사도 안 한다. 혹은 서로 불편한 심기를 지닌 채 만난다. 혹은 상대에게 악의를 품게 된다. 그러면 상대도 나에게 그런 감정을 지니게 되는 것이며, 이런 경우 어떤 식으로든 그 결과는 자신에게 구체적으로 나타나게 되지 않을까?

예컨대 상대는 자신에게 좋은 거래처를 소개 안 해 준다든지, 앞에서는 웃으면서 뒤로는 나쁜 소문을 퍼뜨리거나, 등등의 방법으로 해코지할 수도 있다. 혹은 그 당시에는 가만히 있더라도 그 악의(惡意)는 그의 마음속에 계속 남아 있을 것이며, 그 자체로도 자신의 마음에는 부담이 되는 것이다. 그 후에도 무엇인가 자신의 마음속에 찜찜하게 걸리는 그 무엇으로 계속 남아 있지 않을까?

만약에 당신이 어떤 누구와 어떤 경우에 원결(怨結)이 있었다면 그 원결이, 이 우주의 공간에 메아리쳐서, 마치 태초의 우주의 파장이 지금에도 존재하듯이, 지금의 허공에도 울리고 있다고 생각이 되지는 않을까?

수행자들이 살생을 하지 않고 살코기를 먹지 않는 것도 이와 무관하지 않다. 자신은 아무 생각없이 살생을 하더라도 그것은 그 생명체와는 원결(怨結)을 짓는 것이 된다. 그 생명체는 살고자 하는 본능이 있으므로 죽어가면서 인간을 원망하게 된다. 그리고 그 원결(怨結)은 언제인가는 자신에게 과보가 되어 돌아온다.

수행자들은 깊은 마음의 세계를 들여다 보고 있기 때문에 하나하나의 마음의 파장을 느낄 수 있다. 그러므로 지금 이 순간에도 원결을 짓지 않고, 마음의 그림자를 두지 않는다. 또 자신의 앞에 나타나는 일과 앞에서 펼쳐지는 현상과 앞에 놓여 있는 사물에서 과거의 흔적을 보고 마음의 그림자를 발견한다.

선인(善因)이나 악인(惡因)이나 모두 돈 버는 데만 작용하고 혹은 돈을 뜻대로 못 버는 모습으로만 작용할 것인가. 절대로 그렇지 않은 일이다. 이 세상에는 무수히 많은 일이 존재하는데, 선인(善因)이나 악인(惡因)은, 선지식(善知識)들의 말을 빌리자면, 여러 가지 모습으로 나에게 나타난다.

악인악과(惡因惡果) 선인선과(善因善果) (3)

　과거에 좋은 일을 많이 짓고, 선인(善因)을 많이 만들면 그것이 나에게 현실이 되어 나타난다. 좋은 일은 좋은 인연을 만들어 내고, 좋은 인연은 좋은 마음을 만들어 낸다. 좋은 마음이 누적이 되면, 그것이 현실화되어서 내 앞으로 다가오게 된다.
　그러므로 어릴 적에 좋은 마음을 품고 좋은 일을 많이 하면 그 사람은 나중에 그 결과를 받아서, 복을 받는다. 수행자나 선지식(善知識)들에게는 그 결과가 보이고 그 과정이 눈앞에 펼쳐지므로 당연한 결과이고 자연스런 과정이다. 그런데 현실에 몸을 담고 사는 일반인들은, 눈에 보이는 것, 손으로 만져지는 것, 귀로 들리는 것만 인정하므로 수긍하고 받아들이기가 어려운 것이다. 하지만 선지식(善知識)들은 손을 한번 쥐었다 다시 펴는 것처럼 당연한 일이다.
　어릴 때 혹은 과거에 좋은 인연을 맺으면 현실에서 복을 받는다. 이 개념을 시간적으로 조금 확대하여 보자. 그러면 어떻게 되나.
　더 이전의 과거에 맺어진,-혹은 전생에 맺어진 것이라 해도 좋다.- 좋은 인연은 현실에서 나에게 나타난다. 전생으로 그 개념을 넓힐 수가 있다. 또 이 말을 뒤집어 보면 이렇게도 할 수 있다. 현재의 상황을 살펴보면 과거의 내 모습을 알 수 있다. 그래서 선지식(善知識)들은 과거의 내가, 혹은 전생의 내가, 좋은 인연을 맺었는지 혹은 악연을 맺었는지를 현재 나의 돌아가는 일을 보고 알 수 있다고 한다.

다시 그 개념을 확대하여 보면 이렇게 볼 수가 있다.

현재의 시간에 내가 맺은 선인(善因)이나 악인(惡因)들로 인하여 나의 미래가 조금씩 달라진다. 혹은 나의 내생이 그에 따라 달라진다. 따라서 나의 내생이 잘 되고자 하면 지금 착한 일을 많이 하고 좋은 인연을 많이 지으면 될 것이다.

이와 같이 인과(因果)의 내용을 이해하여 보면, 인과란 시간을 매개로 하여 원인과 결과가 상호작용으로 나타나는 것을 말한다. 전생과 현생, 현생과 내생이 서로 맞물려 돌아가면서 우리의 인생에 나타난다.

그런데 여기서의 시간의 개념을 공간의 개념으로 약간 변형하여 보자. 그러면 과거에 만들어 졌던 좋은 인연-좋은 인연의 핵심은 서로 우호적이고 호의적인 마음이 생기는 것이 핵심-이 현재에 존재하는 것이 된다. 말하자면 상호 우호적이고 호의적인 관계가 현실에서 존재하는 것이 된다.

그리고 과거의 좋은 인연이 많다는 것은 현재에 좋은 인연이 많다는 것이 된다. 그리고 그것은 다시 말해서 현재에 여러 사람과 좋은 인간관계를 맺고 여러 사람이 자신에게 호감과 친근감을 가진다는 말이 된다.

과거에 많은 좋은 인연은 현실에서 좋은 결과로써 나타난다. 따라서 이 말을 현재로 환원하면 현실에서 많은 사람과 좋은 관계를 유지하면 나에게는 이익이 된다. 그 좋은 관계는 현실에서 나에게 실효성 있게 나타난다. 따라서 나의 일이 잘 풀리려면, 또 내가 도모하는 모든 일이 순조롭게 되어지길 원한다면 인간관계를 무엇보다 중요시해야 한다. 상대방을 괴롭히거나 혹은 다른 사람으로부터 원망을 듣게 된다면 나의 하고자 하는 일은 잘 되어지지 않는다.

또 좋은 관계란 서로 좋은 감정을 지니고 좋은 호의를 지니게 되는 것이므로, 나는 항상 매사에 누구에게나 좋은 감정을 지니도록 노력해야 하고 모든 이에게 우호적이고 상대를 위하는 마음을 지녀야 한다. 그것이 나에게 이롭다. 나에게 이익이 된다. 그렇다고 하여 꼭 나에게 이익이 돌아오게 하기 위하여 그러라는 것은 아니다. 인간인 이상에는 누구나 모두에게 그런 좋은 마음이 있으므로 자연스럽게 선량한 마음을 품으라는 말이다.

그러므로 내가 모든 이에게 좋은 마음을 지니고 있다면 나의 일은 순조롭게 잘 풀리는 것이다. 또 그렇게 마음의 작용이 나에게서 나타나는 모든 일에 영향을 주기 때문에 나의 마음은 무궁무진한 능력을 지니고 있는 것이다. 따라서 내가 어떤 일을 간절히 기도한다면 그 일은 내 뜻대로 되는 것이다. 또 많은 사람이 나를 위하여 기도하거나 진심으로 잘 되기를 기원한다면 나는 그 기원대로 된다. 또 도력이 많은 스님일수록 기도의 힘은 증대되고 그 영향력이 확대된다고 한다. 여기서 기도의 타당성과 정당성이 나타나는 것을 알 수 있다.

한 가지 예를 들어보자. 어느 한 집안을 이루고 있던 부부가 나이가 들어서 자식의 도움으로 살아가는데, 그 아들이 무척 효자이다. 부모 모시기를 극진히 하고 항상 부모의 마음에 기쁨과 행복을 드리기 위해서 노력한다. 효도는 무엇으로부터 생기는가? 그 아들에게 부모를 위하는 마음이 있기 때문이다. 그렇다면 그 마음은 어떻게 생겼나. 수많은 선인(善因)이 만들어내는 총체적인 결과가 그런 마음을 빚어내는 것이 아닐까.

그렇다면 이 부모는 젊은 시절에 어떤 마음 씀씀이를 하고 살았을까. 또 과거의 전생에는 어떠한 마음을 지니면서 살았을까. 그 모습을 알 수 있지 않을까. 또한 현재에도 어떤 심성을 지니고 있는지, 이웃과 어떤 관계를 유지하며 생활을 유지하는지 알 수 있지 않을까.

다른 이에게 좋은 심성을 베풀고 모든 이에게 좋은 마음을 지니며, 불쌍한 자를 애처롭게 여겼기에 그는 효자를 자식으로 두게 되었다. 말하자면 주는 대로 받은 것이다.

그러므로 자녀를 효자, 효녀로 두고 싶으면 모든 사람에게 다정하고 부드러운 마음으로 대하라. 가족들이 건강하길 바라거든 다른 이에게 많이 보시하고 불쌍한 이들에게 이롭게 하라. 가족이 화목하길 바라거든 다른 이에게 화목하게 대하라. 그러니 다른 사람을 이롭게 하는 것이 바로 자기 자신을 이롭게 하는 것과 마찬가지이다. 또 참선 수행자들은 이타행(利他行)도 중요하지만 이타심(利他心)도 못지 않게 중요하며 오히려 더욱 중요하다는 것을 수행을 통해 저절로 느끼고 있다.

부모가 매일 술 마시며 폭언하고 아들딸에게 함부로 대하기도 하며, 사기치며 거짓말하며 오나가나 질투·미움·원망·분노뿐이면서, 아들에게 아무리 효도하라고 말해 봐야 그 아들이 그 부모에게 효도를 하겠는가. 아들이 자라면서 보고 배운 것이 그것인데 나중에 교도소 안 가면 다행이지 효행을 기대하기는 어려울 것이다. 그렇다면 모든 것을 마음이 빚어내는 것이라는 선지식(善知識)들의 말씀이 어느 정도 수긍이 되는 것이다.

또 다른 어떤 집안의 예를 들어 보자. 집안이 경제적으로도 풍족하고 다들 똑똑하고 건강하고 한데 그 아들이 불효를 많이 하고 부모의 속만 썩인다. 그렇다면 그 원인을 우리는 무엇인지 역시 잘 짐작할 수 있겠다. 전생에서 또 현생에서도 나쁜 인연을 많이 만들고 남들로부터 원망을 많이 받은 총체적 결과로써 그렇게 된 것이니 그 원인 제공자도 바로 자기 자신, 자업자득인 것이다.

무상(無常)을 느끼게 하는 것들

수행자들에게는 그들이 참선을 하고 수행을 하는 하나의 이유가 있다.
 구체적으로 그 내용을 들어보면 아마 사람마다 많이 다를 것이다. 그러나 그 이유들 중에는 공통점이 하나 있다. 그것은 다름이 아니고 그들은 모두 한결같이 출가 전의, 혹은 수행 전의 일상생활에서 무상(無常)을 느끼게 되어 수행(修行)을 시작하거나 출가하게 되었다는 것이다.
 가장 일반적인 경우는 부모나 친척 혹은 지인(知人)의 죽음이다. 어릴 적의 아이들은 부모의 죽음을 상상하지 아니한다. 그 아이의 눈에는 모든 것이 변함없이 있는 그대로이다. 어제의 장농도 그 자리에 있고 어머님 아버님도 그 자리에서 식사하고 자신이 밥 먹고 세수하는 자리가 매일 매일이 똑 같다.
 부모님의 모습도 항상 그대로이고 해와 달도 집도 방도 방안의 장난감도 자신의 손가락 발가락도 그 모습이 항상 일정하다. 그러므로 학습하기 전에는 그 아이는 모든 것은 영원한 것으로 판단한다. 그 후에 학습과 교육을 통해서 변하는 것도 많고 없어지는 것도 있고 새로 생기는 것도 있다는 것을 알게 된다. 그러나 나중에 결국은 생명이 유한하다는 것을 알게 되는데, 다른 어떤 사람보다도 부모님의 돌아가심은 그야말로 무상(無常)을 안 느낄 수가 없다.

　가정이 행복하고 평안하고 여유 있고 풍족하고 하다면 이보다 더 좋은 일이 어디 있을까마는, 이를 흡족하게 느끼고 이에 안주한다면 무상(無常)을 느낄 수도 없고 그럴 필요도 없다. 대부분의 수행자들이 주위환경이 별로 좋지 않았을 때 무상(無常)을 느끼는 경우가 많다. 물론 아주 뛰어나게 좋은 여건에서도 우연치 않은 일로 수행을 하거나 출가하는 경우도 자주 있다. 사회적으로 아주 좋은 여건을 수행자들은 '행복에 둘러싸여 있으므로 사실은 불행한' 것으로 판단하고 그렇지 않고 사회적·가정적으로 불행할 때 수행자들은 그로 인해 무상(無常)을 깨닫고 수행의 길로 접어든다면 '불행이 오히려 행복으로 변한' 것으로 판단한다.

　어떠한 한 가지 일을 열심히 하였다. 그것이 뜻깊은 일이건 돈 버는 일이건 혹은 남을 위한 일이건 상관없이 그에 몰두하여 자신의 인생을 바쳐서 열심히 노력하였다. 그런데 어느 순간에선가 그것이 착각이나 판단 착오로 인하여 그렇게 열심히 노력하게 됐다는 것을 알았을 때, 그리하여 그것이 자신의 본심이 아니라는 것을 알았을 때, 그는 인생의 허무함과 무상(無常)을 절절히 느끼게 될 것이다. 혹은 자신이 평생을 바쳐서 노력한 일이 아무런 결과도 없이 예상과 반대의 결과를 가져 왔을 때, 그는 마찬가지 느낌을 지니게 되리라.

　그와 비슷한 내용이 되겠지만 내 경우에도 내 생각의 허무함을 느끼면서 수행(修行)에 관심을 갖기 시작하였다. 그 허무함이란 내용이나 결과의 허무함이 아니라 쉬운 문제에도 어떠한 결론도 내리지 못하는 판단의 허무함이었다. 그 내용은 다름이 아니라 그 당시에 나는 어느 한 사람의 능력이나 성격을 판단해야 하는 입장에 있었다. 즉 내 주변에 같이 있던 사람에 대한 평가 작업이었다. 그리고 그 평가로 인해서 그 다음의 후속 조치를 내리게 되는 작업과정의 하나였다. 그러나 사람에 대한 평가는 쉬운 일은 아니다. 나는 어떤 날은 좋게 평가하기도 하고 그 다음날은 그 반대로 판단하게 되는 상태가 되었다. 생각이 왔다 갔다 갈팡질팡하므로 평가를 내릴 수가 없었다.

그것은 중요한 판단이었는데 내가 판단을 하지 못하므로 나는 나의 무능력을 절감하였다. 나는 내 딴에는 무엇이나 분명하게 판단하고 올바르게 생각하고 매사에 정확하다고 생각하고 있는데 왜 이렇게 헤매고 있나. 더 나아가서 하루는 이렇게 생각하고 다음날은 저렇게 딴 방향에서 생각하게 되므로 내 생각이니 판단이니 하는 것이 도무지 미덥지가 않았다. 나는 여기서 내 생각과 판단의 허무함을 많이 느꼈다.

돌이켜 보면 여러 가지 일에서 나는 갈팡질팡 헤매는 경우가 많았고 판단을 못해서 어찌할 줄 모르는 경우가 많았다. 예를 들어 물건을 사더라도 비슷한 물건이 여러 개 있으면 그 중에서 하나를 고르는 방법을 몰랐다. 이 것을 보면 이것이 좋고 또 저것을 보면 저것이 좋고 하는 식이었다. 그러므로 물건을 구입하고 나서는 금방 후회하는 경우도 많았다. 왜냐하면 잠시 후에는 바로 달리 생각되는 때가 많았기 때문이다. 매사가 이런 식이었으니 내가 얼마나 혼돈과 방황이 많았겠는지 지금도 생각하면 꿈 같은 일이다.

그것은 지금 돌이켜 보자면 나는 너무 여러 가지를 생각했기 때문이었다. 그 여러 가지 생각이란 다름이 아니라 나의 욕심이었다. 결과가 어떻게 돼야 나의 이익에 유리할까. 어떻게 해야만 나에게 많은 경제적 이익이 돌아올까 하는 등등의 생각이 머리에 꽉 차있었기 때문이었다. 나는 이런 욕심 때문에 객관적 사실을 볼 수가 없었던 것이다. 사실 판단에는 객관적 사실만 살펴 보고 그 중에서 어떤 것이 가장 합리적인가를 생각하면 그만인데 그 객관성을 결여하게 되었던 것이다. 그러므로 나의 판단은 오리무중(五里霧中)일 수밖에 없었다.

  욕심에 가득 찬 사람은 상대가 누구이건 자신의 욕심을 만족시킬 수 있는 대상으로밖에 생각하지 않는다. 그 사람은 길가의 민들레꽃도 보이지 않는다. 머리 속에 항상 그 욕심 채우는 생각밖에 없기 때문이다.

  그리고 판단이 우리의 삶에서 얼마나 중요한 일인가 하는 점은 모든 사람이 공감할 수 있는 문제라고 생각한다. 한번의 판단이 적게는 조그마한 일에 영향을 미치고 어떠한 경우에는 우리의 삶의 일평생을 두고 영향을 미친다.

  결혼을 하면서 지니는 생각과 판단, 자신의 직업을 선택하거나 직장을 선택할 때의 판단들은 거의 우리의 일평생을 따라다니는 판단들이다. 그 당시에는 심사숙고하여 결정을 내린 것인데 시간이 경과한 후에는 그것이 잘못 내린 판단이 되고 나중에 크게 후회하는 경우를 얼마든지 볼 수 있다. 그런 거창한 것 말고라도 어느 순간에 내리는 사소한 판단이나 생각이 전혀 예상치 않게 나중에 커다란 결과를 유발시키는 경우도 많은 것이다. 사소한 감정 하나도 어떤 경우에는 시간의 경과에 따라 눈사람 부풀려지듯 부풀려져서 커다란 결과가 되어 우리에게 돌아올 때가 많다.

  그리고 어떤 판단을 기초로 하여 한번 내려진 결정은 되돌릴 수가 없다. 왜냐하면 시간을 거꾸로 돌릴 수는 없기 때문이다. 그 결정으로 인해 나타나는 결과는 어쩔 수 없이 감내하고 수용해야 하는 것이다. 내 생각으로는 자신의 본마음을 잘 알고 있을 경우에는 정확하고 후회 없는 판단을 내리게 되고, 그렇지 않은 경우에는 그와 어긋나는 결정을 내리게 된다. 그러므로 수행자들은 이런 이유에서 수행을 하는 것이다.

행복한 이여! 그대는 불행하다

　가만히 과거를 돌이켜 보면 나는 아마 초등학교 고학년 때부터 무엇인가 나의 생활이 어렵게 돌아가는 것을 느꼈었다. 하루 세끼 밥도 꼬박꼬박 먹었고 학교도 잘 다녔지만 웬지 내 주변은 어렵게 돌아간다, 웬지 무엇인가 힘들다거나 심리적으로 짓눌린다는 느낌이었다. 그리고 그렇게 세상 만사가 어렵다는 느낌은 그후 줄곧 계속되어 나는 어떻게 해서라도 이 어려운 난관을 돌파하여 즐겁고 편안한 생활을 해보아야겠다는 집념이, 아주 나의 뇌리 속에서 단단히 자리잡고 있었다.
　사실 그 때도 의문이 하나 있었다. 왜 나는 이렇게 어려워야 하는가. 내가 학교 공부도 남들 못지 않게 하는 편이고, 착하게 살고 있다. 학교에서 배운 대로 실천을 하며 산다. 불쌍한 사람을 도운 적도 많다. 그런데도 나는 왜 이렇게 힘든가.
　그 당시에 내가 힘들어했던 것을 지금 되돌아보면 뭐 대단한 것은 아니었는데 의외로 그 영향이 컸나 보다. 나는 항상 이 어려움을 극복해야만 한다는 생각에 휩싸였고 어떻게든지 행복한 생활을 해보고 싶어했다. 그 어려움이란 다름이 아니고 경제적인 어려움도 물론 있었지만, 가족과 친척간의 갈등과 불화, 학교생활의 적응 부족 등이었다.

이런 이유 때문인지 나는 항상 다른 친구들을 부러워했던 것 같다. 유복한 환경에서 귀엽게 자라고, 항상 집안이 화목하며, 용돈도 많이 주고, 형제들이 많아서 서로 의지하고 친하게 지낼 때, 또래 친구도 많고 할 때 나는 그런 아이들을 무척이나 부러워했다. 그런 친구들일수록 성격도 모나지 않고 원만하고 명랑했다. 아마도 집안에서 부모님들이 모나지 않게 키우려는 배려도 있었으리라. 아무튼 성격이 그럴수록 나로서는 더욱 부럽게 생각됐다.

사실 그런 사람들이 얼마나 많은가. 어릴 때는 유복하게 자라서 사업을 하면 사업이 일취월장 번창하여 뜻대로 되고, 혹은 회사에 취직하면 능력을 인정받아 자신의 능력을 십분 발휘한다. 서로 결혼을 해서 가정을 이루는데 서로가 선남선녀라서 아들 딸들이 똑똑하고 잘생겼다. 가정도 화목한 데다 부모님이 오래 사셔서 이를 보고 즐거워하고 대견해하신다. 경제적으로는 더욱 부유해지고 밖에서는 명예가 대단하다.

아, 이러니 얼마나 좋은가. 이런 즐거운 일이 평생 계속되는 사람도 많으리라. 물론 대부분의 경우에는 그러하지는 못할 것이다. 대부분의 사람들은 여러 번의 우여곡절을 겪으면서 인생의 항로를 여행한다. 혹은 계속적으로 실패만 하는 사람도 있다.

한두 번의 실패를 경험한 사람은 실패의 교훈을 뼈저리게 느끼고 이를 반복하지 않기 위해 애쓴다. 그런 이에게는 실패는 하나의 값진 교훈이다. 그런 이는 설사 성공하더라도 실패의 쓰라림을 안다. 그리고 동시에 성공의 고귀함, 소중함을 느낀다.

그런데 성공에 취해 있고 행복에 취해 있는 사람은 불행한 사람일 수 있다. 물론 성공의 소중함을 모르기 때문이기도 하다. 또 실패의 값진 경험을 모르기 때문이기도 하다. 그러나 그것보다도 더욱 판단을 올바르게 한다면, 그의 불행은 그의 모든 것이, 그의 모든 행복이 곧 사멸(死滅)한다는 데 있다. 다시 말해 그의 행복은 금방 '행복하지 않은 상태'로 변한다고 하는 사실이다.

왜냐하면 그의 행복에는 충족시켜 주어야 할 사항이 너무나 많고 전제 조건이 너무 많기 때문이다. 그의 행복에는 수백 수천 수만 개의 조건들이 모두 만족되어야만 성립되는 행복이다. 그의 수많은 내부 조직 장기 가운데서 핏줄 하나가 어디에서 터지거나 막히거나 하면, 혹은 힘줄 하나가 끊어지거나 하면, 그는 금방 '불행한 상태'가 된다. 그의 핏줄이나 힘줄이나 장기 조직도 따로 떼어놓고 살펴 보면 그것처럼 약하디 약한 것이 없다. 그 많은 것들 중에서 어느 하나만 어긋나도 그의 행복은 물거품이 된다.

혹은 그의 가족 중에서 누구 하나 심하게 아프기만 해도 마찬가지이다. 그렇지 않고 가족 모두가 건강하다고 하여도 마찬가지이다. 잘나가던 사업이 한번 안 되면 어떻고, 가정불화가 한번 생기면 어떠하겠는가. 이 모든 것이 그의 행복을 떠받치고 있으니 그의 행복은 바람 앞에 등불처럼 약한 존재이다. 또 하나 그의 피부와 그의 근육 오장육부와 그의 세포 하나하나에 이르기까지 지금 현재 이 시간에도 노화되고 있다는 사실이다.

그는 사업 잘 되고 집안 화목한 것이 소박한 행복이라고 단순한 즐거움이라고 생각할 지 모르나 그렇지가 않은 것이다. 그의 소박하게 보이는 행복은, 사실은 무수히 많은 조건이 채워져야 가능한 것이다. 그러므로 사실 소박한 행복이 아니라 대단히 부러운 행복이요, 무척 이루기 어려운 행복이다.

그리고 이성적으로 현실을 직시해 볼 때, 그의 행복의 일부분을 장식하던 모든 것이 하나하나 그에게서 떨어져 나갈 일이 금방 닥쳐올 것이다.

그토록 같이 즐거워하고 대견해하시는 부모님, 그의 행복의 한 축(軸)을 이루고 있는 부모님과도 조만간 이별할 것이 아니겠는가. 이 세상에서 부모와 이별하지 않는 사람이란 없을 것이다.

세월이 좀더 흐르면 걷기는 점점 힘들어지고 조금만 걸어도 숨이 찬다. 몸은 약해지고 활동력은 떨어진다. 혼자 보행 가능한 거리가 점점 짧아진다.

문제는 거기서 그치지 않는다. 자기 자신의 판단력이 떨어지는 때가 곧 온다. 집중력도 떨어지고 기억력도 떨어진다. 지금은 이렇게 행복하고 좋지만, 그 때 가서는 '행복'이란 단어가 많이 들어본 단어인데 기억이 안 난다. 고스톱과 포카를 그렇게 좋아하고 잘 다루는데 고스톱도 포카도 놀이 하는 방법을 잊어버린다. 심지어 하늘을 보고 땅을 보아도 저것이 어디서 많이 본 것인데 기억이 잘 안 난다. 그러니 천지(天地)가 무너져 내리는 것과 마찬가지이다.

그러니 어찌할 것인가. 해는 기울고 날은 저무는데 비까지 온다. 비를 피해야 하겠는데 피할 곳은 없다. 빨리 편안히 쉴 수 있는 집을 찾아야 하므로 어디 잠깐 한숨 돌리고 있을 수도 없다. 그러니 이렇게 다급할 수가 없는 노릇이다. 주위는 암흑이 되어 깜깜한데 어디 누구와 상의할 벗이 없다. 혼자서 어디를 가야 할지 몰라 헤매고 있다. 비는 점점 많이 내려와 몸이 젖는다.

아무리 행복한 사람이라 할지라도 그 실상은 이처럼 초라한 것이다. 그러므로 수행자들은 여기서 무상(無常)을 느끼고 자신을 되돌아보고 이를 해결해야 한다고 생각한다.

마음이 이 세상을 움직인다

수행자들은 온갖 현상과 온갖 물건이 전부 마음에서 비롯된 것이라고 생각한다. 그 반면에 일반 사람들은 이 세상 어디를 둘러 보아도 마음 있을 곳은 없다고 생각하는 사람도 많다. 앞에 있는 것은 건물이며, 산천초목이며, 인간이며, 비행기며, TV이며, 우주이며, 달과 별이다. 어디에 마음이 있나. 그 반면에 수행자들은 어느 곳이나 모두 마음이 있으며 삼라만상을 마음이 주재한다고 생각한다.

예를 들어서 생각해 보자. 여기 책상 하나와 의자 하나가 있다. 이 책상과 의자는 무엇으로 만들어졌나? 물론 나무 목재로 만들어져 있다. 어디에도 사람의 마음이 들어 있는 공간은 없는 듯이 보인다. 그러나 다른 한편으로 보면 이것을 만들고자 하는 마음이 있었기에 생겨난 것 아닌가. 아주 예쁘게 만들고자 했으면 의자가 아주 예쁘게 만들어졌을 터이고, 튼튼하게 만들고자 했으면 튼튼하게 만들어질 수 있다. 이렇게 보면 마음이 보이게 된다. 물론 책상도 마찬가지이다.

그러므로 비행기며, TV이며, 건물이며 이런 모든 곳에는 인간의 마음이 배어 있다고 말할 수 있다. 그런 모든 것을 만들고자 했던 사람의 마음이 있었던 것이다. 내가 누구에게 도움을 받았다? 그것은 나를 도와주려는 마음이 있었던 것이리라. 내가 누구로부터 해로움을 받았다? 그것은 나에게 해를 끼치려는 마음이 상대에게 있었던 것이리라.

내가 복권에 당첨됐다? 그것도 마음에 의한 것인가? 일반인들이야 절대로 인간의 마음이 개입될 소지가 없다고 생각한다. 그러나 수행자나 스님들은 그렇게 생각하지 않는다. 그곳에서 사람의 마음을 읽는다. 그렇게 당첨된 이유는 그가 그 전에 많은 선행(善行)을 베풀고 남에게 도움을 주었던 것이고, 그 때 도움을 받았던 사람들의 마음이 복권 추첨용으로 쏘는 화살에 작용했다고 생각한다.

공산주의 이론이나 민주주의 이론도 마찬가지이다. 공산주의 사상도 처음에 한 사람의 생각에서 나온 것이고, 또 그 영향을 전 세계에 미칠 수 있었던 것도 여러 사람의 마음이 그것을 추종하였기 때문이다. 또 그것이 소멸될 위기에 처한 것도 여러 사람의 마음이 그것에 대해 별로 달갑지 않게 생각하기 때문이다. 민주주의가 온 세계에서 대접받고 모든 국가가 이를 채택하고 있는 것도 모든 사람들이 이를 채택하고자 하는 마음이 있기 때문이다.

내가 지금 어느 직업을 택하고 어느 길로 가고 있는 것도 내가 그렇게 하겠다고 생각했기 때문이다. 복권에 당첨되어 일확천금을 하거나, 반대로 부동산을 잘못 사서 경제적 손실을 많이 보았어도 복권이나 부동산이나 전부 내가 사고자 했던 것이다. 나의 마음이 작용한 결과이다.

수행자들은 이것을 알고자 하는 것이다. 그 마음을 알고자 하는 것이요, 좀더 구체적으로 말하면 수행자들이 화두 참선을 하여 마음을 닦고자 하는 것은 '내가 왜 이 복권이나 저 부동산을 사고자 하는 마음이 들었나' 하는 이유를 알고자 하는 것이다. 따라서 결과적으로 나에게 행복이 오거나, 혹은 불행이 찾아들거나 하는 그 이유를 알고자 하는 것이다. 물론 돈을 벌고자 하는 마음에서 구입을 했겠지만 그것 말고 다른, 이유 아닌 이유가 있는 것이다.

　그 이유는 내가 돈을 벌고자 하는 마음은 물론 당연한 것이지만 그 이면의 내면세계의 움직임을 말한다. 내가 돈을 벌고자 하는 것은 단순한 것이고 표면적인 마음이다. 그것에 영향을 주고 그것을 움직일 수 있는 더 크나큰 나의 내면세계의 마음이 있다. 그것을 무의식, 혹은 잠재의식이라고 해도 좋다.

　내면세계의 마음이든 무의식, 혹은 잠재의식이든 마음의 작용은 언제든지 현실화되어 우리의 눈앞에 나타난다. 예컨대 당신의 어머니를 생각해보자. 당신의 어머니는 당신을 사랑하신다. 그 사랑을 어디에다 견줄 수 있겠는가. 그런 사랑이 있었기에 당신이 이렇게까지 성장할 수 있었고 질병에 걸리지 않고 건강한 체력을 유지할 수 있었다는 것은, 너무 진부하고 고리타분하므로 그만두기로 하자. 그러나 더 중요한 것이 있다. 어머님의 그 사랑으로 인해서 당신의 성격은 공격적이기보다는 부드럽고, 파괴적이기보다는 원만한 성격의 소유자가 되었다. 남들을 증오하지 않고 사랑하며 남들을 원망하지 않고 이해하는 것이 어머니의 사랑 때문이다.

　어머니가 나에게 사랑하는 마음이 있으니까 소풍가는 날 김밥을 싸준다. 그것은 쉽게 이해가 되기도 하고 항상 느끼고 있다. 그러나 그 사랑으로 인해서 나의 마음이 너그러워졌다? 성격이 원만해졌다? 잠깐 동안은 이해가 안 되지만 가만 생각해보면 너무나 당연한 말이다. 김밥은 금방 없어지지만 나의 성격은 내가 살아 있는 한 영원하다. 이와 같이 마음의 작용은 현실화되어 나타난다.

　그렇다면 부동산을 구입할 때 혹시 나의 내면세계나 나의 무의식이 작용해서 구입하게 되는 것은 아닐까? 나의 내면세계의 어떤 원인이 현실화되어 나타나는 과정은 아닐까? 그것을 알아보고자 하는 것이 수행자의 마음이다.

제2장

나를 찾아감

나는 과연 무엇인가?
이 의문을 계속 지니고 이에 몰입하는 것이 참선이다.
아니, 이 의문이 바로 참선 그 자체이다. 이 의문을 계속 지니고 있을 경우에는
비로소 자신의 본 모습을 알 수가 있는 것이나. 마음이란 참으로 영묘한 것이어서
그 뜻 그대로 이루어지고 실현(實現)되고 구현(具現)된다.
의문을 품으므로 의문에 대한 답이 나타나는 것이다.
이제부터 이 의문을 품고 화두참선의
문 안으로 들어가 보자.

나에게 속지 말자
- 나의 삶의 언저리 -

　내가 성장하면서 남다른 것이 있었다면 주변 환경이 상대적으로 나에게 힘들게 느껴졌다는 것과 또 하나는 나는 어떤 책이든지 책에 대한 독파력이 있었다는 점이다.
　다른 사람이 힘들어하는 책도 나는 쉽게 이해가 되었고 어떤 내용도 나는 나의 것으로 만들었다. 따라서 소위 '입시공부'를 함에 있어서 나는 다른 학생들보다는 비교적 유리한 입장에 설 수 있었다. 왜냐하면 책의 내용을 이해하여 나의 것으로 만드는 데 시간과 노력이 많이 소비되지 않았기 때문이다. 거기에다가 나는 매사에 있어서 '노력형'이었다. 따라서 '이해력'과 '노력'이 합쳐짐으로써 나는 남달리 좋은 성적을 거둘 수가 있었던 것이다.
　그래서 남들로부터 '똑똑하다'는 소리를 많이 들었고 친구들로부터는 '부러움'을 많이 샀다. 또 내 자신이 생각해 볼 때에도 대견하다는 생각이 들었다. 다른 사람과 내가 노력한 정도(程度)는 비슷한 것 같은데 결과는 내가 항상 위에 있기 때문이었다.
　학창시절 당시에 일반 학생들이 어려워하던 책이나 참고서들을 나는 혼자서 공부해서 거의 막히는 것을 느끼지 못했다. 오히려 시간이 남아서 다른 것을 해보기도 했다. 나는 문과(文科)였음에도 진학할 때에는 이과(理科)를 선택했는데 이 때에 필요한 수학 공부도 혼자 하였다.

여하튼 졸업 이후에도 나의 독서노력은 계속되었고 그 당시에는 주로 나의 전공서적(專攻書籍)을 탐독하는 데 많은 노력을 경주하였다. 내가 이 세상에 태어나서 선택한 나의 학문인 한의학(韓醫學), 나는 열심히 노력하여 훌륭한 결실을 맺기 위해 노력하였고, 사실 솔직히 말하자면 독서력에 자신이 있으므로 남들이 생각지 못한 좋은 의학적 결실을 이루려고 많이 애썼다. 말하자면 나는 나의 노력과 나의 머리를 믿고 남들로부터 부러움과 칭찬을 다시 한번 받고 싶었다. 그러므로 다른 사람들이 흔히 걸어가는 길을 걷지 않고 내 나름의 독보적(獨步的)인 길을 걷고자 하였다. 왜냐하면 그래야만 다른 사람과는 다른 어떤 특이한 업적을 이룰 수 있다고 생각되기 때문이었다. 그리고 그러한 독보적 길을 주로 내가 자신있는 방법, 즉 전공서적의 독파를 통해 이룰 수 있다고 믿고 노력하였다.

1989년도에 나는 서울 송파구에 나로서는 거금을 들여 내 이름의 한의원을 개원하였다. 집안에 경제적 여유가 많지 않은 나로서는 쉽지 않은 출발이었다. 나는 한의학에 많은 노력을 기울였고 다른 사람들에 비해서 더욱 많은 것을 알고 있었으므로 많은 환자들이 몰려오고 돈도 쉽게 벌 수 있으리라 생각하였다. 그러나 예상 외로 개원 이후의 나의 길은 평탄하지만은 않았다. 나와 동년배(同年輩)가 되는 다른 사람들은 무척 쉽게 돈을 벌었는데(당시에는 부동산투기나 증권을 통해 벼락치기로 돈을 버는 경우가 많았다), 나의 처지는 보잘 것이 없었다.

다른 동기생들은 쉽게 공부를 하고 쉽게 개원을 하였으며 쉽게 돈을 벌기도 하였는데, 의외로 나만은 모든 일에 있어서 어렵기만 하였다. 한의원(韓醫院)에 내원(來院)하는 환자의 수(數)도 많지 않았으며 내가 보기에도 임상적으로 성공하고 있는 것으로 생각되지 않았다. 다른 동기생들의 돌아가는 사정과 나를 비교할 때 나는 상당히 실망스런 수준이었던 것이다. 다른 사람들은 당시에 불었던 부동산 열풍, 혹은 증권 열풍에 편승하여 쉽게 거금을 손에 쥐는 경우도 많이 있었는데, 나는 그런 것에는 능력도 없었고 그런 곳에 투자할 만한 돈도 없었다. 나는 나의 병원을 열심히 하여 이를 통해서 일어설 수밖에 없었는데 의외로 고전하는 것이었다.

나는 점점 나의 인생에 대해 짜증스런 태도를 지니기 시작했고, 어떤 경우에는 환자로부터 "의사가 너무 사람을 짜증스레 대한다"는 말을 제삼자를 통해 들을 수가 있었다. 따라서 그런 환자로부터 나는 점점 멀어질 수밖에 없었다. 나의 성격은 점점 공격적이고 툭하면 화 잘 내고 짜증스런 사람이 되어갔다. 그러다 보니 친구와 친지들로부터도 점점 친밀감이 감소하기 시작하였다.

내가 그렇게 짜증을 내는 이유는 충분히 있었다. 나는 나의 전공을 열심히 하였고 무척 사랑하였다. 그것을 통해서 나는 경제적 여유와 사회적 성공을 함께 거머쥘 수 있다고 생각했기 때문이었다. 따라서 나는 전공 공부를 남들보다 많은 노력으로 남들보다 많은 시간을 투자하여 공부하였다. 그런 나의 노력이 어디 1, 2년에 걸쳐서 하는 이야기인가… 입학한 뒤로 졸업과 개원까지 나는 14~15년에 걸쳐서 이런 노력을 경주(傾注)했는데, 현실적으로 나타나는 것은 어이없는 좌절과 실망뿐이었다. 그러니 이렇게 억울할 수가 없는 노릇이다. 심하게 말하자면 나는 14~5년을 헛 살았다고도 말할 수가 있는 것이었다. 그리고 나는 진정으로 나의 전공을 아끼고 사랑했으며 진정으로 열심히 노력했는데, 현실에서는 딴판으로 돌아가니 나는 '한의학으로부터 버림받았고, 배신당했다'고 표현할 수밖에 없었다.

더구나 그 때를 전후해서 나는 집안에서 생각 밖의 어려운 일에 봉착하였다. 이로 인해서 내 삶이 몹시 어렵고 고달프게 생각되었으며 도저히 종교에 의지하지 않고는 견딜 수 없게 되었다. 따라서 나는 평소에 궁금하게 생각했던 불교 공부를 하였고 그리고는 곧바로 참선(參禪)을 시작하였다. 참선을 통해서, 그리고 화두 참선을 통해서만이 나는 불교의 궁극적 지점에 도달할 수 있다고 생각했고, 또 나의 인생의 어려운 점은 이를 통해서만이 해결할 수 있는 길이 보일 것 같았다. 그 당시의 나의 상황은 경제적으로도 그리고 정신적으로도 몹시 어려운 상황이었다. 발길을 돌리는 곳마다 고개를 돌리는 곳마다 어처구니없는 일, 기가 막힌 일이 벌어지곤 하였다. 어느 스님의 표현을 빌려쓰자면 '바늘 끝 꽂을 만한 땅도 없었다'. 무슨 일을 하든지 되는 일이라곤 하나도 없었던 것이다. 그러므로 자연히 가정에서는 부부싸움이 있었고 친지들로부터는 점점 멀어지는 느낌을 받았다.

물론 그로부터 5~6년이 지난 지금 그 때와는 상황이 180도 달라져 있다. 경제적으로 풍요가 넘쳐 나지는 않으나 순조로운 상황이 이어지고 있으며 친구와 친지들로부터 많은 친밀감을 느끼고 있다. 그리고 하는 일마다 모나지 않게 상황이 풀려나가는 것이다. 그러면 어떻게 해서 이렇게 상황이 반전될 수 있었는지 지금부터 이유를 되짚어 보기로 하자.

우선 나는 나 자신에게 속았고 여기서 첫 단추가 잘못 끼워져 있었다. 물론 그럴 만한 이유는 있었다. 왜냐하면 사춘기 때에 그리고 청년 학생 시절에 "똑똑하다, 공부 잘한다"라고 남들에게 칭찬을 많이 들은 것이 나에게는 만족감과 즐거움 그리고 용기를 안겨 주었다. 여기서 나는 자존심을 느낄 수 있었고 그러나 불행하게도 - 아마도 당연한 귀결이리라 - 이 자부심이 나에게는 장애물이 되었다. 웬만한 다른 사람의 충고는 한 귀로

흘려버리고 겉으로 내색은 안 하지만 상대방의 진지한 말을 무시해 버렸던 것이다. 나는 남들보다 똑똑하다는 생각, 이것을 불교식으로 표현하자면 아상(我相)과 인상(人相)이라고도 할 수 있겠다. 이 아상(我相)과 인상(人相), 혹은 자존심으로 인하여 다른 사람의 중요한 고언(苦言)을 경청(傾聽)하지 않음으로써 나의 시야(視野)가 가려지게 되었던 것이다.

상식적으로 생각해 보아도 의학(醫學)이란 것은 책만 많이 읽는다고 되는 것이 아니다. 임상(臨床)과 실전(實戰)이 뒤따라야만 되는 것이다. 따라서 다른 이의 경험과 노하우를 귀담아 들어야 자신의 발전이 있을 수 있는 것이다. 따라서 한의과대학을 졸업한 후에 나는 다른 사람의 풍부한 임상적 경험과 축적된 노하우를 쉽게 구할 수 있었음에도 불구하고 이를 권하는 동기생의 권유를 무시하고 말았다.

나는 나의 길에만 몰두하였으며 이를 통해서 다른 사람이 도저히 이룩하지 못할 업적을 이루고야 말겠다고 욕심을 내었던 것이다. 그러나 좋은 뜻에서의 욕심도 합리적 이유가 있고 이성적 전망이 있어야 이룰 수 있는 것이지 맹목적이고 무리한 욕심은 자신과 남에게 시간적·물질적 피해만을 입히는 것이다.

여하튼 나는 남들보다 똑똑하다는 나의 자존심, 그리고 다른 사람이 못한 것을 하겠다는 나의 욕심으로 인하여 10년 이상의 노력의 결과가 물거품으로 된 것으로 생각한다. 물론 전공서적의 독서를 통하여 학문의 깊이를 더 연마할 수는 있었다. 그러나 애초의 나의 본 마음은 경제적 소득을 통한 안정과 주위로부터의 부러움을 받게 되는 것이 본심이었기 때문에 10년 이상의 나의 학문적 노력은 아무 쓸모없이 되어버린 것이다.

그러니까 불교적으로 표현하자면 자만심과 욕심의 번뇌 망상으로 인하여 상황판단에 착각을 일으켰고 이로 인해 나는 십수 년간을 고생하였던 것이다. 그리고 점점 목표 달성이 어려워지자 나는 더욱 성격이 날카로워 졌으며, 따라서 사람들도 나에게서 멀어졌고 환자들도 그 숫자가 점점 감소하였다.

그 후 화두참선의 수련과정을 통하여 내 생각이 무모했음을 알게 되었고 동기생이나 다른 사람의 말을 귀담아 듣게 되었다. 그러다 보니 지혜가 열리게 되었다. 학문은 독서만으로 될 수도 있지만 임상(臨床)이란 경험과 축적된 실전이다. 임상에서 필요한 학문이란 학부시절(學部時節)의 습득 내용만으로도 사실은 충분하다고 할 수 있다. 내가 임상(臨床)에 발을 디딘 이상 다른 동기생들이나 선배들이 어떻게 잘하고 있는지 물어보거나 배울 필요가 있다. 이런 생각이 들면서 나는 다른 스터디 그룹에 가입을 요청하여 같이 공부하는 데 주력하였으며 임상 강좌가 있을 경우 열심히 경청하였다.

또 병원의 입지 선정이나 홍보 등의 이미지 관리도 중요하며 실내 인테리어의 꾸밈도 신경을 쓰는 것이 요즈음의 추세이다. 특히 환자에게 거부감 없도록 상냥한 태도를 지녀야 하며 친절하다는 인상을 심어주는 것도 중요하다. 또 환자에게 같은 내용이라도 설명을 충실히 해 주도록 해야 한다. 등등의 실전적이고 현실적인 문제를 개선할 필요가 있음을 절감하게 되었다. 이렇게 몇 년 동안을 열심히 노력한 결과 길이 보이고 많은 점이 개선되어 그 뒤로는 순조로운 길을 걷고 있는 것이다. 따라서 결론적으로 나는 나와 주변 상황에 대한 지혜(智慧)가 생김으로써 해결책을 구할 수 있었는데, 이 지혜(智慧)는 참선을 통해서 나의 자존심과 욕심이 조절됨으로써 터득할 수 있는 것이었다.

화두의 필요성

어떤 사람은 이렇게 말하는 사람이 있다.
사람이 아침에 일어나서 세수하고 밥먹고, 출근해서 직장일 열심히 하고, 퇴근해서 TV 시청하다가 발 닦고 자면 되는 것이지 무엇하러 화두를 해야 하는가. 집에선 식구들과 지내고 직장에서는 동료들과 지내면 되지, 슬프면 울고 기쁘면 웃으면 되지, 왜 화두를 해야 하나.
이에 대해서는 앞서 말한 대로 무상(無常)을 느끼기 때문이라고 말하고 싶고, 둘째로는 자신의 판단과 분별에 판단 착오가 있고 착각이 있다는 사실 때문이라고 말하고 싶다.
앞의 것을 다시 말하자면 왜 사람은 죽느냐, 이별을 해야 하느냐, 혹은 고통을 당해야 하느냐 하는 것이다. 모든 사물이나 인간이나 생물이나 계속적으로 편안하고 평화롭고 행복이 이어졌으면 좋겠는데 실제로는 그렇지 않더란 말이다. 뒤의 것은 자신의 온갖 지식을 이용해서 내린 판단이, 심사숙고해서 내린 결정이, 어떻게 이렇게 어처구니없는 오판이었나 하는 점이다. 아침부터 저녁까지 착각과 오판과 잘못된 인식 속에서 깨어날 줄 모르니 이 얼마나 한심한 일인가.
더 나아가서 나 자신도 결국 무상(無常)한 존재에 불과하다는 인식에서 출발한다. 나도 병들고 언제인가는 죽음의 문턱에 도달하지 않겠는가. 그리고 이렇게 무상(無常)을 느끼는 것도 나의 마음이고 오관하는 것도 나의 마음이다.

무상(無常)한 존재도 나 자신이고, 무상(無常)하다고 느끼는 것도 나 자신이고, 판단 착오를 하거나 착각을 하는 것도 나 자신이다. 누가 나에게 무상(無常)하다고 일러준 적도 없고, 누가 나에게 착각하라고 권유한 적도 없다.

만약에 당신이 슬프거나 괴롭다면, 그것은 당신의 마음이 그런 것이다. 누가 날더러 슬퍼하라고 명령했고, 누가 날더러 기뻐하라고 지시했나? 그런 사람 없다. 내가 느끼고 내가 생각했으니 내 책임이다.

금강산에 관광도 가보고 달나라에도 가보고 화성 탐사를 해도 그것은 내가 있고 난 후의 일이다. 하늘도 땅도 부모도 모두 내가 있고 난 후의 일이다. 모든 것의 근본은 '내' 게 있는 것이다. 즐겁게 어울려서 춤도 춰 보고 사업을 잘 해서 돈을 많이 벌어도 그것은 내가 아닌 것이다. 예쁘게 생겼다, 밉게 생겼다, 키가 크다, 키가 작다 하는 것도 나는 아닌 것이다. 그러므로 '나'를 알아야 한다. '나'를 알고자 하는 것이 화두 참선인 것이다.

살다 보면 어떤 이는 행운과 행복이 굴러 들어오고, 어떤 사람에게는 불행이 겹쳐 온다. 만약에 당신에게 행운이 안겨지거나 혹은 불행이 돌아오거나 하는 것도, 믿겨지지 않겠지만 그 역시 당신의 마음이 원인이다. 그러니 슬프거나 괴롭거나, 혹은 행복하거나 불행하거나 하는 이러한 문제에서 나 자신의 문제, '나는 누구일까?' 라는 문제를 풀지 않고는 한 발짝도 앞으로 나갈 수 없는 것이다.

사실은 이렇다. 만약에 당신이 불행하다면 그것은 당신이 자초한 것이다. 사실은 당신이 당신의 불행을 원했기 때문에 그렇게 된 것이다. 또 만약에 어떤 사람이 행복하다면 그것도 그 사람이 행복을 원했기 때문에 그렇게 된 것이지 어디 다른 곳에서 행복이 굴러온 것이 아니다. 이 세상의 온갖 결과에는 다 마음의 작용이 스며들고 있다. 그러므로 만약에 당신의 불행이 당신이 원했던 것이 아니라면 그것은 다른 사람이 당신의 불행을 원했기 때문이다. 또 행복을 원하지도 않았는데 저절로 행복이 왔다면 그것은 타인(他人)이 당신의 행복을 원하였으므로 그렇게 된 것이다. 왜냐하면 집을 사거나 복권에 당첨되거나 사업이 잘 되거나 안 되거나 그것은 나의 마음이나 다른 사람의 마음이 작용하는 결과의 한 단면에 불과하기 때문이다.

그러므로 내가 내 마음을 잘 써서 이 세상을 편안하게 하면 그만큼 이 세상은 편안해지고 내가 생각하는 방향으로 나아간다. 내가 생각하는 대로 세상이 바뀐다는 증거를 대자면 이렇다. 오늘의 내가 편안하고 크든 작든 오늘만큼의 생활을 영위하게 되는 것도 인고(忍苦)의 모진 세월을 견디며 부엌에서 논에서 밭에서 자식 위해 기도하신 어머님의 기도의 결과인 것이다. 어머니의 기도는 기도한 만큼의 소기의 목적은 달성한 셈이다. 그러므로 나의 문제 혹은 나의 마음의 문제를 풀어야만 이 문제를 해결할 수 있는 것이다.

나는 무엇인가?

그러면 이제부터는 '나는 무엇인가?' 라는 문제를 본격적으로 한 번 파고 들어가 보자. 합리적이고 이성적으로 한 번 생각을 해보자.

나는 어제는 거래처에 가느라고 종로에 갔다가 다시 사무실로 왔다. 평소에는 사무실에서만 근무한다. 따라서 오늘은 평소처럼 사무실에서만 근무했다. 그러면 종로에 다녀 온 것이 나일까, 아니면 사무실에 앉아 있는 것이 나일까. 앞의 것이 맞으면 뒤의 것이 틀리고 앞의 것이 틀리면 뒤의 것이 맞는다. 이렇게 되면 모순이다. 그러므로 둘 다 틀린 답이다.

그렇다면 앞과 뒤의 양자를 만족시키는 답은 '어제는 종로에 갔다 오고 오늘은 사무실에 앉아 있는 것이 나(我)이다.' 이렇게 대답하면 양자(兩者)를 만족시키는 일이다. 그런데 좀더 시간을 넓혀서 생각하면 그 답도 틀린 것이 된다. 나는 집에서 잠도 자고 TV도 시청했던 것이다. 또 그뿐만 아니라 밥도 먹었다. 이것도 만족시킬 수 있는 답은? 그야 물론 간단하다. '집에서 잠도 자고 TV도 보고 아침은 집에서 먹고, 점심은 사무실, 저녁은 어제 저녁은 손님과 같이 삼겹살에 소주를 곁들여서 먹고 오늘 저녁은 그냥 집에서 먹고, 어제는 종로에 갔다 오고 오늘은 그냥 사무실에 근무하는 것이 나(我)이다.' 이와 같이 하면 나중에 나온 질문도 해결할 수 있는 답이 된다.

그런데 나는 어릴 적에는 숭덕 초등학교에 다니고 중학교는 삼선 중학교, 고등학교는 한성 고등학교를 졸업했다. 그 때의 나는 누구인가. 이 질문까지 만족시키려고 하면 답이 좀 더 길어진다. "어릴 적에는 숭덕 초등학교에 다니고 중학교는 삼선 중학교, 고등학교는 한성 고등학교에 다녔으며, …집에서 잠도 자고 TV도 보고…, …사무실에 근무하는 것이 나이다." 이와 같이 어찌 된 일인지 대답이 점점 길어진다. 점점 대답을 늘려가다 보면 끝이 없이 늘려지고 길어진다.

그렇다면 이것은 '나는 무엇일까?'에 대한 대답이 아니고 나(我)에 대한 인생의 기술(記述)이고 역사기록(歷史記錄)이다. 대답이 아니고 서술(敍述)이다. 아무래도 '나는 무엇일까?'에 대한 대답으로서는 부적절하다.

그것이 내가 아니라면, 그렇다면 나는 무엇일까? 아무래도 이런 방식으로는 답이 나올 것 같지 않으므로 생각을 한 번 다른 각도에서 해보자.

학교에 간 것도 밥을 먹은 것도 사무실에 근무하는 것도 내가 하고 싶어서 하는 것이고 나의 생각이 그렇게 하자고 결정지은 것이므로 이런 저런 활동이나 행동의 주체, 즉 그런 행동을 유발시킨 나의 마음, 혹은 나의 생각을 '나'라고 규정할 수 있겠다. 그럴 수밖에 없는 것이 과거의 나와 지금의 나, 그리고 미래의 나는 형체와 모양이 다르기 때문이다. 과거에 어렸을 때에는 키가 작았고, 미래의 나는 노인으로서 주름살도 많고 허리도 구부정할 것이기 때문이다. 나의 형체, 나의 몸뚱이로는 일관성(一貫性)이 없기 때문에 '나'라고 규정할 수 없는 것이 당연하다. 그 반면에 나의 마음은 형체가 없으므로 일관성(一貫性)을 유지할 수 있는 것이다. 나이는 70살이라도 마음만큼은 청춘이라고 하지 않았던가! 몸은 늙어도 마음의 일관성은 유지되는 것이다.

그렇다면 다시 한 번 생각해 보자. 나의 마음은 무엇일까?

'어제는 종로에 가려고 하였고 오늘은 사무실에 앉아 있고자 하는 것이 나의 마음이다.' 이렇게 할 수 있겠다. 그러나 이 역시 나의 마음을 묘사하기에는 부족하다. 그러면 좀더 묘사를 해보자. "어릴 적에는 숭덕초등학교에 다니면서 담임선생님을 좋아했고 중학교는 삼선중학교에 다니면서 체육선생님을 무서워했고 고등학교는 한성고등학교에 다니면서 어려움을 많이 느꼈고, …집에서는 잠도 자고 싶고 TV도 보고 싶으며…, 어제는 기뻤고 오늘은 슬프며…, …사무실에 근무하고자 하는 것이 나의 마음이다." 역시 이와 같이 되고 보면 나의 마음에 대한 서술(敍述)이 되고 기록(記錄)이 되지 나의 마음의 본체라고 하기에는 역부족이다.

그렇다면 나의 마음의 본체는 무엇일까? 무엇이 나의 마음일까? 무엇이 나의 본연의 모습일까?

이렇게 생각할 수도 있다. 위에서 언급한 것과 같이 시시한 것 말고, 최소한도 국가를 위하여 목숨을 바친다거나, 혹은 목숨까지는 안 가더라도 한 평생을 바친다거나 하는 마음, 혹은 국가가 아니더라도 좋다. 학문을 위해서 일평생을 바쳐 연구한다든지, 혹은 한 인간을 영원히 일평생 사랑한다든지 하는 마음, 혹은 가난한 사람을 위하여 일생을 바치는 마음, 이쯤 되면 나의 마음이라고 할 수 있지 않을까? 사실 이 정도 되면 좀 그럴듯하다. 아마 이쯤 되면 많은 사람들이 공감할 것이다. 그리고 뜻도 있고 명분도 있으며 모든 사람이 그렇다고 인정할 만하다.

그러나 과거와 달리 모든 것이 전 세계적으로 쉽게 소통되고 인터넷이 발달된 요즈음에는 과거처럼 국가를 위해 목숨을 바친다는 것이 조금은 그 의미가 퇴색되는 시대에 살고 있다. 그러므로 국가를 위해 목숨을 바친다? 그러한 행동이 과거처럼 사람의 심금을 울리지는 않는다. 한 인간을 영원히 사랑한다? 이것도 마찬가지이다. 만약에 그가 불의의 사고로 사망하였을 때에는 나의 마음은 무엇일까? 이번에는 또 다른 인간을 사랑해야 하나? 아니면 허공(虛空)을 사랑해야 하나? 아무리 생각해 보아도 이것이 마음의 본체, 마음의 본연의 모습은 아닌 것이다. 또 백보를 양보하여 한 인간을 사랑하고 그와 백년해로를 하며 아들딸 모두 잘되고 건강히 살다가 같은 날 같은 시간에 죽는다고 하여도 마찬가지이다.

  그들에게 사랑이 마음의 본체라고 하여도 부모와 이별할 때에는 어떻게 하겠는가. 사랑이 있으므로 가난하게 살아도 행복할 수는 있다. 그러나 아무리 사랑이 깊고 기쁘다고 하여도 부모와 이별할 때에는 아무런 힘을 발휘하지 못하는 것이다(아무리 사랑의 기쁨이 크더라도 부모와의 이별 앞에서는 그것 못지 않게 슬플 것이다. 기쁨보다 슬픔이 더 크므로 사랑의 기쁨이 나의 실체는 아니다).

  그렇다면 이것도 마음의 본체라고는 할 수가 없다. 그렇다면 과연 무엇일까? 나는 과연 무엇인가? 이 의문을 계속 지니고 이에 몰입하는 것이 참선이다. 아니, 이 의문이 바로 참선 그 자체이다. 이 의문을 계속 지니고 있을 경우에는 바로 자신의 본 모습을 알 수가 있는 것이다. 마음이란 참으로 영묘한 것이어서 그 뜻 그대로 이루어지고 실현(實現)되고 구현(具現)된다. 의문을 품으므로 의문에 대한 답이 나타나는 것이다. 이제부터 이 의문을 품고 화두참선의 문(門) 안으로 들어가 보자.

화두 들어가기

화두란 앞에서 설명한 대로 득도(得道)에 이르는 길이고 길잡이이다. 화두를 함으로써 우리는 우리 본래 모습을 확인할 수 있고 자기 자신을 깨칠 수 있다. 참선이 여러 가지 종류가 있지만 화두에 의문을 가지고 이를 열심히 하는 종류의 참선을 화두 참선, 혹은 간화선(看話禪)이라고 한다. 간화선(看話禪)을 직역하자면 '화두를 보는 참선'이라고 해석할 수 있겠는데, 이 해석에 약간의 문제는 있다.

간화선은 화두를 단순히 보는 것이 아니라 화두 의문을 열심히 지어서-화두 의문을 열심히 지어나가는 것을 '참구(參究)한다'라고 흔히 표현한다 - 이를 꿰뚫는 것을 말한다. 조사선(祖師禪), 대승선(大乘禪), 최상승선(最上乘禪)이라고도 말한다.

한국 참선이 다른 나라의 그것과 다른 점이 바로 이 간화선(看話禪)이라는 점이다. 우연인지 필연인지 다른 불교 국가에서는 이 조사선의 전통이 끊겨 있고, 그 원조라고 할 수 있는 중국에서도 이제는 조사선(祖師禪)의 흔적조차 찾기가 어렵고, 오직 그 당시의 유적(遺跡)만이 남아 있다고 한다. 그렇다면 다른 나라에는 그 전통이 끊기고 모두 없어졌는데 오직 우리 나라에만 남아 있는 간화선(看話禪)이 어떻게 진리가 될 수 있겠는가.

우리 나라의 불교는 다른 나라에 비교적 잘 알려져 있지 않다. 다른 사람들이 뭐라고 하여도 큰스님들은 우리 나라의 조사선 전통이 지구상에서 우리 나라에만 있는 불교의 훌륭한 전통이라고 입을 모아 말하고 있다. 나도 화두 참선을 해본 바에 의하면 그 말에 전적으로 동감을 할 수 있고, 세계적 인지도(認知度) 여부는 순전히 홍보의 문제라고 생각된다.

화두는 여러 가지 종류가 있으나 그 궁극적인 목적지는 동일하다. 현재 한국에서 가장 널리 참구(參究)되고 있고 또 내가 참구하고 있는 화두는 바로 '이 뭣고' 화두이다. '이 뭣고'란 '이것이 무엇인고'의 경상도식 준말이다. 한문에서는 '시삼마(是甚麽)'라고도 하고 영어로는 'What is this?'라고 번역되는 것으로 알고 있다. 이것은 문자 그대로 '어느 무엇'에 대한 의문을 지어나가고 탐구해 나가는 것이다.

그러면 '어느 무엇'에 대한 의문을 지어나가는 것일까?

여기서 의문을 나타 내는 것은 바로 '나(自我)', '자기 자신'에 대한 의문을 지어나가는 것이다. 나 자신을 열심히 탐구하여 깨치는 것이 화두의 목적이기 때문이다.

그렇다면 나는 무엇인가? 다시 한번 논리적으로 생각해 보도록 하자. 나는 이름이 '홍길동'이다. 나는 무엇인가. 나는 뼈와 근육, 오장육부를 기본으로 신경계, 혈관계, 림프계 등으로 구성된 세포의 총 집합체이다. 감각기관으로 눈 두 개, 귓구멍 두 개, 콧구멍 두 개, 입구멍 하나가 있고, 운동기관으로는 팔과 다리가 있고 손가락 10개, 발가락 10개를 지니고 있고 꼬리뼈는 있으되 꼬리는 없다.

이와 같이 하면 '이 뭣고'에 대한 대답이 완성되었다.

그러나 이와 같이 알기 쉬운 문제를 해결하고자 역대로 많은 선승들이 화두를 탐구하지는 않았을 것이다. 이것이 정답이라면 화두가 그렇게 중요한 것이 될 수가 없다.

　일반론적으로 말해서 '나', '자신(自身)'이라고 하는 것은 '몸'과 '마음'을 한꺼번에 지칭하는 것인데 화두에서 추구하고 알고자 하는 것은 '마음'이다. 그렇다면 화두의 내용은 '이 마음이 무엇인고?'가 된다. 그렇다면 그 답은 무엇일까 다시 한번 생각해 보자.

　마음이란 생각하고 사고하고 판단하고 분별하는 사유 및 사고 과정이다. 또 느끼고 감각하는 일체의 인식 과정이다. 중추신경인 뇌가 대부분의 기능을 수행한다. 그리고 중뇌·대뇌·소뇌·전뇌·시상하부 등에서 중요한 기능을 담당한다. 그뿐 아니라 말초 신경계도 일정한 역할을 담당하여 뇌에 그 정보를 이송시키며 여기에는 자율신경인 교감신경·부교감신경이 있고 뇌신경·척수신경이 있다. 이것들이 상호 연관적으로 일체적이고 유기적인 역할을 수행하여 마음을 수행한다. 이 정도 되면 좀더 그럴 듯한 답안이 될 수 있다.

　혹은 이와는 달리 말하는 초심자들도 있다고 한다. 나의 몸은 지수화풍(地水火風)으로 되어 있고 나의 마음은 바로 부처이며 있는 것도 아니고 없는 것도 아니다. 나의 마음은 어느 곳에나 있다. 이것도 그럴 듯한 대답이 될 수 있다. 그러나 이것은 사과는 아는데 사과맛은 모르는 것이다.

　여하튼 이와 같이 하면 대강의 대답이 마련되었다. 그러나 이 내용을 화두에 대한 대답으로 생각할 사람은 없을 것이다. 내용 중에서 틀린 것은 없다. 그렇지만 이것은 오류(誤謬)인 것이다. 왜 정답이 아니냐는 어리석은 질문에 대한 현답(賢答)으로서 자주 인용되는 내용이 다음과 같다.

　우리가 외국 사람에게 김치 맛을 설명할 때, 김치 맛이 매운 듯하면서 약간 짠 경우도 있고 새큼하면서도 시원하고 입이 텁텁할 때 김치를 먹으면 입 안과 속이 개운해지고 처음 먹는 사람은 먹은 뒤에 물을 찾을 수도 있고 그러면서도 무척 즐기게 된다. 처음에는 맵지만 점점 입에 착 달라붙는 맛이 있다. 이와 같이 아무리 광장설을 풀어놓으면서 자세히 설명을 해보아도 김치 맛을 잘 알 수 없다. 한 번 김치를 먹어보면 김치 맛을 제대로 알 수 있는 것이다. 말하자면 백문이 불여일식(百聞不如一食)이다. 이와 같은 설명을 인용할 수 있다.

또 하나의 설명은…

시골에 사는 사람이 서울이 어떻게 생겼나를 알고 싶어서 서울을 잘 아는 사람에게 물어보았다. 그랬더니 대답을 아주 잘 해주었다. 동쪽에는 동대문, 서쪽에는 서대문, 남쪽에는 남대문이 있다. 가운데에 한강이 흐르고 남산·북한산·인왕산·관악산·아차산 등이 있고 한가운데에 여의도가 있다. 사람은 많고 공기는 탁한 편이다. 그러나 아무리 구구절절이 자세히 설명해보아도 효과가 별로 좋지 못하다. 직접 서울에 가서 한 번 구경하면 달리 설명이 없어도 아! 하고 넉넉하게 서울을 알 수 있고 한강·여의도·동대문·남대문을 확연히 알 수 있다는 것이다.

말하지면 '…사고 과정…인식 작용… 중추 신경계… 말초 신경계…'는 하나의 설명에 불과할 뿐 그 본체는 아니라는 것이다. 그 본체는 다른 여러 가지 말로는 '마음 자리' '당처(當處)' 등으로도 표현되는데, 그곳은 도저히 말로는 표현될 수 없는 자리라는 것이다. 아무리 불경(佛經)의 팔만 사천 경을 외우고 또 외워도 그 '마음 자리'를 설명하는 데는 부족하다는 것이다.

이와 같은 이유 때문에 우리는 끝없이 '이 마음이 무엇인고?' 하는 의문을 지어가야 하는데 초심자(初心者)로서는 여기에서 요령이 필요하다. 왜냐하면 의문이 제대로 지어지지 않기 때문이다. 그렇다면 어떠한 요령으로 의문을 지어가야 하는 것일까?

　우리의 모든 생각이나 사고·관념·느낌은 전부 '마음 자리'의 작용으로 인한 것이다. 다만 문제는 그 작용이 '마음 자리'와는 멀리 떨어져서 본래의 고향을 망각한 채 타향에서 떠돌기 때문에 문제가 될 따름이다. 그러므로 그 생각이나 느낌을 제 위치로 돌려 놓아야 한다.

　그러므로 제 위치로 돌려 놓으려면 무슨 생각이 들거나 느낌이 떠오를 때마다, '이렇게 생각하는 이것이(생각의 주체가) 무엇인고?' 하면 된다. 왜냐하면 '나(自)'라고 하는 것은 바로 생각하고 마음먹고 상상하는 바로 그 주체이기 때문이다. 물론 이 의문에 대해서 당장 어떤 대답이 떠오르거나 답이 눈에 당장 보이는 것은 아니다. 오히려 어떤 답이 떠오른다면 그것은 화두 참선하는 방법이 무엇인가 문제가 있는 것이다.

　화두의 핵심은 어디까지나 '의문', 의문을 품는 것, 다른 아무 것도 생각하지 않고 오로지 이 의문에만 온 정신을 쏟는 것이 핵심이다. '답'이 핵심이 아니고 '의문'이 핵심인 것이다.

　그러나 쉬워 보이는 이런 화두 의문이 초심자에게는 결코 쉬운 일이 아니다. 우선 그런 의문이 생기지가 않는다. 물론 이런 의문에서부터 화두 참선은 시작되어야 한다는 것이 이해는 되리라 생각한다. 그러나 그럼에도 불구하고 이런 의문이 제대로 생기기까지는 많은 시간이 소요되기도 한다. 어떤 생각이 떠오르거나 어떤 느낌이 있을 때, 아무리 '(생각하거나 느끼는) 이것이 무엇인고' 하고 의문을 지어 보아도 의문이 일어나지가 않는다. 그냥 잡생각만이 계속 떠오를 뿐이다.

생각・느낌의 주체가 바로 나의 본연의 모습

생각이란 무엇인가? 고향 생각, 더 지니려는 욕심, 사업에 대한 생각, 가정에 대한 생각, 어릴 적의 회상 등등의 일체의 사고와 인식이 포함된 것이다. 지금 현재 내가 무엇인가 떠오르는 생각을 한다면 그런 것이 모두 포함된다.

느낌이란 무엇인가? 좋다, 싫다, 기쁘다, 슬프다, 섭섭하다, 괜찮다, 밉다, 마음에 든다, 마음에 안 든다, 즐겁다, 성난다, 행복하다 등등이다. 오욕칠정(五欲七情)이란 것이 이것이라 할 수 있다.

수행자들은 선방에 가부좌를 틀고 앉아서 무엇을 생각하고 있는 것일까? 그들은 가만히 앉아있는 자세에서도 끊임없이 느낌과 생각의 바다에 부딪히게 된다. 그럴 때마다 수행자들은 끊임없이 되뇌인다. '이 무엇인고?'

이 때 말로만 입으로만 하는 것은 소용이 없는 것이고, 실제로 깊은 의문을 지어 나가야 한다. 회광반조(回光返照)라고나 할까, 궁금하지 않은가, 나의 본모습이….

한때 고등학교 사춘기 때에 '나는 누구일까?' 라는 철학적 질문을 나에게 던져본 적이 있는데, 그 때는 몰랐으나 바로 이것이 화두의 본질이었다. 그 당시에는 꽤 심각하게 고민을 했다. 그러다가 언제인가 떠오른 것이 서양의 어느 철학자의 말, "나는 생각한다. 고로 나는 존재한다."였었다. 나의 주체는 나의 생각이지, 나의 육체는 나를 따라다니는 부수적인 부속물이라는 생각이 들었다. 그러나 그 때의 의문은 화두이지만 그 때 떠오른 철학적 사변은 화두가 아니었다.

그 때 사실은 의문을 한 번 더 가졌어야 했었다. '이런 철학적 사변을 하는 이것이(주체가) 무엇인고?'

그러나 나는 더 이상의 화두를 짓지 못하고 그만 두었다. 지금도 기억 나지만 그 이유는 '나는 무엇일까?' 라는 의문을 계속 지어나가기에는 잡생각이 자꾸 나고 다른 생각이 떠올라서 의문을 계속 짓기가 힘들었기 때문이다. '나의 생각이 바로 나다.' 이와 같은 터무니없는 결론에 도달한 후에 '나는 누구일까?' 라는 의문을 접고 말았다. 그 때의 소중했던 의문은 화두이었건만, 그 후의 그럴듯한 생각은 망상이었던 것이다. 나는 그 때 그 망상을 받아쳐서 '이렇게 망상하는 이것이(본체가, 주체가) 무엇인고?' 했었어야 했다.

여하튼 이 때 수행자들이 말하는 느낌의 바다, 생각의 바다, 망상의 바다의 깊이는 너무나 깊고 너무나 넓은 것이다. 오죽하여 '바다' 라고 하였겠는가? 한 생각이 없어지면 다른 생각이 나타나고, 이 생각이 없어지면 또 다른 느낌이 나타난다. 한도 끝도 없는 상상과 관념과 생각과 느낌의 바다에서의 끊임없는 투쟁! 이것이 참선이다.

그러므로 참선하는 수행자는 한가로이 앉아 있어도 무척 바쁘다. 끊임없이 부딪히게 되는 상념의 바다에서, 단 하나 조각배에 모든 것을 의지하고 바람에 이리저리 쏠리면서도 목적지를 향해 나아가야 되니, 그 어려움이란 이루 말로 표현할 수가 없다. 더구나 이 때 조각배의 바닥이 구멍이 났다. 물이 콸콸 샌다. 가진 것이라고는 작은 노 하나, 이 작은 노 하나를 힘차게 저어서 목적지에 가야 하는 것! 이것이 참선이다. 이 때의 작은 노가 바로 화두이다. 그리고 나의 항해를 방해하는 바닷물과 그 파도, 이것이 망상이다.

이 때 조심할 것은 화두로써 망상과 투쟁하지는 말 일이다. 왜냐하면 망상도 바로 또 다른 나의 모습이기 때문이다. 그러므로 망상은 그대로 망상으로 내버려 두고, 다만 화두의 의문만 지어가려 노력할 일이다. 마치 귓가를 스치는 바람처럼 신경쓰지 말고 내버려 둘 일이다. 그렇게 하면 망상은 저절로 없어지고 화두만이 홀로 또렷이 나타나게 되기 때문이다. 이 점은 큰스님들이 누누이 강조하는 것이고, 또 초심자들이 이 점에서 실수를 많이 한다고 한다. 나의 경우에도 이 때문에 고생을 많이 했었다.

이 말은 무엇이냐 하면, 망상에 쏠리는 나의 관심을, 망상은 그대로 둔 상태에서, 관심을 '무엇인고?' 하는 의문에만 두라는 말이 된다. 마치 한 그루의 나무가 물이 없으면 살 수 없듯이, 망상이라는 나무에다 물을 주지 말고 나무는 그대로 둔 채로 물만 그대로 화두에다가 옮기란 말이 된다. 그러면 망상은 간데 없이 사라지고 화두만, 의문만 홀로 빛나게 되는 것이다.

그러므로 여기서 한 가지 생각할 것은 화두란 '생각'이 아닌 것이다. 화두란 생각이라기보다는 '의문'인 것이다. 의문은 의문인데 알 수 없는 의문이므로 이 의문 앞에서는 아무런 생각도 없게 되고, 아무런 느낌도 사라지게 된다.

왜 알 수 없는 의문이냐 하면, 의문에 대한 답이 인간의 인식으로는 생각할 수 없기 때문이다. 그리고 수행자들은 이 '알 수 없다'는 것에 대해서 큰 의미를 부여한다. 이렇다 저렇다 말로써 글로써 설명할 때는 벌써 '마음자리'를 떠났다는 것이다. 그러므로 항상 화두에 대한 답은 논리와 사변을 떠나서 있다.

수행자들에게 사량분별(思量分別)을 하지 말라는 이유도 이 때문이다. 또 흔히 말할 때 '화두를 생각한다.'고 하지 아니하고 '화두를 든다. 화두를 거양(擧揚)한다.'라고 말하는 이유도 바로 여기에 있다.

따라서 스님들이 화두문답, 선문답을 할 때에는 일반인이 보기에는 이해할 수 없고 전혀 논리적이지 못한 내용이 된다.

그렇게 해서 힘겹게 마음의 바다를 항해하다 보면 마음속에 나타나는 갖가지 나의 모습에 대해서 놀라게 된다.

내 마음의 밝음

이 세상에서 화두처럼 간단한 것은 없다.
'이 뭣고?' 이것이 무엇이냐고 의문을 짓는 것이다.
여기서 이것이란 나의 몸을 끌고 다니는 나의 마음, '아무개야!' 하고 부르면 '예!' 하고 대답하는 그 주체, 느끼고 생각하고 인식하는 그 주체를 말한다. '나는 무엇인가?' 하는 질문이라고 생각할 수도 있다. 어릴 때는 국민학교에 다니면서 꿈을 키우며 생각했고, 커서는 직장생활을 하면서 느끼고 생각하는 그 주체가 도대체 무엇인가 하는 것이다.
만약에 나의 몸뚱아리를 자동차에 비유하자면, 이 자동차를 끌고 다니며 운전하는 운전수를 나라고 할 수 있다. 그 나는 무엇인고… 하고 의문을 지어내는 것이다.
아주 간단하면서도 쉬운 질문이다. 만약에 어떠한 이유로 깊은 사색에 잠겼을 때 '나는 누구일까?' 라는 의문을 자신에게 던져 본 사람이 있다면 그것이 바로 화두이다.
화두를 들고 나아갈 때, 그 의문을 깊이 품고 계속 이어 나갈 때, 무엇에 도달해야 하는지, 어떠한 사실을 알게 된다든지 하는 정답은 없다. 왜냐하면 그 의문은 끝이 없는 의문이기 때문이다. 만약에 어떠한 것이 떠오르거나 눈 앞에 무엇이 보이거나 몰랐던 사실을 알게 되거나 하여도 이는 수행의 본질과는 아무런 상관이 없는 것이다.

실제로 아무리 의문을 지어 나아가도, 알아지는 것도, 도달하는 결론도 없다. 그냥 연속적인 의문일 뿐이다. 논리와 사변을 떠난 자리이기 때문이다. 그러나 논리와 사변을 떠난 자리이기 때문에, 나의 마음 중에서 논리와 사변을 떠난 것, 그것이 밝아진다. 그것을 지혜라고 하면 지혜가 밝아진다. 만약 나의 느낌에 눈이 있다면 나의 느낌의 눈이 밝아진다.

그 이유를 논리적으로 헤아려보기란 불가능하다. 다만 그럴 수 있다는 증거는 있다. 적당한 예는 아니겠지만 맹인(盲人)의 경우 시력을 상실한 대신에 청각이나 후각·촉각 등이 예민하게 발달한다고 한다. 그리하여 후각이나 청각·촉각으로 눈의 기능을 일부 대신할 수도 있다고 한다. 또 원시인들은 느낌이나 감성이나 예지력 등이 현대인보다 발달했었다고 한다. 이와 같이 인간의 능력은 원래 무한한 것이나 학습이나 교육으로 인해서 일부 감성이나 느낌 등의 영역은 퇴화된 느낌이 있다.

화두를 참구하는 것이 학습이나 학문에는 도움되는 바가 없다. 태어난 이후로 학교에서 배운 것, 그 쪽으로는 도움되는 바가 없다. 그러나 그 이전부터, 내가 학교 다니기 이전부터 나에게 있었던 것, 나의 주관, 나의 느낌, 나의 마음이 있다면, 그리고 그 느낌과 주관과 마음에 밝기(明)가 있다면, 그 밝기가 밝아진다. 나의 본래 모습이 밝아진다.

그리고 다시 그 밝아진 조명으로 나의 지식을 비치면 나의 지식도 더욱 발전되고 더욱 넓이가 넓어진다. 왜냐하면 맑은 눈으로 모든 것을 바라보므로 모든 것을 더욱 상세하게 자세하게 볼 수 있기 때문이다.

그리고 이 세상에는 이론으로만은 풀리지 않는 의문이 무척 많다. 참선과 화두는 여기에 의문을 두고 이것을 탐구하는 것이다. 물론 처음부터 그런 목적으로 하는 것은 아니고 다만 궁극적인 종착점에서는 이런 모습으로 화현(化現)될 수 있다는 말이다.

예컨대

내가 왜 태어났나? 또 나는 언제 죽나?
저 나비는 왜 길을 가는 나에게 반갑게 달려드나?
사랑하는 그이와는 왜 일찍 이별하나?
열심히 일해도 왜 나는 되는 것이 없나?
길 가에 핀 저 꽃은 나에게 무슨 의미인가?
나의 전생은 무엇인가?
저 우주의 끝에서 빛나는 저 별은 나에게 무엇인가?
…

참선을 하고 화두를 열심히 탐구해서 깨친다면 이런 의문들이 풀린다는 것이다.

그러면 어떻게 해서 '…이 뭣고…'라는 화두의문을 통해 그런 의문들이 풀리나. 어떻게 해서 그런 의문들이 풀리게 되는 것인지를 어떤 스님의 말씀을 빌려서 생각해보자. 스님의 말을 인용하면서 잘못된 것이 있다면 그것은 나의 잘못이라는 전제하에서 인용한다.

사실 이런 의문들은 그리 어려운 문제는 아니고 쉬운 문제라는 것이다. 문제는 우리가 눈이 어두워서 다만 보지 못할 뿐이라고 한다. 예를 들어 말하자면 우리는 달걀 속에 갇혀 있는 병아리라는 것이다. 알 속에 갇혀 있으므로 암흑 속에서 아무것도 볼 수 없다는 것이다. 따라서 그 병아리는 알을 뚫고 밖으로 나오면 쉽게 볼 수 있다는 것이다. 하늘도 보고 땅도 보고….

그럴려면 어미닭이 달걀을 품고 앉아서 지긋이 기다려야 한다. 어미닭이 왔다갔다 하면 안 된다. 그렇듯이 수행자들은 어미닭이 한눈 팔지 않고 알만 품고 있듯이 화두만을 붙잡고 열심히 의문을 지어나가면 된다는 것이다.

그렇게 지어나가다 보면 때가 되면 어느 순간에 병아리를 싸고 있던 달걀의 껍질, 두터운 외곽이 무너지면서 드디어 병아리는 세상의 진리를 보게 되는 것이다.

그리고 그 때 병아리가 이 세상을 볼 때, 병아리는 모든 것을 안다는 것이다. 아! 이것이 하늘이로구나, 아! 이것이 땅이로구나, 아! 이것이 나의 부모로구나, 나는 이렇게 생겼구나 등등 모든 진리를 다 알 수 있다는 것이다. 그 때는 바깥 세상에 나왔으므로 누구에게 듣지 않고 학습하지 않아도 보는 그대로 순식간에 다 알게 된다고 한다. 이 때에는 진리를 아는 것이 어느 정도 쉬운 일이냐 하면, 물을 마시면서 이 물이 찬 물인지 뜨거운 물인지 아는 것처럼 쉽다고 한다.

여기서 한번 한용운 스님의 시 '알 수 없어요'를 인용해 보자.

"바람도 없는 공중에 수직의 파문을 내이며 고요히 떨어지는 오동잎은 누구의 발자취입니까.
지리한 장마 끝에 서풍에 몰려가는 무서운 검은 구름의 터진 틈으로 언뜻 언뜻 보이는 푸른 하늘은 누구의 얼굴입니까.
꽃도 없는 깊은 나무에 푸른 이끼를 거쳐서 옛 탑 위의 고요한 하늘을 스치는 알 수 없는 향기는 누구의 입김입니까.
근원은 알지도 못할 곳에서 나서 돌부리를 울리고 가늘게 흐르는 작은 시내는 굽이굽이 누구의 노래입니까.
연꽃 같은 발꿈치로 가이 없는 바다를 밟고, 옥 같은 손으로 끝없는 하늘을 만지면서 떨어지는 날을 곱게 단장하는 저녁놀은 누구의 시(詩)입니까."

이 시를 읽고서 무언인지 알 수 없는 것에 대한 동경, 오동잎과 저녁놀과 푸른 하늘이 무엇인지 궁금해하는 것이 나에게는 마치 화두참선의 '이 뭣고' 그 자체로 여겨진다. 그리고 여기서 '누구'라고 지칭한 것은 인간이 알 수 없고 만질 수 없고 파악할 수 없는 것이므로 '자연의 섭리' '우주의 섭리' 같은 느낌이 든다. 그것도 마찬가지로 논리와 사변으로 알 수 없는 것이리라.

그런데 스님이나 수행자의 말을 빌리자면 화두참선에서의 화두는 '나의 본모습'에 내한 직격단을 닐러시 이를 깨치자는 것이다. 그리고 그렇게 화두가 깨치어지는 날에는 우주의 본연의 모습을 알고자 하지 않아도 스스로 그것과 일체가 된다고 한다. 이렇게 생각되기 때문에 한용운 스님의 '알 수 없어요'는, 물론 처음부터 '이 뭣고' 화두와 내용상 같지는 않을 것이다. 그렇지만 그 궁극적인 본래 면목을 살펴 보자면 같은 모습이 된다고 많은 수행자들은 생각하고 있다.

물론 자연의 섭리를 알고자 하는 것이 화두참선의 목적은 아니다. 화두참선의 목적은 어디까지나 나를 깨치고 득도하는 것이다. 다만 부수적으로, 혹은 결과적으로 이런 측면이 있다는 말이다.

주의점과 상기병(上氣病)

　초심자들이 화두 참선을 할 때 조심할 점이 있다.
　여러 가지가 있지만 나의 경험에 비추어볼 때 긴요한 점 한두 가지가 있다.
　그 첫째 화두참선에서의 화두란 '의문'을 말하는 것이지 '화두를 생각하는 것이 아니라'는 점이다.
　처음에는 화두가 생각으로만 될 뿐 의문으로 일어나지 않는다. 생각에서만 뱅뱅 도는 경우에는 더욱 잡생각이나 망상이 많이 나타난다. 이렇게 여러 가지 생각이 떠오르므로 초심자들은 억지로 화두를 들려고 한다. 의문으로 화두를 들지 않으므로 억지로 생각해야지만 화두가 떠오르는 것이다.
　이런 자연스럽지 않은 과정에서 불필요하게 몸에 힘이 들어가는 경우가 많다. 가부좌를 하고 앉은 허벅지나 무릎에 힘이 들어가기도 하고 혹은 자신도 모르게 이를 악물기도 한다. 혹은 여러 가지 생각을 떨치려는 와중에 머리에 힘을 주면서 화두를 생각하는 경우가 종종 있다. 혹은 손에 힘을 주어 주먹을 꽉 쥐는 경우도 있다.
　이런 과정은 그 자체로서도 무리이고 화두에 별 도움이 되지 않는다.

화두란 의문이므로 의문만 생기면 나머지 과정은 저절로 자연스럽게 될 수 있는 것이다. 의문만 지어나가면 인체의 어느 곳이고 힘을 줄 필요가 없으며 힘이 쥐어지지도 않는다.

더구나 이런 과정이 반복되었을 경우에는 나중에 신체적인 부조화가 유발될 수도 있다. 자신도 모르게 인체에 힘이 쥐어지고 혹은 이를 악물기도 하는데 이것은 습관이므로 빨리 고치는 것이 좋다. 다리에 너무 힘을 주는 경우에는 나중에 무릎관절이 약화되어 관절의 통증이 발생할 소지가 있다. 따라서 오래 가부좌를 틀고 앉아서 무릎이 몹시 아프다고 느껴질 경우, 주저없이 무릎을 펴고 혈액순환을 원활히 하여 무릎 통증을 해소할 필요가 있다.

지나치게 억지로 화두를 들려고 하고, 그것이 자연스럽게 의문으로 되지 않고 억지로 화두를 생각할 때, 일반적으로 상기병(上氣病)이 발생한다. 상기병이 발생하면 자꾸 두통이 생기거나 신경질이 나고, 불안하게 되거나 숨이 차거나 하는 증세가 참선만 하면 생기기 때문에 도저히 참선 수행을 할 수가 없다고 한다.

나의 경우를 예로 들자면 처음에는 의문이 아니라 생각으로만 화두를 지어갔고, 진정한 의문으로 화두가 자리잡히기까지는 상당한 시일이 걸렸던 것으로 기억된다. 또 창피한 말이지만 나의 왼쪽의 어금니가 조금 약한 편인데, 이것은 참선할 당시에 너무 몸에 힘을 많이 주거나 혹은 억지로 화두를 잡두리하느라 이를 악물었던 적이 있지 않았나 한다. 또한 나의 오른쪽 무릎도 좀 약한 편이어서 가끔 통증이 있을 때도 있는데, 이것이 참선 초기에 반가부좌의 상태에서 무릎이 아파오는 것을 억지로 참았던 것과 관련이 있다고 생각한다.

둘째, 호흡에 너무 지나치게 신경쓸 필요는 없다. 호흡이란 자연스럽게 들어오고 나가게끔 내버려두면 되는 것이지, 호흡에 어떤 의미를 두고자 하거나 혹은 일부러 심호흡을 하고자 하는 것은 별 의미가 없는 것이다. 다만 참선 수행을 하기 전에 심호흡을 하거나 천천히 호흡함으로써(단전호흡) 자신의 호흡을 조절하는 것은 참선에 도움이 되는 경우가 많다고 한다.

셋째, 참선 도중에 눈은 절대적으로 뜨고 있어야 한다. 눈을 감으면 자꾸 졸음이 올 뿐더러 설사 졸지 않는다 하더라도 눈을 감고 참선을 하는 것은 꿈을 꾸는 것이고 마구니에게 항복하게 된다고 한다. 눈을 반 정도 뜨고 있는 상태에서 전방 3m 정도를 응시하는 것이 제일 바람직하다. 다만 이 때 어느 한 점을 지정해놓고 그곳을 응시할 필요는 없다. 수행자는 눈에 보이는 것에는 아무런 신경을 쓰지 않는다. 말하자면 눈은 뜨고 있으되 보이는 바는 없어야 한다.

넷째, 몸의 자세는 반듯한 자세를 유지하는 것이 좋다. 척추와 그 주위의 근육에 힘을 주고 있으면 다른 곳은 힘을 **빼도** 척추가 곧게 선다. 그런 상태에서 신체의 다른 부위는 힘을 **빼야** 한다. 고개가 너무 앞으로 숙여지게 되면 이는 참선을 잘못하고 있는 것이다. 또 지나치게 힘이 들어가 있으면 이도 잘못된 것이다.

다섯째, 참선수행은 처음에는 여럿이 같이 수행하는 대중처소가 좋다. 여럿이 같이 있는 분위기는 자신의 나태함을 극복할 수 있는 분위기가 된다. 또 혼자서 처음부터 참선을 할 경우 잘못하면 엉뚱한 길로 **빠질** 위험도 있다. 망상이 심하게 일어날 수 있으며 중간에 두려움 등이 생길 수도 있다. 나중에 익숙해지고 수행에 힘이 생기면 그 때에는 혼자서 할 수 있는 능력이 생기고 혼자 하더라도 여법(如法)하게 할 수 있다.

여섯째, 참선은 처음부터 바른 스승을 만나서 올바르게 지도받아야 한다. 도력이 높은 스승과 인연이 있거나 하면 제일 좋다. 그렇지 못한 경우는 스승의 법문을 많이 듣거나 그것이 안 되면 녹음된 것이라도 많이 듣는 것이 좋다. 화두 선택은 제일 좋은 것이 스승으로부터 화두를 받는 것이다. 사정이 그렇지 못할 경우에는 대부분 '이 뭣고?' 화두를 하면 된다. 다시 한번 말하지만 처음부터 올바른 길로 가는 것이 중요하므로 법문을 열심히 듣는 것이 좋고 혹은 선지식을 가까이 할 수 있으면 더욱 좋다.

일곱째, 다시 한 번 강조하거니와 화두참선이란 그 핵심이 '의문을 지니는 것'에 있다. 이를 의정(疑情)이라고 한다. 따라서 이 화두 의심 이외에는 모두 참선의 본 뜻과는 거리가 먼 것이다. 따라서 참선 도중에 무엇이 눈 앞에 보이거나 어떠한 생각이 떠오르거나 하는 것은 모두 망상 번뇌에 해당한다. 설령 눈앞에 부처님과 예수님이 보인다고 하여도 이는 아무 것도 아니다. 또 초심자들이 눈을 한 곳에 집중하고 있으므로 눈앞에 어떠한 형상이나 모습이 보일 수 있는데, 이도 역시 마찬가지이다. 아무 의미가 없는 것이므로 화두 의문에만 집중해야 한다.

분노와의 만남

화두를 들되 일어나는 망상과 투쟁하지 말고 있는 힘을 다해서 앞을 향해 나아가면 자신의 여러 모습이 나타나는데, 이는 본모습은 아니다. 참선을 할 때 느껴지는 것들은 나의 마음의 본체, 본 모습은 아니지만, 그렇다고 하여도 나의 마음의 작용임에는 틀림이 없다. 평소에는 아무 생각을 안 하고 있는 것 같은데, 참선을 하려고 하면 무슨 생각이 그렇게들 많이 생각나는지, 무수한 생각과 느낌이 생성되고 또 소멸되곤 한다.

마치 큰 바다에서 수많은 파도가 치는 것처럼 수많은 생각들이 갈래갈래 나타나고 소멸하고 한다. 이렇게 수많은 생각과 느낌이 이어지고 연결되어 지속되는 것을 '마음이 가는 길', 즉 심로(心路)라고 선가(禪家)에서는 표현한다.

그래서 일반사람들이 일상생활을 하면서 하는 모든 생각생각, 느낌느낌을 '심로(心路)가 있다.', 즉 '마음가는 길이 있다.' 라고 표현한다. 득도한 수행자는 완전히 심로(心路)가 끊어진 상태이고, 득도하지 못한 중생은 항상 무슨 생각을 하든지 무슨 느낌을 지니든지 하므로 마음의 길을 항상 걷고 있다. 108 번뇌도 마음에서 생긴 것이고, 팔만사천(八萬四千) 망상도 마음으로부터 나온 것이다.

그러나 이제 화두를 들고 나아가다 보면 하나씩 하나씩 심로(心路)가 끊어지게 된다. 망상이 하나 둘 없어지는 것이다. 망상더러 물러가라고 한 적이 없건만 '이것이 무엇인고?' 라고 하는 의문 하나를 들고 망상의 바다에 서 있으면 저절로 그렇게 된다.

마치 풀기 어려운 수학 문제를 골똘히 연구하다 보면, 시시하게 쵸콜렛을 먹고 싶다거나, 영화를 보고 싶다거나, 용돈이 더 생겼으면 하는 등등의 잡생각이 없어지는 것과 같다. 또 바둑 두기에 열중하다 보면 다른 시시콜콜한 생각들이 없어지고 눈에는 바둑판만 보이게 되는 것과 같다. 화두란 어려운 수학 문제나 바둑처럼 일순간에 다른 생각이 없어지고 한 군데로 집중하게 되는 것이다.

그러나 물론 수학 문제와 바둑을 잘한다고 하여 화두를 잘할 수 있는 것은 아니다. 화두와 그것과는 근본적으로 다르다. 수학 문제나 바둑은 우리의 인식의 힘으로, 사변력이나 논리력으로 문제를 해결할 수 있지만, 화두는 논리와 사변과 인식을 떠나서 있다. 자신의 일생 일대의 노력, 혼신의 힘이 힘쳐져서(이려서 젖먹던 힘은 물론, 전생의 힘끼지 디 합처저야 한다) '의문 덩어리' 화두를 만들어 내야만 이 문제가 조금씩 풀릴 기미가 보인다.

잡생각이나 망상을 어둠이라고 하면 화두는 불빛이다. 참선이란 '화두' 라는 등불을 들고서 어둠을 헤쳐나가는 일이다. 온 사방이 깜깜한 곳이므로 어디가 어디이고 어디에 무엇이 있는지 모른다. 그러므로 등불이 필요한 것이고 등불이 없으면 의지할 곳이 없는 것이다. 불빛을 화두라 생각하면 아무리 밤이 어두워도 환한 불빛을 하나 들고 있으면 길을 찾아갈 수 있다. 그까짓 어둠은 힘을 잃고 만다.

그러나 불빛이 항상 밝음을 유지하도록 항상 정신을 집중하여야 한다. 혹시나 불빛이 약해지면 이내 그 주위에는 다시 짙은 어둠이 엄습하여 온다. 잘못하면 불빛이 꺼지고 화두는 사라진다. 마음 가는 길이 생기고 자신도 모르게 정처 없이 그 길을 따라간다.

그러나 참선 도중에 정신을 집중하여 화두를 잘 들어올리면 아무리 어두운 곳이라도 밝게 비추어질 수밖에 없다. 오리무중(五里霧中) 깜깜한 곳에서도 방향을 잡을 수가 있고 어떠한 것들이 주위에 있는지 파악할 수 있는 것이다. 그러므로 불빛이 있는 한 어두움은 없는 것이다. 또 수행한 지 얼마 안 되는 사람은 그 등불의 빛이 약하여서 조그만 부위밖에 밝게 하지 못하지만, 수행을 거듭할수록 등불은 더욱 빛나고 더욱 멀리 비춘다. 그리고 이윽고 더욱 깊이 나아갈수록 등불 하나로써 나를 둘러싸고 있는 온 우주를 비추게 되는 것이다. 우주의 모든 어두움은 사라지고 모든 것이 밝게 빛나게 된다.

참선 도중에 한 번은 이런 일이 있었다. 참선 도중인데도 나의 마음은 화두를 떠나서 있을 때였다. 하루는 정처 없이 마음가는 길을 따라가고 있었다. 그 길 가에는 해바라기가 피어 있었다. 사람들이 길 가에서 즐겁게 놀고 있다. 나도 그 사람들과 어울려서 놀이를 한다. 가만히 보니 옛날에 친구들과 고향에서 물장구치며 놀던 때도 이런 기분이었다. 그러나 친구 중에는 나를 아주 기분 나쁘게 대하는 친구 아닌 친구놈도 있었다. 그놈은 나를 아주 싫어했고 나도 그 놈이 싫었다. 그놈은 나를 따돌리기도 하고 나를 놀리기도 하고 그랬다. 그런데 그놈이 나타났다. 에라 이 옘병할 놈!! 그런데 이놈은 나랑 무슨 원수가 졌는지 3년 전에도 나타나서 나에게 한 번 물을 먹였겠다!?

그러다가 한참 후에는 다시 정신을 차린다. '내가 지금 참선 도중에 무슨 생각을 하고 있나? 화두를 잡고 참선을 더 해야지.' 그런데 오늘따라 반가부좌(半跏趺坐)의 다리가 왜 이리 아픈지 모르겠다. 다리를 좀 풀어본다.

그런데 그 노기(怒氣)! 그 놈에 대한 노기가 점점 더 치성해진다. 심장이 뛰는 것을 느끼고 혈압이 상승하는 것이 느껴진다. 정말 그놈하고는 안 좋은 인연이네! 분노가 사그러들질 않는다.

그러나 한편으로는 나는 화두를 들고 참선을 해야 한다. '이렇게 노(怒)하는 이것이 무엇인고?'

이런 날은 화두를 강력히 들어서 의문이 힘차게 일어나야 하고 힘차게 밀고 들어가야 하는데 노기(怒氣)가 워낙 심할 경우에는 그만 노기(怒氣)가 나를 점령하고 만다. '화가 나서 참선 못하겠네. 다리도 아프고… 오늘은 참선이 안 되는 날인가 보다.' 자리를 털고 일어난다.

그리고는 선방을 나와서 집으로 향하는 걸음을 걸었다. 그런데 선방을 나와 한참 지나다 보면 조금 이상한 생각이 든다. 다시 생각해 본다. 3년 전에 그 친구 놈이 나를 한 번 창피를 주었지만 뭐 그럴 수도 있는 일이라고 생각하고 넘어 갔었다. 경제적으로나 물질적으로 나를 해코지한 것도 아니고 나도 먹고 살기 바빠서 그 후론 대수롭지 않게 여기고 그 일을 잊어버렸었다. 왜 그 때의 사소한 일이, 참선 도중에, 이렇게 심각하게 나에게 다가오나?

그 이유는 참선 중이기 때문이다. 화두를 들고 어느 정도 열심히 하다 보니 현재의 관심사나 일상사는 나의 화두에 다 흡수가 되고 나의 인식의 뒤편에 있는 기억들이 나타나는 것이다. 내가 잊어버리고자 했던 그 일이 실은 인식의 뒤안길에서는 생생한 기억, 중요한 기억으로서 남아 있다.

그리고 그 때의 분노는 아직도 나의 잠재의식에서는 끓어오르고 있었다.

나의 마음에서 현재의 의식은 빙산의 일각이요, 나머지 잠겨 있는 90%가 나의 잠재의식이라고 한다. 내가 화두에 힘을 쏟았기 때문에 가벼운 현재 의식은 이제 더 이상 나와 대적할 수는 없었다. 그러는 사이에 당연히 나의 마음의 뿌리에 단단히 매달려 있는, 내가 평소에는 의식하지 못하는 인식의 세계가 열리게 된다. 사람마다 경우가 다르겠지만 나의 경우에는 평소에는 생각지도 못했던 분노의 감정이 내 앞에 나타나는 것이다. 여기서부터는 화두 들기가 점점 어려워지기 시작한다.

이 잠재의식, 즉 무의식은 뿌리가 아주 단단하게 박혀 있다. 혹은 분노나 노여움, 혹은 기쁨과 만족, 혹은 애처로움과 서러움 등등의 형태로 나의 뇌리 속에 박혀 있건만 나는 평소에 의식하지 못한다.

그런데 화두를 들고 나아가면 이 곳을 여행하게 된다. 나의 마음으로의 여행이다. 나의 마음으로의 여행! 수행(修行)이 조금씩 앞으로 나아가면서 겪게 되는 과정을 이렇게 표현할 수밖에 없다. 평소에는 다른 사람이 웃기는 말을 하면 웃고, 슬픈 말을 하거나 자신에게 불리한 행동을 하면 울거나 화를 낸다. 하지만 참선을 하면 현재의 외부 환경에 영향받지 않고 그 동안에 나의 마음이 흘러왔던 내용을 반추(反芻)하게 된다.

선방에서의 그 경험은 그 후에도 몇 번 더 있었다.

선방에서는 분노가 일어나다가도 집으로 오면서는 평상심을 되찾을 수 있었다. 얼마 지난 후에 왜 그렇게 선방에서 노여움이 생겼는지 알 것 같았다. 그것은 무의식의 세계였던 것이다. 일상생활의 평상심의 세계에서는 거의 느껴지지 않는, 혹은 느끼지 못하는 자신의 내면의 자기 자신이었다.

그날 밤 나는 잠자리에 들면서 그 친구에게 마음으로부터 사과를 하였다. 별 것도 아닌 일로 나의 마음속에 그렇게 노여움의 감정이 많은 줄은 몰랐다. 아니 과거의 그 노여움이 사라진 줄만 알았지 그렇게 활화산처럼 타오를 줄은 몰랐다.

그렇게 깊이 배어 있는 노여움이라면 그 노여움은 나의 마음에 많은 상처를 준 것과 마찬가지이다. 그 많은 상처를 지니고 나의 마음이 편안해질 수는 없는 노릇이다. 그렇게 편치 못한 마음을 지니고 있으니 나의 주변 사람들은 내 곁에서 어떤 느낌을 지니게 되겠는가! 나중에 혹시 그 친구를 만나게 되면 이런 마음을 전하고 싶었다.

그리고 그 후 몇 달 후에 그 친구로부터 전화가 왔다. 그 동안 잘 지냈느냐고… 기회가 되면 한번 만나서 즐겁게 식사 한 번 하자고… 밝게 말하는 그의 목소리에는 그 이전의 나에 대한 거부감은 없었다. 나도 무척 반가웠다. 전화 줘서 고맙다. 나는 전화도 못 했는데… 잘 지내고 나중에 반갑게 한번 만나자.

그의 마음도 이미 이해와 애정으로 변해 있었다.

왜일까. 왜 그의 마음이 변했을까. 왜 그렇게 그의 마음도 나를 따라 우호적으로 변했을까.

수행자들은 대체로 이렇게 이해한다. 수행을 하면 겉으로 나와 있는 조그만 의식 세계에만 마음이 있는 것이 아니고, 항상 잠재의식을 투과하고 있다. 이 말은 어릴 적부터 지녀왔고 품어왔던, 그러나 그 동안 망각하고 있었던 과거의 마음이 지금 이 순간에 과거와 똑같이 살아있다는 말이다. 살아있다는 것은 뻥 뚫려 있다는 말이다. 더 나아가서 전생의 의식도 투과하여 있는 것이다.

그런데 나의 마음과 의식의 세계는 마치 우주의 공허(空虛)와 같다. 그리고 모든 중생이나 인간의 의식 세계도 모두 이와 같다. 이 공허(空虛)의 세계에는 나의 공허(空虛) 너의 공허(空虛)가 없다. 모두가 서로 통한다. 왜냐하면 텅 비어 있는 공간이기 때문이다. 이 세상에서 내가 공기 중의 산소를 들이마시며 호흡을 하는데, 네가 숨쉬는 공기, 내가 숨쉬는 공기가 따로 있는 것이 아니다. 다 같은 공기이다. 그러므로 내가 한 번 먹은 마음은 이 우주 공간에 퍼져서 모든 공허(空虛)에 퍼진다. 퍼지어 모든 것에 다다른다. 그러므로 나의 마음은 텔레파시가 통하듯이 상대에게 전달된다. 선지식(善知識)들은 이와 같이 설명한다.

물론 이런 이해도 수행자들은 배격한다. 알음알이를 싫어하고 문자에서 찾지 않기 때문이다. 특히 참선 수행에서 이러한 알음알이는 화두 정진에 방해가 되는 것으로 간주되고 있다. 다만 굳이 설명하자면 그렇다는 말이다.

나의 마음에 적혀 있는 것들

대개 화두를 들고 나아가고자 할 때 초심자들은 화두가 단 1초도 들리지 아니한다.

'이것이 무엇인고?'라고 아무리 되뇌어보아도 의문이 일어나지 아니한다. 계속적으로 딴 생각만 일어날 뿐이다. 집 생각, 고향 생각, 직장 생각, 친지 생각, 돈 버는 생각, 여자 생각 등등… 이런 때를 송화두(誦話頭)라고 한다. 입으로만 화두를 말할 뿐 실제로는 전혀 화두가 아니다. 딴 생각만 하고 있다.

그러나 열심히 노력해 나아가면 조금씩 화두가 제대로 될 때가 있다. 의문이 조금 품어지는 단계이다. 잡생각의 연속선상에서 잠깐씩 햇살이 비치게 되는 것이다. 내 생각으로는 화두가 진전되는 단계는 여러 면에서 바둑 실력 느는 것과 비슷하고, 혹은 한국인이 영어 회화가 향상하는 것과 유사하다.

열심히 노력해도 도무지 실력이 늘지 않는다. 영어를 한 달 동안 아무리 열심히 했다고 하여도 느낌상으로는 도무지 향상되지 않는다. 그렇지만 실력의 향상은 있는 것이다. 이와 마찬가지로 눈에 보이지 않는 향상이 있었던 것처럼 화두의 진보도 있다.

화두의 진보가 조금씩 생기다 보면 사고의 관점이 약간씩 달라지게 된다. 현실에 묻히어 생활하다 보면 미처 생각하지 못하는 생각이 들기도 한다. 왜냐하면 선방이란 우선 현실을 떠난 조그만 공간이기 때문에… 현대인의 참선이란 현실에 있으면서, 현실을 떠나 있는 것, 현실을 저만치 다른 곳에서 바라볼 수 있는 것! 이것이 참선의 즐거움이리라… 물론 참선의 목표는 궁극적인 진리를 깨치는 일이지만 이런 면도 있다는 말이다.

그런 참선은 사나이라면 반드시 해보아야 할 일이라고 주장하고 싶다. 이 세상 어디에서도 구경하고 볼 수 없는, 그러면서 무어라고 형언할 수 없는 비밀이 숨겨 있는 자기 자신과 부딪히는 일이기 때문이다. 여태까지 인생을 살아온 내 인생을 이끌어온 나의 본 모습과 맞부딪혀서 진짜 나를 보는 일, 이것이 참선이기 때문이다.

이 세상에 여행을 하거나 구경을 하면 세상 진기한 것을 다 구경할 수 있지만 아무리 전 세계를 훑고 돌아다녀도 자신의 모습을 볼 수 있는 곳은 어디에도 없다. 그러나 참선 중에는 자신의 모습을 본다. 거울을 통해서 보는 자신의 모습은 겉모습이요, 육신(肉身)이다. 그것 말고 자신의 마음의 본 모습을 보는 것이다. 그러므로 참선은 멋있는 일이요, 신기한 모양이요, 진기한 여행이 된다. 세계 어느 곳을 둘러보아도 이것은 볼 수 없으며, 달나라 여행을 하거나 화성·목성 탐사를 아무리 하여도 나에게 있는 이 보물은 볼 수가 없다. 그러므로 참선 수행자들은 여행을 별로 좋아하지 않는다. 여행해 보아야 별로 볼 것은 없는 것이요, 여행을 통해서 볼 수 있는 모든 것은 선방 안에서 모두 볼 수 있기 때문이다. 선방에서는 더욱 신비하고 더욱 멋있는 것을 볼 수 있기 때문이다.

참선에 필요한 공간이라야 한 평 정도면 충분하다. 그 곳에 똬리 틀고 앉아서 나의 진면목을 생각해 보는 것이다. 그러므로 화두참선이 만약에 여행이라면 내가 나를 여행하는 것이다. 화두의 등불로써 어둠을 비추어가면서 새로운 나의 모습을 발견해 가는 것이다. 아니 새로운 것이 아니라 본래 있던 나의 모습인데 내가 미처 느끼거나 생각하지 못했던 것인데 그 곳에 등불이 비추어 짐으로써 밝아지게 되고 따라서 그 모습을 알 수 있게 되는 것이다.

처음에는 한 시간을 앉아 있기가 힘들지만 익숙해지면서 앉아 있는 시간이 점점 늘어난다. 화두만 들다가 보면 자신의 인생을 저절로 돌아보게 된다. 인생의 파노라마의 비디오가 한 편의 스토리로 나에게 다가온다. 그 이유는 역시 밝게 빛나는 등불로 인하여 나의 마음이 비추어 지기 때문이다. 그러므로 까맣게 잊고 있었던 나의 인생의 역정(歷程)이 그 밝아짐으로 인하여 나에게 제대로 된 모습으로 다가오는 것이다. 그러니 자신에 대해서 깊게 생각해 볼 수 있는 곳은 이 세상 어디에서도 작은 공간 선방밖에 없는 것이다.

선방에 앉아서 화두에 몰입하다 보면 이 세상 모든 일은 모두다 내 마음속에 있는 개념에 불과하다. 즐거웠던 일, 지금 보면 마음속에 하나의 개념에 지나지 않고, 괴롭거나 슬퍼했던 일, 하나의 언어(言語)에 지나지 않는다. '슬프다', '괴롭다'고 하는 언어 혹은 개념. 왜냐하면 지금의 나는 괴롭지도 슬프지도 즐겁지도 않기 때문이다.

돈을 많이 벌었던 일, 명예롭게 칭송받았던 일, 지금 선방에 앉아 있는 나에게 무슨 소용이 있다는 말인가! 돈을 많이 벌었다는 것은 하나의 숫자이다. 마치 전자오락실에서 오락 잘 할 때 높이 올라가는 점수 숫자처럼…. 그러니 오락실 점수 잘 나오고 못 나온다고 울고 웃고 하는 것이 얼마나 웃기는 일인가. 명예도 나와는 아무런 상관이 없는 일이다. 그것은 남이 생각해서 그런 것이지, 나 자신의 본체와는 아무런 상관이 없는 것이다. 명예라는 것은 남이 나를 생각할 때의 말이지 내가 나를 생각해 볼 때 명예가 어디 있고 자존심이 어디 있나.

생각해 보면 명예롭다고 해서 내가 더 오래 사는 것도 아니고 죽음의 길을 피할 수 있는 것은 더욱 아니다. 내가 명예롭다고 해서 우리 집안이 화목해지는 것도 아니고 나의 가족들이 질병에 걸리지 않게 되는 것도 아니다.

그러니 이런 거추장스러운 것은 훌훌 던져 버리고 나의 본래 모습, 나의 본래 생각, 나의 본래 인식, 거추장스러운 것에 가려서 숨겨져 있는 이런 것을 발견하니 얼마나 뜻 깊은 일인가.

일찍이 중국 청나라 3대 제왕을 지냈던 순치황제(順治皇帝)는 서로 넓은 나라 차지하겠다고 싸우고 서로 왕 노릇 하겠다고 싸우는 것을 바둑 한판 두면서 싸우는 것과 똑같다고 말하면서 부귀영화와 가족 등 모든 인연들을 끊고 출가했다.

유명한 순치 황제 출가시(順治皇帝出家詩)를 인용해 본다.

곳곳이 총림이요, 쌓인 것이 밥이어니
대장부 어데 간들 밥 세 그릇 걱정하랴
황금과 백옥만이 귀한 줄을 아지 마소
가사 옷 얻어 입기 무엇보다 어려워라.

이 내 몸 중원 천하(中原天下) 임금 노릇 하건마는
나라와 백성 걱정 마음 더욱 시끄러워
인간의 백년살이 삼만 육천 날이란 것
풍진(風塵) 떠난 명산 대찰 한 나절에 미칠 손가.

당초에 부질없는 한 생각의 잘못으로
가사 장삼 벗어 치우고 곤룡포(袞龍袍)를 감게 됐네
이 몸을 알고 보면 서천축(西天竺) 스님인데
무엇을 인연하여 제왕가(帝王家)에 떨어졌나.

이 몸이 나기 전에 그 무엇이 내 몸이며
세상에 태어난 뒤 내가 과연 뉘이런가.
자라나 사람 노릇 잠깐 동안 내라더니
눈 한 번 감은 뒤에 내가 또한 뉘이런가.

백년의 세상일은 하룻밤의 꿈속이요
만리의 이 강산은 한판 노름 바둑이라
대우씨(大禹氏) 구주 긋고(劃定) 탕임금은 걸(桀)을 치며
진시황(秦始皇) 육국 먹자, 한태조(漢太祖) 새 터를 닦았네.

자손들은 제 스스로 제 살 복을 타고났으니
자손을 위한다고 소와 말 노릇 그만 하소
수천년 역사 위에 많고 적은 영웅들이
동서남북 사방에 한줌 흙으로 누워 있네.

올 적에는 기뻐하고 갈 적에는 슬퍼하네
속없이 인간세에 와서 한 바퀴를 돌단 말가
애당초 오지 않았으면 갈 일 없을 텐데
기쁨이 없을 텐데 슬픔인들 있을 것인가.

과거의 기억과 만나다

　선방에 출입한 것이 그리 오래 되지 못했지만 은근히 선방이 저절로 생각날 때가 있었다. 그리고 선방은 나의 한 가지 일과로서 서서히 자리잡아 가고 있었다.
　선방에 출입한 지 1년 여 지난 후에는 참선의 양상이 조금씩 달라지기 시작했다. 잡생각이 조금씩 줄어드는 것을 느낄 수 있었다. 가정 걱정, 사회생활, 먹는 일, 입는 일, 주거 생활, 집안 걱정 등등이 조금씩 사그러 들고 '이것이 무엇인고?' 화두는 그 이전까지 '생각'의 수준에 맴돌았으나 진정한 의문으로 다가오기 시작했다.
　그리고 나의 마음 세계가 깊이 있게 느껴지기 시작했다.
　그 첫 번째 특징이 자꾸 옛날 생각이 화두 도중에 나타났다. 옛날에 내가 놀았던 동네, 즐겨 찾았던 만화가게, 전쟁놀이 하던 것 등등 그 동안 잊고 살았던 과거의 모습이 선명하게 나타났다가 사라지곤 하였다. 그 이유는 화두라는 등불로써 나의 기억이나 마음을 밝게 비추게 되기 때문이었다. 나의 내면세계 깊은 곳에서 잠자고 있던 마음이 화두의 등불로 인하여 밝아지게 되는 것이다. 이런 과정을 거쳐서 평소에 내가 의식하지 못하고 있었던 과거의 기억이 자꾸 생각나게 된다. 그뿐만이 아니었다.

그 때 당시의 느낌까지도 확연하게, 마치 내가 과거로 돌아간 것처럼 생생한 감정으로, 생생한 느낌으로 나에게 다가올 때도 있었다. 그러다가 참선을 끝내고 다시 현실 생활로 돌아오면 그 대부분은 다시 기억에서 사라지고 다시 현재 시각의 느낌이 살아나곤 하였다. 나중에 안 것이지만 이것은 나의 기억이 정화되고 걸러지는 과정이었다.

여기서 정화되거나 걸러진다는 것은 과거의 기억 중에서 나의 감정이 걸러진다는 말이다. 일반인의 기억이란 세월이 오래 된 것일수록 온전하지 못하다. 더욱이 그런 기억 중에는 자신의 감정이 삽입되어 있기 때문에 제대로 된 모습으로 기억되어 있지 않고 얼기설기 섞여 있는 것도 있고, 앞뒤가 바뀌고 위아래가 바뀌거나 호불호(好不好)가 뒤섞여 있는 경우도 있다. 이런 잘못된 기억들은 현실 생활에서의 나의 판단에 잘못된 정보를 제공하기 일쑤이고 판단의 정확성을 떨어지게 하는 것들이다.

이렇게 어둡고 무엇이 무엇인지 알 수 없는 나의 과거의 마음의 기록에 화두라는 불빛이 밝게 비추어짐으로써 질서 있게 정리가 되고 올바르게 걸러진다. 따라서 향후 나의 판단의 올바르고 깨끗한 근거자료가 되는 것이다.

그러면 과거의 기억 중에서도 어떠한 것들이 내면세계의 깊은 곳에 자리잡고 있을까. 주로 처음에 되새겨지는 것들은 대부분이 인간관계의 애증에 대한 관념, 그 당시의 희로애락의 감정이 주류를 이루고 있었다. 무심코 지나친 과거의 시간이나 과거의 장소보다는 어떤 장면이 되었건 어떤 인간관계가 되었건간에 나의 애증의 갈등이 발생한 곳의 기억들이 많이 짚어지곤 하였다.

특히 나의 경우에는 무안한 일을 당했거나, 창피한 일을 당했을 때, 혹은 따돌림을 받았을 때 등의 기억들이 자꾸 떠올려지는 것을 느낄 수 있었다. 그런 것들은 지금 현재에는 다 잊어버린 일이고 아주 오래 전의 일임에도 불구하고, 열심히 수행하고자 하는 나를 몹시 괴롭혔다. 왜냐하면 나의 화두로 인하여 이내 사라졌다가도 금방 그 기억들이 다시 살아나기 때문이었다. 정확히는 알 수 없지만 그런 무한한 기억들은 장시간에 걸쳐서 나의 화두참선을 방해하였던 것으로 기억된다. 따라서 나로서는 분명하게 인식할 수 있었다. 창피나 따돌림 등은 당한 본인으로서는 무척 괴로운 일이고 가슴 깊이 단단하게 각인되고 마는 것이다.

일반적으로는 과거를 회상하자면, 어디 멋있는 곳에서 즐겁게 놀았다거나, 어디에 가서 무엇을 맛있게 먹었다거나, 어떨 때 횡재를 했거나, 언제 어느 때 재수가 좋았다거나, 이런 종류의 회상을 하는 경우가 많다. 특히 부부나 친구끼리 과거를 회상하며 추억을 새겨 볼 때, 어디 어디 가서 어떻게 어떻게 지냈다는 내용이 대부분이 아닐까. 아마도 어디서 무엇을 보았다거나, 혹은 맛있는 무엇을 먹었다거나 하는 것 등이 대부분일 것이다.

그러나 나의 참선 경험에 의하자면 인간의 무의식에는 그런 것은 의외로 기록되어 있지 않았다. 그런 것보다는 인간관계의 애증과 희로애락이 칡덩굴처럼 얽히고 설켜서 있을 때, 이런 것들이 나의 내면세계에 깊이 뿌리를 박고 자리잡고 있음을 알 수 있었다. 반면에 경치나 음식 맛이나 등등의 통속적인 기억은 한 장면 한 장면의 기록으로 끝난다. 참선할 때에 그런 종류의 것이 의외로 나의 기억 속에서 잊혀져 있음을 쉽게 알 수 있다.

그리고 이런 애증의 갈등이 무의식의 내면 깊숙이 자리잡고 앉아서, 때론 얌전히 때론 격렬하게 현재의 나의 판단력과 가치관 등에 영향을 미치고 있다. 그러므로 현재의 나의 판단은 내가 하는 것이지만 동시에 나의 과거가 판단하는 것이기도 하다. 나의 과거의 기록과 감정, 나의 내면세계에 쌓여 있으면서 나의 현재의 판단에 일정한 역할을 하는 것이다.

이런 과거의 기억을 들춰내어 곰곰이 살펴 보면, 인간관계의 애증의 기록이 주로 많이 적혀 있음을 알 수 있다. 이런 회상들을 돌이켜 보노라면 '인생은 만남이다.' '만남의 스토리'이다 라고 하는 생각이 들었다. 주위 사람과의 만남의 기록이 나의 인생이 되는 것이다. 따라서 참선의 깊이가 어느 정도 익어지면서 나는 인간관계를 상당히 조심스럽게 하게 되고 그에 따라 인간관계의 애증의 조절을 잘 할 수 있게 된다.

임종을 앞두고 있는 사람도 주로 생각나는 것이 인간관계의 갈등이라고 한다. 그 때 나와 같이 일했던 그 친구에게는 좀더 잘해 주었어야 하는데… 학교 다닐 때의 그 선생님은 나에게 심정적으로 무척 잘해 주었는데… 이와 같이 회상하는 것은 무엇 때문일까? 다른 무엇보다도 인간관계에서의 감정·정서 등이 마음에 깊이 아로새겨져 있기 때문이다.

그런데 수행을 하면서 살펴 보면, 임종을 앞둔 노인만 이런 것이 아니고 일상생활을 영위하는 보통사람도 그러하다는 사실이 느껴진다. 지금 전철을 타고 출근하면서 회사일을 걱정하는 사람에게도 그의 평생의 인간과의 애증의 역사는 그의 마음으로부터 작용하고 있다. 물론 그는 지금 신문을 보고 있을 뿐이지만 그가 어릴 적부터 걸어온 그의 산 역사가 그와 함께 있고 그가 지금 읽고 있는 신문 구절에 작용하여 그의 판단에 도움을 주고 있다. 그러므로 그가 신문을 읽고 있지만 동시에 그의 역사가 신문을 읽고 있는 것이다. 또 그의 역사가 그의 회사 일을 걱정하고 있고 가치판단의 기준이 되는 자료를 제공하고 있는 것이다. 예컨대 그가 보수적인 환경에서 자랐다면 서구적으로 개화되는 사회문화면의 기사를 안타까운 심정으로 읽었을 것이고, 또는 경제적으로 어려운 환경에서 자란 사람이라면 '혹시 돈 되는 일 없나' 라고 생각하면서 신문을 볼 것이다.

이런 생각이 들곤 하였다. 현실과 현재의 상황에 집착하는 보통사람의 무의식은 만남의 애증으로써 인생의 궤적을 그려 나간다. 보통사람은 자신의 잠재의식에 차곡차곡 쌓이는 이런 엄청난 세월의 기록들을 전혀 알지 못하고, - 혹은 안다고 하여도 별로 관심을 두지 않고 - 다만 현재 눈에 보이는 이익과 실리를 쫓아다닐 뿐이다.

반면에 스님들은 궤적을 그리지 않는다. 그의 인생 행로는 텅 비어 있을 뿐이다. 왜냐하면 그는 인간과 사물을 애증의 갈등의 눈으로 보지 아니하고 있는 그대로 본다. 그는 인간이나 사물이나 있는 그대로를 보고 자신의 감정을 덧붙이지 아니한다. '좋다', '싫다', '예쁘다', '밉다'로 이 우주에다가 덧칠을 하지 아니한다. 그러므로 그의 잠재의식은 텅 비어 있는 것이며, 그러므로 수행자들은 수행의 깊이를 더할수록 텅 비어 있는 공간의 깊이도 더해진다.

우주에다 덧칠을 한다는 것은 이런 것이다. 길을 걷다가 국화꽃이 하나 피어 있다. 그런데 그 옆으로 신혼부부가 지나간다. 신혼부부는 장래의 희망과 즐거움으로 가득차 있다. 그러면 그 신혼부부는 그 국화 꽃을 희망과 즐거움으로 봄으로써 그들은 국화꽃으로부터 희망과 즐거움을 느끼게 된다. 그러나 금방 이혼한 사람이 그 옆을 지나갈 때 그는 국화꽃을 어떻게 바라볼까? 그는 그로부터 절망과 낙담을 느낄 것이다. 혹은 복수심으로 가득차 있는 사람이라면 그는 그 국화꽃을 꺾어 버릴 수도 있고 잘라 버리려고 할 수도 있다. 그에게 국화꽃은 복수의 대상에 지나지 않는다. 반면에 속이 텅 비어있는 수행자들은 마음속에 아무 것도 없다. 그들은 그 꽃을 그냥 꽃으로 본다. 이것은 무엇을 말하는가. 꽃의 입장에서 보면 자기를 알아주는 사람은 수행자밖에 없는 것이다. 다른 사람들은 자기를 몰라준다. 또 다른 사람들은 착각을 하고 있고 올바르게 판단하지 못하고 있다. 수행자만이 정견(正見)을 지니고 있는 것이다.

여하튼 선가(禪家)에서는 이런 과거의 인간관계의 기억, 과거의 자신의 기억을 망상에 불과할 따름인 것으로 간주한다. 참선의 본래 목적과는 아무런 상관이 없다. 다만 화두가 조금씩 깊이를 더할 때, 마음의 세계의 알갱이, 내면세계의 알갱이가 겉으로 드러나는 것이다.

내가 나아가는 길에서 옆을 쳐다보아 길 가의 꽃송이 구경하는 것과 똑같다. 이런 때일수록 더욱 '이렇게 느끼는 이것이 무엇인고?' 하여야 한다. 길가의 꽃구경만 하다가는 아무 것도 아니다.

무의식에 잠자는 분노

 마치 한국 사람 영어 실력 늘 듯이, 전혀 늘지 않을 것 같은 바둑 수가 늘 듯이, 참선 수행을 열심히 정성 들여 하다 보면 조금씩 진전되는 바가 있다.
 그러나 큰스님들은 참선 수행을 하여 얻어지는 것이란, 무엇이 생기거나 무엇을 알게 되거나 하는 것이 아니라고 말한다. 혹시 모르던 것을 알게 된다고 하여도 이것이 수행에 도움을 주는 것은 아니다.
 다만 이런 것은 있다. 자신이 집착했던 것, 마음에 두었던 것이 별 것이 아니구나 하는 느낌은 있을 수 있다. 말하자면 집착이라는 마음의 때가, 세탁물에 때 빼듯이, 씻겨져 나간다. 자신이 목메어 간절히 바라던 것이, 그 까짓 것 별거 아닌데 그랬구나 하는 것이 있다. 또 그 동안 소홀히 했던 것이, 아 그렇지가 않고 이것이 중요하겠구나 하는 것이, 사변적으로 아는 것이 아니고 애써서 아는 것도 아니고, 그냥 느껴지고 가슴에 와 닿는다. 말하자면 지니고 있는 견해가, 보는 관점이 좀 조절이 된다, 하는 점은 있다.
 또 하나 자신의 마음이란 것이, 마음의 세계가 이렇게 넓고 끝이 안 보이는 구나 하는 점도 있다. 왜냐하면 화두로써 노를 삼아 '이 뭣고' 하면서 의문을 지니려고 하여도 마치 해일처럼 나의 의문을 방해하는 그 무엇이 끊임없이 나타난다. 정신을 꼭 차리고 노를 꼭 잡고 해일이 지나가길 기대하며 노력한다. 그러는 동안에 내가 노를 잡고 있는 것인지 태풍이 나를 잡고 있는지도 모른다. 화두를 놓고 노를 놓치고 한참을 해일 따라 헤매다 보면, 나는 파도의 한가운데에서 비몽사몽으로 정신을 못 차리고 있다. 정신을 집중하여 노를 잡고 화두를 챙겨본다. 그러면 일순간에 파도는 평정되고 바다는 고요하다. '이 뭣고?' 의문을 한 번 힘있게 쥐어 본다. 맑은 가을하늘처럼 모든 것이 평정된다.

그러나 금방 다시 발생하는 태풍과 해일과 폭우.

태풍처럼 해일처럼 분노가 일어난다. 그러나 이번에는 나도 만만치 않다. 내가 분노하는 데는 에너지가 필요한 것 아닌가. 나의 분노를 담당하는 뇌 세포에 영양 공급을 차단하듯이, 그 쪽에 정신을 두지 않고 '이 뭣고?' 하는 의문에 정신 에너지를 공급한다. 그러면 다시 파도가 잦아들고 날씨가 맑아진다.

사실 세상일이란 내 뜻대로 되는 것도 아니고, 세상 사람들이 전부 내 맘에 드는 사람만 있는 것도 아니다. 그 반대로 세상일은 거의 대부분 나의 뜻과는 다른 방향으로 움직인다. 그 전에도 세상일이 나의 뜻대로 되지 않아서 분노했었다.

그러나 내가 분노한다고 세상일이 내 눈치를 보는 것은 아니다. 세상일은 상관없이 흘러가는 것이고 나는 다만 그 물줄기를 내가 원하는 방향으로 돌리려고 노력할 뿐, 분노할 필요는 없으리라.

사람이 내 맘에 안 든다고 분노해도 그 사람 성격이 바뀌는 것은 아니다. 다만 말로써 그 사람에게 건의하면 되는 것이다. 이러이러한 측면이 있지 않느냐고… 굳이 말할 필요없으면 말 안 해도 되고… 이렇게 나의 입장을 취하면 되는 것이지 아무리 생각해보아도 내가 분노한다고 문제가 해결되는 것은 아니다. 그러므로 분노의 정체는 '착각'이 아니고 무엇이겠는가.

어릴 때부터 비슷한 내용으로 수없이 화를 내왔다. 어리석은 분노라는 것을 알고 있다. 그런데도 참선 도중에 하릴없이 그 분노가 다시 생기는 것이다. 나는 참선하고자 하는데 이 분노는 왜 나의 뜻을 거역하여 생기나?

나의 화두가 내 마음의 세계를 휘저으며 어리석은 나의 판단, 나의 감정 따위를 뿌리째 없애 버리려고 하기 때문이다. 노랗고 빨간 꽃들이 가을 바람에 떨어지듯이 나의 어리석음이 씨가 마르려고 하기 때문에 이에 반항을 하는 것이다. 그 마지막 향기를 불사르고 있는 모습이리라. 나의 과거의 기록이 올바르게 걸러지는 과정이리라.

이 분노는 내 마음의 무의식에 잠자고 있었다. 그런데 내가 화두를 들고 정신을 화두에 집중하니 마음이 고요하고 깨끗해진다. 그러니 잠자고 있던 무의식이 깨어나서 거세게 반발한다. 그러나 나는 아랑곳하지 않고 내 길만 가련다. '분노하는 이것이 무엇인고?'

그 후로 나는 주위 사람으로부터 성격이 좀 부드러워졌다고 할까, 순화되었다고 할까, 그런 이야기를 들었다. 그리고 가만히 생각하면 내 스스로도 그런 생각이 들었다.

과거의 예를 보자면 금방 화를 내거나, 겉으로는 괜찮은 척하여도 속으로는 분노하거나 예민한 경우가 많았는데, 내가 보아도 포용력이 증가된 느낌이 있다.

상대방의 말이 나에게는 별로 이롭지 않은 말인데도 이하! 그럴 만한 이유가 있으니 저렇게 나에게 불리한 언행을 하는구나. 혹은 과거로부터 나에게 섭섭했던 감정이 있던 것이 지금에 와서 나타나는구나. 이번에 순리대로 넘어가야지 이 다음에는 서로 좋은 만남으로 변화될 수 있겠다. 궁리(窮理)하고 연구해서 알아내는 것이 아니라 그냥 느낌으로 그렇게 생각이 되므로 저절로 상대를 이해하는 마음이 생긴다. 이렇게 생각의 관점이 달라지는 이유는 역시 나의 마음의 세계에서, 혹은 마음의 기록에서 나의 감정이 개입되었던 부분이 떨구어져 나오고, 따라서 올바른 모습으로 나의 마음을 볼 수 있게 되었기 때문이다.

그러다 보니 또 한 가지 달라진 점이, 그렇게 이해심이 생기고 포용하는 마음이 생기므로 저절로 사람과의 만남이 즐거워졌다는 점이다. 누구와 만나더라도 좋은 만남이 되기 위해 애쓰게 되고, 그러므로 저절로 여러 사람이 나를 좋아하게 된다.

그러다 보니 저절로 내가 가야 할 길이 보인다. 여태까지는 내가 알게 모르게 타인(他人)과 여러 악연을 맺으며 살아왔는데, 지금 이렇게 보니 모든 만남이 좋은 만남이다. 그들을 위하고 또 나를 위하는 방법으로서, 이리이리하게 살아기면 그쪽 방향으로 갈 수 있겠다. 이런 방향이 역시 애써서 궁리(窮理)해서 얻어내는 것이 아니라 그냥 저절로 그런 쪽으로 생각이 향하게 된다. 그러므로 자연히 모든 일에 자신감이 생기는 것이다. 왜냐하면 자신의 본마음에서 우러나와서 말과 행동을 하기 때문이다.

또 주위환경이 아무리 나에게 힘들게 되어 있거나 꼬여 있어도 조금만 생각하면 그것을 내가 어떻게 타개할 수가 있구나 하는 길을 알 수가 있고 그 길을 자신 있게 걷게 되는 것이다. 또 그의 주위의 여러 사람들이 그를 편안하게 생각하는 것이다. 왜냐하면 그의 행로에는 주변의 여러 사람들도 좋고 편안하게 되게끔 하는 배려가 깔려 있는 것이다.

작은 상념들의 가운데에서

처음에 참선을 시작하는 사람들은 도무지 화두라고 하는 것이 쉽게 될 것 같은 데도, 전혀 그렇지 않다는 것에 대해 놀란다.

'나는 무엇인가?' 라는 질문, '이것이 무엇인고?' 라는 의문, 한 번쯤 사람이라면 던져 봄직한 궁금증이건만, 이 의문을 계속 지어 나가려고 하면, 잘 되지가 않는다. 5분, 10분은 고사하고 1분도 그 의문이 계속되지 않는다. 처음에 막상 해 보고자 하면 채 10초 동안을 지속시키기 힘들다. 아니, 의문이 생겨나지를 아니한다. 다른 잡생각이 떠오르거나 다른 일이 더 시급하다는 생각이 든다.

선방에 앉아 있는 일도 처음에는 채 10분을 앉아 있기가 힘들다. 그러나 처음 하는 사람이 30분을 초과하여 한 시간 혹은 2시간을 앉아 있는다면, 그 사람은 화두 참선에 대한 인연이 있는 사람이므로 참선을 열심히 하면 얻는 바가 있으리라 확신한다.

그리고 참선 후의 느낌이 청정하고 깨끗하다면 그는 일단 참선을 성공적으로 한 것이다. 참선 도중에 포행을 할 때(포행이란 선방의 일반적 관행으로 50분 참선 후에 굳어진 몸을 풀기 위해 10분 정도 선방 내를 걷는 것) 혹은 참선 후에 집으로 가는 귀가 길에서 가을 날씨 같은 청정함이 느껴졌다면, 그것은 망상이 어느 정도 걷히었기 때문에 그런 것이다.

인간의 상념들 중에서 희로애락(喜怒哀樂)의 감정의 파도는 마치 태풍처럼 해일처럼 선객의 마음을 침범한다. 이 때 참선의 경험이 많은 숙련된 수행자는 전혀 이에 동하지 않고 화두를 든다. '(즐겁고 기쁘고 애처롭고 분노하는) 이것이 무엇인고?' 그러면 그 풍파는 이내 가라앉는 것이며 바로 고요하고 평안을 찾은 맑은 가을 바다가 보이는 것이다. 감정이 가라앉고 상념이 가라앉으며 잡생각이 잦아들면, 화두만 홀로 드러난다.

청정한 가을 하늘을 되찾은 후에는 보이는 것이 있고, 느껴지는 것이 있다. 아! 즐겁거나 기쁘거나 혹은 분노와 슬픔이 그 뿌리가 여기서 생기는구나. 내가 이렇게 느껴지는 것은 이러이러한 인과관계로 인한 것이로구나. 그러나 이것은 광대한 우주에 비해서는 별것이 아니로구나. 나의 마음의 세계는 이렇게 광대무변하게 넓은데, 이렇게 작은 것에만 집착하여 분노하거나 즐거워할 필요는 없는 것이다.

내가 분노하거나 즐거워할 필요는 없다. 왜냐하면 내가 즐거워도 지구는 여느 때와 다름없이 태양 주위를 잘 돌고 있는 것이며, 내가 분노한다고 하여도 이 우주는 그것과 상관없이 언제인가는 종말을 맞이할 것이다. 가을이 되면 코스모스가 피고 겨울이 되면 가지가 앙상하다.

그렇다면 그런 경우에 나는 마치 희로애락(喜怒哀樂)의 감정이 없어진 사람, 인조인간처럼 되는 것은 아닐까. 그러나 그런 것은 아니고, 쓸데 없는 곳에서 자신의 감정이 발생하지 아니하고, 마땅히 희로애락의 감정이 생겨야 할 곳에서 생기게 된다. 말하자면 희로애락의 감정이 조절되는 것이다. 순화되는 것이다. 왜냐하면 그 희로애락의 뿌리를 알게 되기 때문이다. 희로애락(喜怒哀樂)은 어리석음에서 나왔다. 즉 잘못된 판단을 기초로 하여 희로애락이 발생했다. 그러므로 희로애락은 그 순간에 뿌리 없는 꽃이 되어 허공에서 떨어진다. 그러므로 참선을 하면 성격이 순화된다.

그러나 인간의 희로애락(喜怒哀樂)의 감정의 뿌리는 얼마나 깊을까. 화두를 들고 아무리 정진해나가도 끝없이 그 파도는 밀려든다. 이럴 때일수록 화두를 잘 들기만 하면 희로애락은 사라진다. 그러므로 화두의 힘은 대단한 것이다.

아니, 희로애락이 사라지는 것이 아니다. 희로애락 그 자체도 나의 마음임에는 틀림이 없는 것이다. 나의 마음의 에너지인 것이다. 따라서 희로애락이 그 자체가 변하여 화두의 의심으로 된다. 그렇다! 지금 현재 내가 화두를 하고 있지만, 조금 전부터는 나의 희로애락(喜怒哀樂)도 나를 따라서 화두의문을 지어나가고 있었던 것이다. 나의 화두의 에너지가 더욱 강력해진 것이다. 나도 화두를 하고 나의 희로애락도 화두를 한다. 그러므로 화두만 있다.

화두가 힘을 발휘할수록 의식은 점점 내면의 깊이 있는 세계로 파고든다. 무의식, 혹은 잠재의식의 세계로 나의 화두는 그 세력을 넓혀 나간다. 그럴수록 나의 과거의 일이 생각나고, 나의 무의식에 잠자고 있던 갖가지 일이 기억나고 생각이 된다.

점점 깊이 하다 보면 내가 지금 꿈에서나 할 수 있는 생각을 지금 현실에서 하고 있다. 과거 초등학교를 다니면서 지녔던 생각과 상념, 마치 내가 초등학생이 된 것 같은 착각이 생길 때가 있다. 그러다가 문득문득 화두를 놓치지 않으려고 화두를 다시 잡두리하여 든다. 그러면서도 화두의 의문의 중간 중간에 나타나는 실낱 같은 상념의 파노라마! 도대체 내가 평소에는 생각도 상상도 못하던 것들! 물론 이것이 깊은 수행의 단계에서는 안 나타날지도 모른다. 아마도 내가 수행이 일천하여 나타나는 것이리라. 그러나 나의 잠재의식의 깊은 곳, 기억의 뒤안길, 의식과 상념과 생각의 바다의 구석구석에서나 볼 수 있는 기억의 파노라마가 내 앞에 펼쳐지면서도 나의 화두를 당하지는 못한다. 화두 앞에서는 길을 비켜선다.

도대체 나의 생각과 무의식은 얼마나 넓길래 이렇게 한도 끝도 없단 말이냐. 나의 화두와 나의 희로애락(喜怒哀樂)의 화두! 이렇게 강력해진 화두 앞에서 나의 무의식(無意識)의 파노라마가 광대하게 펼쳐진다. 광대한 것만 있는 것도 아니다. 별 시시콜콜한 것까지 나의 내면세계에는 전부 기억이 되어 있었던 것이다. 이웃집 철수에게 내가 10원을 꿔주었던 일, 딱지치기 하였다가 많이 손해를 보아서 슬펐던 일, 내가 걸음마를 처음 하면서 한 10미터쯤 걸어서 앞마당에 갔을 때 가슴 뿌듯하고 승리감에 도취했던 일, 나의 마음의 드라마가 바로 어제 일처럼 생각이 난다. 마치 깊은 바다 속의 넓고 경이로운 세계를 돋보기를 가지고 샅샅이 구석구석 탐험하는 것 같은 느낌이다.

그 때의 나는 누구이고 지금의 나는 누구인가. 내가 지금 꿈을 꾸는 것일까. 아니면 비몽사몽(非夢似夢)간인가. 깊이깊이 화두를 들고 들어갈수록 의식은 더욱 또렷해 진다. 그러면서 도저히 내가 현실에 있는 것 같지 않고 꿈속에 있는 것 같다. 그렇다. 이것은 지금 비몽사몽간이다. 그건 그렇고 이럴 때일수록 더욱 화두를 단단히 잡두리해야겠다. 더욱 나아가 본다. '이것이 무엇인고? … 이 뭣고… 이 뭣고…'

더욱 나아가다 보면 나의 어린 시절도 결국 나의 화두 앞에서는 다시 화두에 합류하고 만다. 그리하여 나의 어린 시절도 나의 학창시절도 나의 화두에 합류한다. 나와 함께 화두를 지어나간다. '…이 뭣고…'

그러므로 처음에는 '내'가 화두를 하지만 나중에는 나의 희로애락(喜怒哀樂)도 화두를 하며, 나중에는 나의 어린 시절, 나의 학창시절도 나와 같이 화두를 한다. 그러면 어떻게 되나. 나의 인생 전체가 화두를 한다. '…

이 뭣고….' 따라서 내가 화두를 하면 나의 잠재의식도 나를 따라서 같이 화두를 한다. 나의 잠재의식이 화두를 하니 이 우주(宇宙)가 나의 잠재의식을 따라서 화두를 한다. 그러므로 내가 화두를 하지만 또한 우주(宇宙)가 화두를 하는 것이다. 우주(宇宙)도 다름아닌 바로 나인 것이다.

 나의 학창시절이나 나의 과거가 나와 같이 화두를 한다는 것은 이런 것이다. 나의 마음에는 학창시절이나 과거의 기억자리가 있다. 평소에는 바쁜 생활 속에서 전혀 의식 못하고 살지만 참선을 하면 그 기억자리가 모두 각자 제 목소리를 내고 스스로의 역할을 하려고 한다. 그러므로 과거의 기억이 자꾸 떠오른다. 그런데 그런 기억이, 혹은 그런 기억자리들이 스스로의 역할을 하지 않고 전부 화두를 하는 것이다. 그러므로 과거의 기억은 잠시 쉬는 상태로 되고 힘을 합쳐서 화두의심을 하는 것이다.

두려움과의 만남

　이유 없는 두려움, 그것은 어떤 것일까. 또 나의 내면세계의 두려움, 그것은 어떤 모습일까.
　아이들은 왜 처음 보는 사람을 낯설어하고 무서워하나.
　병원 의사 선생님들을 무서워하는 것은 이해가 간다. 왜냐하면 주사를 찌르기 때문이다. 주사를 한 번 맞아본 아이들은 흰 가운을 입은 의사나 간호사를 무서워한다. 그것은 주사 맞을 때의 아픔의 기억이 자신의 의식세계에 기록되어 있기 때문이다. 그러므로 그것은 이해가 간다.
　그렇다면 갓난아기를 귀여워해 주려고 가까이 가면 아이들은 왜 그것을 싫어하며, 심지어는 공포스럽다는 표정, 무섭다는 표정을 지을까. 내가 그 아이에게 무엇을 해롭게 한 일도 없는데 말이다.
　물론 나는 친근한 마음을 지니고 그 아이에게 가까이 간 것이기 때문에 그 아이는 '판단착오' 내지는 '착각' 하고 있다고 할 수 있다. 즉 그 아이가 두려워하는 것은 사실은 착각이다. 그렇지만 그것은 그렇다 치고, 언제인지 모르게 그 아이는 공포나 두려움의 기억이 자신의 뇌리에 기록되어 있는 것이다. 그렇다면 그 공포는 언제 학습되어지고 경험되어진 것일까. 출생 과정에서의 공포? 만약에 그렇다고 하면 수술 분만을 통해 태어난 아이는 그러한 공포가 없어야 한다. 자궁 안에 있을 때의 공포? 글쎄 그럴 것 같지는 않다. 그 이외에는 마땅히 딱히 이것이 공포의 학습이라고 할 만한 것이 없다. 출생한 이후에는 어머니 품속에서 포근히 감싸지므로 역시 원인이라고 할 것이 없다.

그렇다면 그 원초적 공포와 두려움은 어디로부터 연원이 되는 것일까. 공포나 두려움이란 역시 과거로부터의 경험이 아닐까. 그렇다면 그 아이는 과거로부터 두려웠던 경험이 있는 것이다. 그러면 갓 태어난 아기의 과거의 경험이란 무엇일까. 그 경험은 두 가지가 아닐까 생각한다.

첫째는 전생에서의 공포의 경험이고, 다른 하나는 죽음의 터널을 지나오면서 느꼈던 것이리라. 이것은 하나의 추론에 불과하지만 이를 제대로 확인하여 줄 수 있는 방법은 없다.

여하튼 이런 원초적 공포, 근원적 두려움이라고 할 수 있는 것들은, 수행 과정에서 한 번 정도는 혹은 여러 번씩 거치게 된다고 한다. 어떤 스님의 말을 빌리자면 도력이 높아져서 득도하는 순간이 점점 다가올 때에 이런 두려움을 느끼게 된다고도 한다.

이런 것 말고 사소한 두려움은, 수행 과정에서 흔히 만나게 되고 곧잘 순화되기도 한다. 두려움이 순화된다는 것은 사실 두려움이 없어진다는 말인데, 두려움도 여러 단계가 있겠지만 사소한 두려움은 곧잘 참선 수행을 통하여 없어진다.

내가 다녔던 선방은 대중 처소여서 혼자 수행하는 경우도 있을 수 있겠지만 대부분 여러 명이 같이 참선 수행을 한다. 혹은 수십 명이 같이 화두에 몰입하기도 하며, 혹은 대여섯 명이 같이 하기도 한다. 간혹 혼자 남아서 하는 경우도 더러는 있다. 혼자 남아 있다고 하여서 어떤 무서움을 느끼는 경우는 없다.

그런데 어쩌다 한 번 혼자 남아서 참선을 하게 되는 경우, 약간의 무서운 생각이 들은 적도 있다. 선방의 창문을 통하여 갑자기 어떤 사람이 나타나거나 어떤 혼령이 나타나지는 않을까. 외롭게 구천을 떠도는 어떤 생명이 내가 혼자 있는 틈을 타서 나의 마음의 틈을 이용하여 내 앞에 보이지는 않을까. 혹은 어떤 귀신이 갑자기 나타나는 것은 아닐까. 혹은 지금 내가 참선을 하고 있는데 내 등 뒤에서 내게 좋지 않은 감정을 품은 사람이 나타나서 나를 해치지 않을까. 그것이 아니라면 강도가 나타나서 나에게 상해를 주지 않을까.

사실 이러한 두려움은 어린아이가 친근감을 지닌 어른에게서 느끼는 두려움과 거의 비슷하다. 그 공통점은 어떤 합리적인 원인이 없는 상태에서, '판단착오'에 근거하여 두려움이 생긴다는 것이다.

'판단 착오'란, 예컨대 선방에 있는 저 창문이 다만 창문일 따름이지 어떻게 혼령 혹은 귀신이 저 창문과 연관이 있느냐 하는 것이다. 저것은 창문이다. 그러므로 안의 공기와 밖의 공기가 이것을 통해서 환기가 되며, 바람이 소통한다. 창문을 통해 밖의 햇빛이 들어와서 선방의 조명에 도움이 된다. 이런 것이지 왜 창문을 통해서 귀신을 연상하느냐 하는 것이다.

또 도둑이나 강도가 이 세상에 없는 것은 아니지만, 하필 선방에 와서 빈털털이로 참선하는 수행자들에게 나타날 필요는 없는 것이다. 앞에 있는 것은 선방 바닥이고 나의 등 뒤에 있는 것은 선방의 벽 도배지이지, 여기서 사람이 나타나거나, 이것과 도둑을 연관할 필요가 전혀 없는 것이다.

사실은 참선을 하면서 느끼는 것이지만 이런 두려움에는 자기 자신에 원인이 있다. 과거에 내가 남에게 품었던 적개심, 남을 원망하거나 남에게 손해를 끼치려 했던 마음이 원인이 되어 현재의 시간에 이런 두려움이 생기는 것이다. 그러므로 자업자득이다.

여하튼 이런 두려움도 수행자들은 망상으로 생각한다. 또 실제로 참선 도중에 화두가 순일(純一)하지 못한 틈을 타서 망상이 틈새를 파고들었기 때문에 두려움이 나타난다. 따라서 화두가 순일하게 들어지면 두려움과 공포는 없어진다.

나의 경우에도 이런 두려움, 이런 원인 모를 느낌에 개의치 않고 열심히 화두를 들고 정진하였다. 그러다 보니 저절로 근거 없는 두려움은 사라지고 그 후로는 거의 그런 느낌이 들지 않고, 맑은 정신으로 공부할 수 있었다.

그 후에 일상생활을 하면서 나는 근거 없는 두려움에서 어느 정도 해방되었음을 느낄 수가 있었다.

일상생활의 근거 없는 두려움이란 수행자들은 그것에서 해방됨으로써 알 수가 있고, 일반사람들은 그 근거 없는 두려움을 끌어 안고 생활하면서, 그것과 함께 생각하고 판단하므로 그것을 모른다. 조그만 일에도 두려움이 앞서는 그 자체가 자신의 본마음인 줄로 착각하는 경우도 많다. 일상생활에서의 두려움의 예를 들어보고 그것이 왜 판단착오를 기초로 하여 발생했는지 생각해보자.

직장에서 쫓겨나면 큰일이다. …사실은 쫓겨날 가능성이 희박한데 그런 쪽으로 생각한다. 발생할 가능성이 희박한데 자꾸 그런 쪽으로 생각하므로 근거 없는 두려움이다. 또 실제로 쫓겨난다고 하여도 다시 새 인생을 살면 되는 것임에도 불구하고 막연히 불안하게 생각한다. 직장에 있으면 그 환경에 맞추어 생활하고 직장을 그만 두면 또 그 환경에 맞추어 생활하면 된다. 직장을 잃는다고 하여 건강이 무너지는 것도 아니고 그렇다고 병이 생기는 것도 아니고 죽음으로 가는 길은 더더욱 아니다. 물론 경제적 수입의 차이는 있을 수 있다. 하지만 이는 다른 사람도 같이 겪는 일이고 또 변화된 환경하에서 최선을 다하기만 하면 사람일이란 순조롭게 풀리는 것이 아닌가. 사실은 퇴출의 두려움에는 자신의 체면이나 자존심이 주렁주렁 매달려 있기 때문에 여기에서 두려움이 발생한다. 그렇다면, 자존심이나 체면 때문이라면 두려워할 것 까지는 없지 않나 하는 점이다.

친구들과의 우정에서 조금 양보할 것은 양보해야 한다. 왜냐하면 친구 없으면 외톨박이가 되니까. …외톨박이가 되면 큰일이라고 생각하지만 사실은 그렇지도 않다. 외톨박이가 되더라도 또 다른 친구를 사귀면 될 것이고, 또 친구 사이에서 우정을 강요하거나 구걸한다면 그것은 좋지 않다. '외톨박이가 되면 나는 불안하고 못 견딜 것 같다.' 라고 하는 착각은 또 다른 착각을 불러일으킨다. 바로 '친구에게 양보 안 하면 우정에 금이 갈지 모른다.' 라고 하는 착각이다. 양보할 만하면 양보하고 그렇지 않으면 안 하면 된다. 이것을 우정과 연결할 필요는 없는 것이다. 또 양보를 해서만 유지되는 우정이라면 차라리 없는 것이 더 나으리라. 이것은 인간관계에서 느끼는 까닭 없는 두려움이다.

엘리베이터 등 밀폐된 장소에 있을 때의 두려움… 이것 역시 아무런 이유가 없다. 엘리베이터가 고장나서 추락하거나 멈춰 서는 것을 두려워하겠지만, 밀폐의 두려움이란 그런 것이 아니고 사방이 꽉 막힌 공간에 있을 때 느끼는 이유없는 두려움이다. 엘리베이터가 고장나거나 운행 중간에 강도가 나타날까 염려한다면, 그 가능성은 전혀 없지는 않으나, 그 설명이 옳은 것만은 아니다. 왜냐하면 그 정도의 위험 가능성은 집이든 회사든 차 안이든 지하철이든 어느 곳이고 상존하기 때문이다. 따라서 두려움을 느낄 이유가 없는데 느끼는 '불합리한' 두려움이다.

다른 사람과의 갈등이 있을 때 그 사람이 나를 해칠지 모른다는 두려움… 누구에게나 사소한 감정상의 갈등은 있을 수가 있는 일이다. 또 일정한 시간이 지나면 대개는 그런 것이 자연스럽게 치유되고 없어지기 마련이다. 아주 극한 상황이 아니라면은. 그런데 이런 갈등이 있을 때마다 상대방이 나를 해칠지 모른다는 두려움이 생기는 사람이 있다. 그것은 상황을 지나치게 확대 해석하는 착각이 되는 것인데, 사실은 이런 두려움은 일정한 원인이 있다. 과거에 타인에게 이지메를 가했던가 혹은 타인에게 극도의 원한을 품고 자신이 복수심에 불탔었기 때문에 자신도 누구로부터인가 그런 일을 당할지 모른다는 판단이 저변에 깔려 있다. 다시 말해 이런 경우는 자신의 업보(業報)의 결과이다. 또 상대방은 아무런 생각도 안 하는데 자신이 오히려 '상대방이 적개심을 품을 것이다'라고 생각하므로 판단착오로 인하여 생긴 두려움이다. 그 저변에는 상대방도 나처럼 적개심과 복수심을 가질 것이다라는 그릇된 생각이 있는 것이고 이런 그릇된 생각은 업보(業報)로 인해 생긴 것이다.

삶과 죽음의 가운데

 아침 일찍 일어나서 새벽 공기를 마셔본다. 과거 학창시절에 새벽에 일찍 일어나 도서관에서 공부한다고 새벽 첫차를 타고 다녔었다.
 하지만 지금은 새벽에 일어나 선방에 가려고 하니 몸이 말을 잘 듣지 않는다. 참선이란 젊어서 해야지 제대로 깊게 들어갈 수 있다는 말이 생각난다. 참선도 정력과 체력이 있어야 잘 되는 것이라고 선지식(善知識)들은 누차 말했었다.
 처음에는 참선을 하면 무슨 좋은 일이 있겠지, 혹은 마음상태나 심리적으로 어떤 변화를 일으키는 것일까, 하는 등등의 호기심도 있어서 열심히 하였다. 그러나 일상적으로 참선을 하다 보면 처음의 신기함과 새로운 것에 대한 호기심 등은 사라지고, 참선이 아무런 재미가 없어진다. 무슨 복이 되는 일도 아니고, 돈이 생기는 일도 아니다. 이런 것이야 당연히 그러려니 했지만, 선방에서 '…이 뭣고…' 의문을 열심히 지어 보아야 내가 무언가 달라지는 것도 없는 것이다.
 그러나 이것은 초보적인 첫 단계의 고비이다. '이것 참선이라고 해보아야 아무 소용이 없는 것 아니냐'는 생각이 든다. 내가 무슨 출가수행자도 아니고, 엄연히 직장생활도 해야 하는데, 선방에 쭈그리고 앉아서 화두한다는 것이 힘들게 생각되는 것이다.

그런 생각이 들다가도 나를 다시 긴장상태로 만들고 선방으로 향하게 하였던 것은 바로 나의 '착각'과 '오판'에 대한 후회와 그로부터 탈피해야 한다는 집념이었다. 그로부터 벗어나야 '정견(正見)'에 이를 수 있다는 생각을 어떻게 해서라도 이루어야 한다고 생각했다. 그리고 또 선방의 차분하고 그윽한 분위기가 좋았고 현실을 조금 동떨어져서 바라볼 수 있다는 것이 좋았다.

사실 선방에 앉아서 화두에 몰입하다 보면 여러 가지 생각이 든다. 물론 이런 것은 화두 사이사이에 끼어든 것이라서 화두의 본질이나 목적과는 상관 없는 내용이다. 그러나 실제로 돈이나 명예나 부귀나 영화나, 참선하고 있는 그 자리에서는, 하나의 개념에 지나지 않지, 나에게 도움이 되는 것이 아니라고 생각되었다.

그리고 선방에 앉아 방바닥에 시선을 모으고 있노라면 나의 감각기관을 통해서 새롭게 들어오는 정보는 없었다. 무슨 어디에서 맛있는 냄새가 나는 것도 아니고, 내가 보고 있는 장판 바닥이 색깔이 갑자기 변하는 것도 아니므로, 눈과 코를 통해 들어오는 것이 선방에 있는 동안에는 아무것도 없다. 손으로 만져지는 것도 없고 입으로 들어오는 음식도 없으며, 입을 벌릴 일조차 없다. 그러니 도무지 참선하는 동안에는 이 우주에 아무 변화가 없는 것이다.

그러므로 아무 활동이 없으니 생각과 사변밖에 할 수 있는 일이라고는 없다. 그러다 보니 몸이 한가하니까 생각이 바빠진다. 학창시절 복도에서 벌을 받거나, 홀로 집안에 있을 때처럼, 갖가지 생각이 떠오른다. 부지런히 이 생각 저 생각 떠오르지만 이마저 화두를 들고 '…이 뭣고…' 의문을 점점 깊이 들어가니 아무 생각이 없어진다.

그러다 보니 한 번은 이런 생각이 들었다. 이 상태에서는 내가 숨쉬고 있는 것 빼고는 죽은 것과 똑 같구나. 사실 화두일념으로 깊이 들어가면서 화두의 중간에 이런 생각이 들면서 나 자신이 한편으로는 놀라고 한편으로는 약간 기쁜 마음도 들었다. 내가 혹시 죽음의 세계를 경험한 것은 아니겠지만 죽음의 세계도 이와 큰 차이는 없으리라 생각이 들었다. 아무 소리도 안 들리고 냄새도 없고 보이는 것도 없고(수행자들은 눈을 뜨고 참선을 하지만 눈으로 들어오는 정보는 없다. - 눈을 감은 것과 마찬가지) 아무런 생각도 나지 않고 손가락 하나 발가락 하나 움직이지 않는다. 앉아 있다는 것과 숨을 쉰다는 것, 이것 빼고는 사망한 상태와 똑 같다. 그렇다면 이런 상태는 - 화두에 몰입하여 무아지경인 상태는 - 살아 있는 것인가, 죽어 있는 것인가. 혹은 몸으로는 산 것이요, 마음으로는 죽은 것인가.

이런 생각이 들었다. 생(生)이란 눈과 귀와 코와 입과 인식〔眼耳鼻舌身意〕을 통해서 계속 정보가 들어오는 상태이다. 사(死)란 더 이상 정보가 들어오지 않는 상태이다. 그런데 참선 도중에도 오관을 통해서 아무런 정보도 들어오지 않으므로 참선이란 살아서 죽은 상태의 경험을 하는 것이다.

어느 큰스님으로부터 "도(道)란 산 것도 아니고 죽은 것도 아니다." 라는 말을 들은 것은 한참 후의 일이었다. 처음에는 의아하게 생각했다. 아니 산 것이면 산 것이고, 죽은 것이면 죽은 것이지, 어떻게 산 것도 아니고 죽은 것도 아니란 말인가. 그러나 선방에서의 나의 경험을 떠올리고는, 금방 그 의미를 어렴풋하게나마 알 수 있을 것 같았다. 아니 그 의미를 알 수 있는 것이 아니고, 느낄 수 있을 것 같았다. 실제로 어떤지는 모르지만, 나도 살지도 않고 죽지도 않은 세계를 경험하였다는 생각이 들었다.

사실 그것은 체험을 직접 해야만 느낌으로 와 닿을 수 있으리라 생각되고, 글로 서술하는 데에는 한계를 느낀다. 글로 서술하는 것은 생각으로써 상상을 하는 것이요, 여기서 말하는 체험이란 생각까지 포함하여 오감으로써 느끼는 것이기 때문이다.

아침에 시작하는 화두

내가 화두를 시작한 지 어느덧 시간이 꽤 지났을 때였다. 화두가 무엇이며 어떤 모습이며 어떤 것인지 조금은 알 수 있을 것 같았다. 그래서 화두의 재미를 느낀다고 할까, 하지 않은 날은 어쩐지 선방에 가서 앉아있고 싶은 생각이 들곤 하였다.

그렇지만 화두는 꼭 선방에서만 하는 것은 아니다. 서서도 할 수 있으며, 걸으면서도 할 수 있고, 누워서도 할 수 있다. 말하면서도 할 수 있고, 움직이면서도 할 수 있다고 선지식(善知識)들은 말한다.

화두가 깊이 들어가면서 망상이나 잡생각이 줄어들고, 따라서 마음이 고요해진다. 그런데 꿈(夢)도 마음이나 망상의 작용이다. 따라서 수행자들은 꿈꾸는 횟수가 줄어든다고 수행자들은 여기고 있다.

그러니 아침에 일어나는 모습이 달라진다. 평소에는 아침에 일어날 때, 간밤에 꾸었던 꿈의 모습이 생생하다. 혹은 생생하지 않더라도 무언가 헤매었던 간밤의 기억이 머리속에서 뱅뱅 돈다. '간밤에 애인을 만났던가, 도둑에게 쫓겼던가, 산속에서 헤매었나, 하늘을 날으며 즐거웠나.' 하는 기억과 생각이 뇌리에 남아 있다.

그러나 수행자들은 그의 내면세계가 깨끗하다. 그의 무의식과 잠재의식은 점점 비워지고 있다. 그래서 그의 간밤의 꿈의 세계는 텅 비어있는 경우가 대부분이다. 그래서 그의 아침 기상(起床)은 깨끗하고 명랑하고 상쾌하다. 그는 일어나면서 의문을 가진다. '(깨끗하고 명랑한 이 주체는) 이것이 무엇인고.'

어느 날인가는 그 화두가 기상(起床) 이후에도 상당히 잘 되었다. 이불을 개면서도 이를 닦으면서도 그냥 순조롭게 의문이 이어지고 있었다. 평소에는 화두로써 아침을 시작하는 듯 싶다가도 몸을 움직임과 동시에 나의 화두는 사라지기 일쑤였다. 그러니 이불을 개거나 화장실에 출입할 때쯤이면 벌써 화두와는 멀리 떨어져 있을 때가 많았다. 그런데 그날따라 화두가 지속적으로 순조롭게 이어진 것이다.

그러다가 하나의 강력한 생각이 일어났다. 무엇인가 나는 밖에서 취해서 나의 것으로 만들어야 한다는 것이었다. 그 때까지만 해도 나는 상당히 화두를 들고 있었었다. 그러나 그 망상의 힘에 의해서 나는 화두를 놓칠 수밖에 없었다. 처음에 나는 이것이 무엇인지 몰랐다. 무엇인지 모르는 강력한 생각이 떠오른 것이다. 시간이 조금 경과하고 나서야 그것이 무엇인지 알아차릴 수 있었다. 그렇다. 아침식사 시간이 되었다. 아침밥을 먹어야지. 가만히 생각해 보니 지금 나는 현재 배가 몹시 고픈 상태였다. 허겁지겁 밥을 먹었다.

그러면서 밥을 먹으면서도 이 생각 저 생각 또 다른 생각. 그러나 그날은 나의 화두가 상당히 잘 되는 날이었는지 그런 생각들을 하면서 나는 내가 화두를 놓치고 있다는 생각이 들었다. 따라서 나는 다시 화두를 붙잡을 수 있었다. '내가 이러면 안 되지. 오늘은 화두가 잘 되는 날인데 한 번 더 화두를 잡아보자. (잡생각하는) 이것이 무엇인고.'

그러나 선방이 아니라 식사 중이라 그랬는지 그 화두는 이내 다른 생각에 묻혀버리고 말았다. 다시 한 번 나는 무엇인가 속이 빈 것을 채워야 한다는 급한 생각이 들었다. 이 생각에 나의 화두는 다시 한 번 묻히고 말았다. 무엇이 비었느냐 하면 나의 속이 빈 것이다. 말하자면 나는 배가 고픈 것이고 어서 속히 이 공복감을 해결해야 한다. 이 생각은 한번 들기 시작하자 한 걸음 더 생각이 나아가기 시작했다. 이거 내가 원래는 얼큰한 것을 좋아하는데 지금은 아침식사 시간이니까… 얼큰한 것은 저녁에 먹어야 제격이다. 더구나 요즈음에는 술을 안 먹지만 친구놈과 술 한 잔 걸치면서 얼큰하게 먹으면 좋기는 좋다.

그런 생각이 한참 계속되더니 그 생각이 좀 잦아든 것은 식사 후였다. 속이 좀 든든하니까 잡생각이 좀 줄고 다시 화두가 생각났다. 그러면서 이런 생각이 들었다. '나는 배고프니까 밥 먹어야겠다' - 이것도 망상이로구나, 이것도 착각이로구나. 그날에야 비로소 나는 '밥 먹고 싶다.' 라는 생각이 망상이라는 것을 알았다. 아마도 전생에서부터 누적되어온 식사 후의 포만감과 행복감이 나의 마음에 누적되어 기록되면서 '나는 밥 먹어야 행복하다' 라는 착각을 만들어 내는 것이다.

나는 배고프다. 여기까지는 맞다. 어제 저녁에 저녁식사를 한 이후로 대략 12시간 정도를 아무 것도 먹지 않았으니… 또 지금은 아침 식사 시간이니까 배고픔을 느끼는 것은 당연하다. 그렇지만 '밥 먹어야겠다' 는 틀린 생각이다. 출근 시간이 늦은 것도 아니고, 나의 안사람이 밥을 차린 상태도 아니다. 밥을 차려놓고 그 때 말을 할 터이니, 그 때 가서 먹기만 하면 된다. 내가 밥을 먹는 것은 밥을 안 먹으면 건강에 해롭고 기운이 떨어지니까 먹는 것이지, 나의 마음이 본디 원하는 것은 아니다.

그러므로 '배고프니까 밥 먹어야겠다' 도 나의 본래 마음을 떠나 있는 것이요, 나의 착각이요, 망상이라고 생각하게 되는 것이다. 그러므로 수행자들은 사람이 밥 먹는 모습만 보아도 그 사람의 수행의 정도를 알 수 있다는 것이다. 수행이 없는 사람들은 이 음식은 맛이 좋고 저 음식은 맛이 없다라는 분별심이 있어서 벌써 식사 때가 되면 무엇을 먹자는 생각이 동(動)한다는 것이다. 그리고 맛있는 것을 먹으므로 마치 아프리카의 표범이 먹이를 먹다가 자식을 잃어버리는 식으로 허겁지겁 탐닉하면서 먹는다는 것이다. 그러나 수행자들은 항상 화두의문에만 모든 신경이 집중되어 있으므로 음식맛의 분별은 관심이 없다. 그냥 주어지는 대로 여건되는 대로 수행하기 알맞을 정도로만 먹는 것이다.

여하튼 화두를 놓치면 생각은 꼬리에 꼬리를 물고 나타난다. 배고프다 → 밥 먹어야 한다 → 얼큰한 것이 맛있다. → 저녁에 얼큰한 것은 더욱 좋다. → 친구와 술을 한잔 하면 좋다 → 그런데 이 친구는 맘에 들고 저 친구는 밉다 → 저 친구는 그 때 이런 행동은 잘못한 짓이다. 뭐 대충 이런 식으로까지 끌고 갈 수 있다.

그렇다면 이런 질문을 던져 볼 수 있는 것이다. '왜 멀쩡하게 아침밥 먹으면서 친구 흉을 보나.' 사실은 아침밥과 그 친구는 아무 상관도 없고 연관성도 없는 것이다. 그렇지만 수행하지 않는 사람은 아무런 이유도 없이 어제 밤에 친구와 술 먹은 기억을 되살리는 것이다. 그러므로 그것을 자기 자신의 본래 마음으로 알고 지낸다. 그러나 화두에 의문을 품은 수행자들에게는 그렇지 않다. 그런 생각을 하다가도 다시 자신의 의문자리, 즉 화두로 돌아오기 때문에 자신의 마음의 흐름이 보인다. 다시 말해 심로(心路)가 보인다. '아 내가 아침밥 → 저녁 → 친구, 술 → 애증(愛憎)의 감정까지 나의 마음이 갔었구나.' 이와 같은 마음의 길이 보인다.

아침식사를 한 후에는 습관적으로 TV를 켠다. TV에 대담프로가 나온다. 무의식적으로 보고 듣는다. 보고 듣는 과정에서 나의 생각은 다시 한 번 발전한다. 저 출연자는 고우네 밉네, 저 사람은 성격이 좀 사나웁겠네, 이쪽 사람은 옷을 잘 입었네, 저 사람은 젊어서 어땠겠네, 이 사람은 어투가 좀 이상하네… 한 장면 한 카트에서 보고 듣고 느끼는 생각이다.

그냥 멍하니 TV를 보는 것 같은데 단순하게 앉아 있는 것 같은데 그것이 아니다. 수많은 상상과 생각이 꼬리를 물고 나타난다. 이런 생각도 저런 상상도 모두 날개를 펴고 날아다닌다.

그렇다면 다시 원점으로 돌아가 보자. 왜 나는 식사 후에 TV를 켰나. 왜 TV를 시청하고자 하는 마음이 생겼나.

그것은 꼭 TV를 보아야겠다는 욕구가 생겼던 것은 아니었다. 꼭 보아야만 하는 프로그램이었던 것도 아니다. 또 만약에 내가 TV를 켜지 않았다면 나는 그날의 화두를 더 잘 할 수 있었다. 그렇다면 전혀 TV를 시청할 필요가 없었다. 그날 TV를 켠 것은 완전히 습관이었다. 필요성도 없었고, 누가 권했던 것도 아니고, 사실 내가 하고자 했던 것도 아니다. 그럼에도 불구하고 나는 TV를 켰다. 그리고 그 TV는 나의 시간을 빼앗아서 나의 화두를 방해하였고 나아가서 이 생각 저 생각 내가 원치 않는 상상의 나래를 펴도록 만들었다. 그리하여 그 TV는 나의 마음으로 하여금 나의 마음의 고향을 떠나도록 만들었다.

가만히 생각해보니 나의 이런 행동은 습관이었다. 아침에 일어나서 별 필요가 없음에도 불구하고 저절로 나타나는 행동, 그것은 아무런 까닭 없이 자연적으로 발생하는 습관이었던 것이다. 사실 이런 까닭 없는 습관, 이런 것이 나의 많은 일상사를 지배하고 있다는 사실은 참선을 열심히 하는 수행자가 아니면 납득하기 힘들 것 같다.

그러면 아주 평온하고 티없이 깨끗한 나의 마음에서 이런 까닭 없는 습관-내가 원하는 것이 아닌-은 왜 생기나.

　예컨대 어느 날 참선 도중에 화두가 몹시 잘 된다고 느껴지는 날이 있다. 그날 따라 '이 뭣고' 하는 의문이 잘 생기고 그 의문이 나의 생각과 느낌으로 온전히 나와 함께 있고 나를 벗어나지 않는다. 그럼에도 불구하고 나의 화두 중간에는 이런 저런 생각이 들어온다. '내가 젊어서 등산을 했을 때, 그 때 치악산에 올랐을 때 무척 즐거웠었다. 오르면서 친구들과 많은 이야기를 했다. 그 당시 나는 어떻게든 해서 돈을 많이 벌 수 있고 유명해 질 수도 있다고 생각했다. 그 때는 20대 초반이었구나.'

　거기까지 생각하다가 나는 다시 화두로 돌아왔다. 그러면서 그런 생각이 들었다. 나의 이런 생각은 내가 화두 도중에 화두로만 일관하다 보니 하도 '심심해서', 하는 것 없이 앉아 있으니 하릴없이 심심하고 지루해서 뭔가 변화를 꾀하고자 하는 마음에서 생기는 것이로구나. 아무런 이유 없이 하는 생각이요, 아무런 합리적 까닭 없이 그냥 이 생각 저 생각 하는 것이므로, 그러면서도 그 생각의 주체는 정작 나 자신이므로 이렇게 설명할 수밖에 없다. 좀 심하게 말을 하자면 화두 하기가 웬지 지겹고 싫증이 나서 그런 생각을 하는 것이다.

　나의 느낌을 비유로 표현하자면 이렇다. 고요한 바다 위에서, 조그만 물방울도 하나 없고 아주 극도의 미세한 출렁임도 없는 아주 완벽하게 고요한 바다 위에서, 갑자기 하나의 미세한 출렁임이 생기고 따라서 하나의 물방울이 일어나는 것과 같다. 그리고 이런 출렁임은 곧잘 금방 커다란 파도를 동반하고 혹은 쏜살같이 해일이나 회오리바람을 일으키기도 하여 고요한 바다의 모습을 망쳐버리는 것이다. 그러므로 사실은 TV를 켜지 않은 그 상태, 켜기 이전의 마음 상태가 평온한 상태였다. 그러므로 내가 어느 날 아침에 TV를 켠 것은, TV를 켜는 습관이 생긴 것은 할 일 없고 심심해서이다. 무엇인가 변화를 맞이하고픈 생각이 들어서이다. TV를 켜야만 하는 필요성과 당위성은 애초부터 없었다.

그런데 습관적으로 하는 일이건, 혹은 나의 혼을 바쳐서 열심히 하는 일이건, 내가 수행을 하면서 가만히 살펴 보면 그 원래 동기는 심심하고 한가해서 심심풀이식으로 했던 일이었다. 그러니까 사실 안 해도 되는 일이었다. 다시 말해 나의 본래적 입장에서 보자면 그다지 대단한 일은 아닌데도 마치 무슨 대단한 일인 모양 착각을 하고 있었다.

그러니 애초에 심심풀이로 했던 일이 점점 그곳에 몰두하다 보니 마치 그것이 전부인 양 착각을 한다. 따라서 그것밖에 안 보이므로 그 분야에서 어떤 눈에 뜨이는 업적을 이루고자 하고 심한 경우에는 아주 사생결단을 낸다. 혹은 다른 사람과 의견이 대립이 되면 상대방 의견을 꺾으려고만 한다. 다시 말해 승리(勝利)하려고만 한다. 사실 애초에 생각한 대로 그 일은 별것이 아니었다. 이래도 그만 저래도 그만이지 그렇게 중차대한 일은 아니었다. 그러니 남들은 속일 수 있어도 자기 자신은 못 속인다는 말이 있는데, 이는 그와는 반대로 자기 자신에게 속고 있는 것이다. 자신의 본래 모습을 망각하고 한 곳에 빠진 모습이다.

그러므로 나는 이렇게 생각하고 있다. 미국의 빌 클린턴 대통령이 대통령을 그렇게 바라면서 하고자 했던 이유는? 그 대답은 '심심해서'이다. 왜냐하면 그는 대통령이 되기 전에도 먹고 사는 데는 큰 지장이 없었기 때문이다. 물론 또 하나가 있다. 그는 인생이라는 무대에서 모든 사람이 우러러 보는 훌륭한 역할을 하고 싶었을 것이다.

여하튼 다른 정치가나, 예술인이나, 문인이나, 회사원이나, 교수나 공무원이나 어느 정도 자신이 먹고 살 만한 여건이 되면 한 번쯤은 자신에게 돌아와서 생각하고 되새겨 보길 권한다. 내가 왜 이 일을 시작했던가.

혹시 심심해서 하기 시작했던 것은 아닐까.

그러므로 나는 이렇게 생각하기도 한다. 심심풀이로 하는 일이라면, 그것이 무슨 일이건 간에, 그것은 '가짜 일'이다. 그것이 가짜인지도 모르고 얼이 빠져서 하고 있는 동안은, 그것은 '가짜 인생'이다. 사람이 진짜 인생을 살아야지 가짜 인생을 살면 어떻게 하나. 마치 아침에 일어나면 습관적으로 '밥 먹고 싶다'는 생각이 들고 아무런 이유도 없이 TV를 켜듯이 습관에 의한 일이고 습관에 의한 가짜 인생이다.

그러므로 사람은 진짜 인생을 살아야 한다. 그럼 진짜 인생은 어디에 있나? 이제 보니 진짜 나의 인생은 선방에 있었다. 왜냐하면 선방에서는 심심하기 이전의 나(自), 심심하기 이전의 나(自)의 바른 모습과 직면하기 때문이다. 나의 바른 마음에 직면하기 때문이다. 나의 바른 마음에서부터 우러나와서, '내가 이 일은 해야 하겠다.'라고 생각해서 그 일을 한다면, 그것은 진짜배기 일이요, 진짜배기 삶이다.

서양의 어떤 철학자가 이런 말을 했다고 한다. "나는 생각한다. 고로 존재한다." 나는 오늘 그 말을 이런 말로 고치고 싶다. "나는 화두를 한다. 고로 나는 실존(實存)한다."

화두를 함으로써 실존한다는 것이 더 훌륭한 말이다. 왜냐하면 '생각' 한다는 것은 오늘의 이 시점만을 두고 하는 말이지만, - 클린턴이 훌륭한 역할을 하고 싶다고 마음먹은 것도 '생각'이다 - '화두한다'라는 것은 과거 현재 미래를 통한 나의 본래 모습에서 우러나오는 것이므로 단순히 '존재'하는 것이 아니라, 실질적이고 명확하게 참다운 나의 모습으로 존재하므로 나는 '실존(實存)'하는 것이다. 심심풀이로 인생을 산다면, 이를 두고 실존(實存)이라고 하기는 어려울 것이다.

거기에다가 이런 말을 덧붙이고 싶다. "나는 생각한다. 고로 나는 꿈을

꾼다." 왜냐하면 화두하는 것에 비하면 '생각' 하는 것은 꿈꾸는 것처럼 부질없고 쓸데 없는 짓이다. 생각이라는 것은 이성적이고 합리적인 판단이 결여되는 꿈속 같은 상태이기 때문이다. 그만큼 경중(輕重)의 차이가 나기 때문이다.

도고마성(道高魔盛) (1)

어린이들은 또래 형이나 친구들이 자전거를 타는 것을 처음 보았을 때 무척 부러워하고 대부분 자신도 타보고 싶다고 생각한다.

다른 아이들은 걷고 있는데 나는 달리니 얼마나 신나는 일인가. 더구나 언덕길을 내려 올 땐 더욱 재미있다. 페달을 밟지 않아도 빠른 속도로 내려 올 수 있고 내려올수록 빨라지므로 더욱 신난다. 더구나 동네 꼬마들이 앞에서 놀고 있을 때는 그 앞에서 '찌르릉 찌르릉' 크락숀을 눌러 댄다. 그러면 꼬마 애들은 할 수 없이 비켜야만 한다. 상상만 해도 즐겁고 얼른 빨리 하고 싶다.

그러나 어른 생각은 다르다. 물론 그 어린이의 신나는 상상은 이해하지만 처음 자전거를 타는 어린이들에게는 다른 여러 가지 위험성이 많이 있다. 다른 사람이나 자전거와의 충돌 사고, 혹은 자동차와의 접촉 사고 등 여러 가지 생각을 해야 한다.

한 가지 상황을 금방 판단하더라도 어린이는 한 가지 측면만 생각하는 대신에, 어른들은 그와 연관된 여러 가지 측면을 깊게 그리고 입체적으로 생각한다. 어린이는 한 가지 장면만 상상하는 대신에, 어른들은 시간적으로 공간적으로 여러 가지를 총체적으로 생각하고 판단한다. 그러므로 자전거에 관한 한 어린이의 생각은 잘못 된 것이고 어른들의 판단이 옳다. 어린이의 생각은 한편으로 치우쳐 있고 어른들의 그것은 종합적, 입체적이다.

　나의 경우를 예를 들자면 참선 수행을 하면서 이와 비슷한 경험을 많이 하였다. 그 경험은 화두나 참선의 본질보다는, 화두 중간에 끼어드는 망상이나 잡생각에서 그런 것을 느낄 수 있었다.

　처음에는 화두가 되질 않고 의문이 생기지를 않는다. '이것이 무엇인고?' 하는 생각이 겉에서만 뱅뱅 돌고 있을 뿐이고, 생각은 딴 곳에 가 있는 것이다.

　다시 말해 처음에는 잡생각만이 이어질 뿐인데, 열심히 노력하면 잡생각이 중간중간 단절되고, 그 사이에 '이 뭣고' 라는 생각이 간간이 '삽입' 될 뿐이다. 물론 처음 참선을 시작하고 처음 선방에 자리잡고 앉은 사람이라면 이마저도 잘 되지 않을 것이다. 심지어 다리 아프고 가슴이 답답하고 하여서 10분 만에 일어서는 사람도 있다. 여하튼 처음에 화두를 참구할 때 갖가지 잡생각이 찾아든다. 예를 들면,

　'이거 괜히 집에서 짐이나 잘 걸… 여기 와서 괜한 고생하네 .'
　'어제 TV에 나온 그 여자는 얼굴은 괜찮은데… 성격은 좀 문제가 있을 것 같애….'
　'일단 여기서 나가면 날씨가 더우니 앞 가게에서 하드나 하나 사먹자….'
　'집까지 혼자 가기 뭐한데 혹시 동행해서 같이 갈 사람 없나….'
　'이 친구는 어떻고… 저 친구는 어떻고…. 애들은 건강하게 잘 자라야 할텐데….'

　이와 같은 생각에서 알 수 있는 문제점은 이런 것이다. 내가 그런 생각을 일부러 해야 되겠다고 마음먹어서 생각이 나는 것은 아니다. 나의 애초 생

각은 '…이것이 무엇인고…' 하는, 나의 본질에 대한 의문을 던져 보고자 했던 것이다. 그런데 그런 의문은 들지 않고 왜 의도와 달리 다른 생각만 떠오르냐 하는 것이다.

참선을 할 때 자꾸 망상이 떠오르는 것은 그럴 만한 이유가 있다. 평소에는 아무 생각 없이 잘 지내는데 참선만 하려고 하면 자꾸 잡생각이 들고 쓸데없는 번뇌심(煩惱心)이 생긴다는 것은 실은 잘못 된 판단이다. 평소에도 실은 무수히 많은 망상과 번뇌가 자신의 마음속에 오고 가는 것인데, 평소에는 이를 거역하지 않기 때문에 전혀 의식하지 못한다. 밥을 먹거나 버스를 타거나 신문을 보면서도 자신은 무수히 많은 망상과 번뇌를 하고 있는 것이다. 그런데 생각을 정처없이 놓아 두므로 이곳 저곳으로 생각은 제 갈 길로 간다. 다시 말해 생각의 흐름에 전혀 방해받는 것이 없다.

그렇지만 참선을 하면 이런 생각의 흐름, 즉 심로(心路)가 방해를 받는다. 어떠한 생각도 나 자신이 거부하고 오직 '이 뭣고' 화두 의문에만 마음을 집중하는 것이다. 따라서 망상과 번뇌도 이에 대항하여 평소대로 제 갈 길로 가고자 하므로 망상과 화두가 자꾸 교차되는 것이다. 물론 화두참선이 깊게 나아감에 따라서 망상은 점점 줄어든다.

여기서 잠깐 다른 경우를 살펴 보고 한 번 일상사를 되짚어 보고자 한다. 일반인들이 어떤 일에 열중하여 다른 것은 생각지도 않고 한 곳에 몰두하는 수가 있다. 강의를 한다든지 공부를 한다든지 바둑을 둔다든지 운동을 한다든지 한 곳에 몰입하여 열심히 하는 것이다. 그런데 이 때 본인들은 무아지경으로 아무런 생각없이 몰입한다고 하는데 수행자나 스님들이 보기에는 다르다. 일반인이 아무리 정신을 집중하여 몰두한다고 하여도 그것이 아니다. 물론 평소보다야 많은 에너지를 한 곳에 집중하고 있겠지만 수행자들이 보기에는 생각의 때가 많이 묻어 있다.

　이는 참선 수행을 해본 수행자나 스님만이 알 수 있고, 그들은 애쓰지 않아도 저절로 그것이 보인다. 아무리 한 가지 사상에 대해서, 혹은 한 가지 목적의 성취를 위해서 정신을 집중한다고 해도 그의 생각에는, 혹은 그의 의지에는 생각과 의지의 때가 덕지덕지 묻어서 배어 있는 것이다.

　여하튼 처음에 나타나는 이런 잡생각들은 시간이 지나면서 점점 잦아들고 대신 그 자리를 화두 의문이 차지하게 된다. 물론 망상이 하나도 없이 없어지는 단계는 머나먼 후의 일이고 나도 그것은 경험하지 못하였다.
　그러나 참선을 열심히 하여 화두가 순일하여짐에 따라 망상의 양상이 조금 달라진다. 그것은 어린이가 단편적으로 생각하고 어른이 총체적으로 생각하는 것의 차이다. 망상은 총체적으로 종합적으로 일어나고, 그리고 자신의 응집된 감정과 함께 나타난다. 그 이유를 살펴 보자면 단순하다. 간단하고 단순한 사고의 편린들은 더 이상 나의 화두를 거스를 수 없기 때문이디.
　예컨대 나의 경우에는 응집(凝集)된 분노(忿怒)가 자주 일어났던 것으로 생각된다.
　'어릴 때는 이러이러하게 착하고 순수하게 살았다. 학생 때도 공부 열심히 하고 선생님 말씀 잘 듣고 착하게 행동했다. 그럼에도 모든 것이 어릴 때도 힘들었다. 친척들은 갈라서고 친구들과 헤어지고 집안은 가난해지고… 인간관계에 대한 원망… 친구들에 대한 부러움… 친척에 대한 갈등… 부모님과의 언짢았던 기억…'.
　등등의 의식 작용이 편린으로 나타나는 것이 아니고 종합적으로 나타나서 도저히 그 흐름을 거스를 수 없는 정도로 밀물처럼 찾아온다. 처음에는 이런 도전에 직면하여 그 흐름을 거의 거역하지 못한다. 이런 과거사의 총체적 집합이 순식간에 나타난다. 나의 인생의 상당히 많은 세월이 소비되면서 쌓였던 과거사와, 그것과 같이 어우러져 있는 감정의 응어리가 아주 짧은 시간에 나에게 몰려온다. 그래서 나는 참선하면서 한동안 분노가 자주 있었던 것으로 기억된다.

그러나 아무리 거센 파도도 나의 화두 앞에서는 정복되기 마련이다. 오히려 그런 어려움을 극복할수록 나의 화두는 순일(順一)하여지고 더 힘이 붙기 마련이다. 그러면서 나의 화두 앞에 나타나는 망상의 수준도 더욱 높아지고 깊어진다. 그리하여 그 힘이 더욱 세어져서 나의 인생의 총체적인 애처로움이 한 번에 순식간에 나타난다. 단 한 번의 망상으로 나의 인생 전체가 반조(返照)되기도 한다.

그러므로 시간이 지날수록 나의 응집된 감정의 응어리, 나의 내면세계에 있는 감정의 착각, 오욕칠정(五欲七情)의 기록이, 마치 한밤의 꿈속의 기억이 얽히고 설켜서 착종(錯綜)되어 있듯이, 더욱 더 치성(熾盛)하게 나타난다.

그러므로 참선하는 수행자들은, 마치 컴퓨터의 메모리 용량이 늘어나면 많은 분량의 내용을 하드디스크에서 읽어 오듯이, 자신의 인생의 많은 부분을 한꺼번에 한 생각으로 읽어낸다.

지금까지의 나의 경험으로 비추어 보아 나의 인생이란 '분노' 혹은 '노여움'이었던 것으로 판단된다. 여러 가지 과정을 겪고 여러 시간이 흐르면서 분노가 점철되어 있었다.

나는 묻고 싶다. 그대의 인생은 '즐거움'인가? 혹은 그대의 인생은 '애처로움'인가? 그대의 인생은 '방황'인가? 그대가 혹시 잘 모르거든 그대 자신에게 물어 보라. 참선을 통해서….

다만 한 가지, 참선의 목적이 그것을 알기 위한 것은 아니다. 참선의 목적은 어디까지나 '깨치는 것, 득도하는 것, 나를 아는 것'이다.

도고마성(道高魔盛) (2)
- 생각의 습관 -

사람마다 제각각 서로 다른 습관이나 버릇이 있다.

내가 어려서는 만화책을 자주 보는 편이었는데, 겨울이면 꼭 따뜻한 아랫목에 누워서 땅콩이나 과자 등을 먹어가면서 만화책 보기를 즐겨 했다. 그럴 때는 아주 즐겁고 행복했다. 이 만화책 보는 취미는 중학교 2학년 때까지 계속 되었으나 그 후로는 없어졌다.

그 후로는 학교 수업이 끝난 후에 축구를 하고 귀가해야만 직성이 풀리는 습관이 한동안 유지되었다. 급우들과 함께 방과 후에 대략 2~3시간 정도 거의 매일 축구를 하였던 것으로 기억된다. 그래서 한때는 새 신발을 일주일 정도만 신어도 낡아서 못 신게 되는 경우도 있었다. 그러나 그 습관은 고등학교에 진학하면서 저절로 없어졌다.

대학에 진학하여서는 담배 피우는 것이 습관이 되었다. 그 습관은 한 10년 여 넘게 지속되다가 그 이후에는 지금까지 금연을 하고 있다.

사람마다 습관과 버릇이 다르겠지만 이 모든 것이 다 마음으로부터 우러나오는 것이다. 마음에 하고 싶은 욕구가 있어서 그런 습관이 생긴 것이다. 축구를 하고 싶은 것도 누가 축구 하라고 일러주는 것도 아니고, 방과 후에 축구하라고 교칙에 정해져 있는 것도 아니다. 담배 없이 못 사는 사람도 마찬가지다. 누가 담배 피우라고 윽박지르는 것도 아니고 사정하는 것도 아니다. 본인은 습관적으로 담배갑에 손이 간다고 하지만 그것이 아니다. 조금만 니코틴이 몸으로 흡수되지 않으면 마음으로부터 담배생각이 나는 것이다. 마음에 그런 생각이 들므로 손이 그 곳으로 간다. 역시 다른 사람이 담배 생각 하라고 권유한 적 없다.

 마음에 담배 생각하는 것이 습관이 되어 있는 것이고, 수업 끝나면 으레 축구가 생각나게끔 습관이 되어 있는 것이다. 그러므로 습관, 버릇이란 '생각의 습관', '생각의 버릇' 이 된다.

 학교공부에서 좋은 성적을 만들었다. 무척 기분이 좋다. 그러나 매번 좋은 성적일 수는 없는 노릇이다. 나중에는 성적이 많이 떨어졌다. 슬퍼서 운다.

 여기서 '학교에서 좋은 성적을 만든 것' 은 객관적 사실이다. 여기에는 아무런 잘못도 없고 착각도 아니다. 그런데 '무척 기분이 좋다' 이것은 착각이요, 잘못된 인식의 습관이다. 얼핏 다르게 생각될지 모르지만 가만히 한번 생각해보자. 그것은 내가 기분이 좋은 것은 아니고 나의 주변 상황이 나의 마음에 드는 상황으로 변한 것이다. 따라서 그냥 그렇게 받아들이고 지나갈 일이지 기분 좋아할 일은 아니다. 왜 기분 좋아할 일이 아닐까. 가만히 앞으로 나아가면서 좀더 생각해보자. '나중에 성적이 떨어졌다.' 이것은 사실이고 진실이다. 그런데 '기분이 슬퍼서 운다.' 이것은 착각이요, 잘못된 인식이다. 왜냐하면 다만 나의 주변 상황이 나의 마음에 별로 들지 않게끔 변화된 것이지 '내가 슬퍼할' 일은 아니다. 사실은 그 전에 내가 좋은 성적이 나왔던 것을 기뻐했으므로 지금 그 반대일 때 슬프다. 원인이 있으므로 결과가 있는 것이다. 따라서 수행자들은 그 때 기뻐하지 않았으면 지금 슬프지도 않으리라고 생각한다. 원인이 없어지므로 그에 따른 결과는 당연히 존재하지 않게 되는 것이다.

모든 일이 내 뜻대로 되면 기쁘고 내 뜻대로 안 되면 슬프다. 돈을 벌면 기쁘고 승부에서 지면 슬프다. 상대방이 나를 좋아하면 기쁘고 싫어하면 슬프다. 이런 것이 모두 '마음의 습관'이다.

이와 같이 슬퍼하고 기뻐하는 마음의 습관은 그 연원이 무척 뿌리 깊은 것이다. 아주 어릴 때부터 이어져 온 습관이고 평생 동안 계속되는 습관이다. 중간에 그 습관이 끝나는 일이 없다.

슬픈 상황은 싫기 때문에 이를 기쁜 상황으로 반전시키기 위해서 노력한다. 여기까지는 좋은 일이고 있을 수 있는 일인데, 도가 지나쳐서 도둑질을 하거나 이간질을 시키거나 무리한 행동을 하기도 한다. 이쯤 되면 여기서부터는 무엇인가 잘못 되기 시작한다. 사회적 물의가 빚어지기도 한다.

이와 같이 인간의 행동의 근본 동인이 되는 것은 사람의 마음이고, 그 중에서도 '좋다' '나쁘다' 하는 가치판단이다.

수행자들은 이 가치판단이 없다. 그러므로 그의 행동은 일상적이며 단순하다. 수행하지 않는 일반인들은 모든 것에서 이런 가치판단을 한다. 그러므로 그의 행동은 돌출적이며 의욕적이며 복잡하다.

또한 수행자들은 이 기본적 가치판단에서 습관적이지 않기 때문에 올바르다. 그러므로 그의 행동은 상궤를 벗어나지 않는다. 수행하지 않은 사람들은 이 가치판단이 습관적이기 때문에 그릇된 경우가 많다. 그러므로 그에 따르는 무리가 있다.

'좋다' 혹은 '행복하다' 라고 하는 가치판단에 대해서 일반 대중들이 생각하는 바에는 어리석은 점이 많이 있다. 수행자들에게는 그것이 한눈에 보인다. 왜냐하면 수행자의 눈에는 그것이 빤히 들여다 보이는 착각이요, 그릇된 판단이기 때문이다.

일반인들은 자기 자신에게서 행복이 있고 자신의 마음의 세계가 넓고 무한하다는 것을 모른다. 그러므로 행복이나 즐거움의 판단에서 오직 '자신(自身)'만을 쏙 빼놓고 판단하는 경우가 많다. 여러 가지 생각을 하고 온갖 것을 다 판단하고 고려하지만 오직 '자신의 마음'만은 빼놓고 생각한다. 그러므로 행복의 기준이 자기 자신을 빼고 주위의 상황이 바뀌는 것에서 찾으려고 한다. 혹은 자신의 몸뚱아리가 좀 더 좋고 편안한 위치에 놓여지는 것에서 행복의 기준을 두고 있다. 자신의 우주같이 넓은 마음이 어떻게 생겼는지는 신경쓰지 않고, 오로지 자기 자신만을 빼고, 유독 자신을 둘러싸고 있는 환경이 자신의 뜻대로 움직여주는 데에서 행복을 찾고 있는 것이다.

그러니까 시쳇말로 말해서 남들보다 맛있는 것을 먹는 것, 멋있는 것을 보거나 듣는 것, 남들보다 좋은 옷을 입는 것, 남들보다 좋은 침대에서 자는 것, 높은 자리에 올라서 좋은 의자에 앉는 것, 자신의 몸이 접촉하는 곳에 딱딱한 것보다 부드러운 것이 있는 것, 또는 자신에게 부하가 많이 생기는 것, 또는 남들이 자신을 우러러 보는 것, 또는 존경하는 것, 혹은 남들이 자기를 좋아하는 것, 혹은 주변이나 세상이 자신의 뜻대로 움직이는 것, 자신과 가까운 거리에 멋있거나 예쁜 사람이 있는 것, 혹은 많은 돈이 자기 손이 닿을 수 있는 곳에 놓여 있는 것 등등 뭐 대충 이런 것이다. 노인이 되면 고향 가기를 원한다고 하는데 이도 마찬가지이다.

이 중에서 자기 자신과 연관이 된 것은 하나도 없고 전부 주변 정황이 바뀌어지는 상태이다. 자신의 주변에서 눈에 보이는 것과 손으로 감촉되는 것이 다르게 변하면 그것을 행복하다고 생각한다. 그러니 자기 자신의 행복을 찾으려고 하면서 막상 자기 자신과 연관된 것은 하나도 없으니 얼마나 생각이 그릇된 것인가.

물론 건강에 심각한 이상이 생겨서 몸이 몹시 불편할 때에는 이런 생각이 달라진다. 무엇보다도 먼저 몸이 건강하게 회복되는 것이 최대의 행복 요소가 될 것이다. 혹은 거지가 되어 당장 먹고 살 것이 없을 때에는 우선 목구멍에 풀칠하는 일이 최대의 행복이다. 물론 이것은 자신과 관련이 있고 자신이 변화되기를 원하는 것이다(이나마도 사실은 자신의 육체만이 다른 상황으로 바뀌는 것이고 자신의 마음이 바뀌는 것은 아니다). 그러나 이런 경우는 '위급 상황'이므로 잠깐 뒤로 미루어 놓고 생각해 보자는 것이다. 일반 대중들의 일상적인 시간, 일상적인 경우의 일반적인 상황에서 생각해 보자는 말이다. 물론 수행자들은 제외하고 말이다. 왜냐하면 수행자들은 자신의 건강이 위협받고 당장 하루 세끼 걱정을 하더라도 전혀 자신의 행복에는 위협 요소가 아니라고 생각한다.

여하튼 이렇듯 부질없고 어설픈 곳에서 자기 자신의 행복을 찾고 혹은 인생의 의미를 찾으려고 하니 얼마나 어설픈 일인가. 애시당초 이곳에서는 자신이 찾고자 했던 정답을 도저히 구할 수가 없는 것이다. 생각해 보자면 넓은 우주는 하염없이 흐르고 지나가고 있는데 자신의 주위 환경이 바뀌어봐야 얼마나 변하겠는가. 또 바꾼다고 하여서 그것이 얼마나 오래 버티겠는지, 한 번 가만히 생각해 볼 일이다. 더구나 조금 다른 각도에서 한 번 생각해 보면 원래 환경이니 여건이니 하는 것은 항상 바뀌기 마련이다. 때가 되면 좋을 때도 있고 때가 되면 슬플 때도 있다. 해도 달도 변하고 국가 나라의 흥망성쇠도 변하고 가정도 변하고 나의 세포 하나하나 장기기관(臟器氣管) 하나하나까지도 계속 변하고 있다. 이렇게 변하고 변하는 것에 자신의 희망을 두거나 행복을 찾으려고 하는 것이 애초에 무리이다.

그러나 가만히 생각해 보자면 이런 내용이 인정(認定)이 되고 긍정(肯定)을 하게 되지만 도무지 일상생활에서의 평상시에는 나도 모르게 달리 생각하게 되고 나의 밖에서 무엇인가를 계속 구하려는 마음이 생긴다. 그러니 이것이 습관이나 버릇이 아니고 무엇이겠는가. 이것을 업(業)이라고도 말한다. 이렇게 살펴 보자면 업(業)이란 생각의 습관이나 버릇이다. 업(業)이란 자신의 마음속에 있는 것이다. 그러므로 참선을 하여 마음을 닦으면 자신의 업(業)이 소멸이 된다.

왜냐하면 화두참선을 열심히 하면 밖에서 무엇인가를 구하려는 마음이, 그 마음의 습관과 버릇이 해소가 되고 걸러진다. 그러므로 생각과 마음이 올바르게 작용하고 올바르게 굴러간다. 착각과 오판이 없어지고 모든 것을 올바르게 본다. 생각의 습관이 없어지기 때문이다. 그러니 이것이 바로 업(業)이, 죄업(罪業)이니 악업(惡業)이니 하는 것이 소멸되는 것이 아니고 무엇인가. 그러므로 참선을 하면 자신의 인생이 바뀐다. 어렵게 꼬이고 힘들게 돌아가던 것이 의외로 자신도 모르게 순조로이 풀리게 되면 어느 순간엔가 자신도 놀라게 된다. 지혜가 열리고 길이 보이게 되면 그 때에는 알게 되는 것이다. 자신을 여지껏 속박한 것, 자신에게 짐이 되었던 것이 무엇이었던가 그 때에는 알게 되는 것이다.

우주와 함께하는 화두

앞에서 살펴 본 바와 같이 화두를 깊이 있게 하면서 느끼는 나의 감정의 세계, 그 깊이와 넓이는 무한정이다. 슬픔과 기쁨, 분노와 즐거움, 증오와 사랑의 내면세계를 생생하게 느끼게 된다. 그리고 내면세계가 밝게 빛난다. 그리하여 나의 감정의 원인이 밝혀지고, 나의 느낌이나 감정이 왜 이렇게 형성되었는지를 밝게 빛나는 거울처럼 알 수 있게 된다. 물론 이것이 화두의 목적은 절대로 아니며 화두가 여기서 끝나는 것은 더더욱 아니다. 오히려 '이 뭣고' 의문이 제대로 의문 덩어리로 뭉쳐지며, 나의 감정의 세계를 통과하게 될 때, 지금부터 화두는 시작된다고 보아야 한다.

그렇다. 나의 감정의 세계를 통과한다고밖에 표현할 수가 없다. 통과(通過)한다, 혹은 투과(透過)한다고 표현할 수 있다. 투과하면서 그 모습이 어떠한지가 보인다. 그러면서 지니게 되는 생각은, 나의 감정은 아무런 원인이 없이 하늘 위에 집을 지은 것이다. 비도 안 오는데 비올 걱정을 하는 것이며, 별로 기쁘지도 않은데 혼자 기뻐했던 것이며, 기쁨이나 슬픔이나 나의 착각에 불과하다고 느껴졌었다.

기쁨이나 슬픔이나 사실 나와는 아무런 상관이 없는 것이다. 기쁨이란 나를 제외한 밖의 상황이 기쁜 형태로 돌아가는 것이다. 슬픔도 마찬가지로 나를 제외한 밖의 상황이 그러하게 돌아가는 것이다. 밖의 상황에다가 내가 '기쁨'과 '슬픔'의 감정의 딱지를 갖다 붙인 셈이다. 아무리 내가 기쁘거나 슬퍼도 이 우주는 정상적으로 운행되고 정상으로 돌아간다.

감정의 바다를 통과하면서 나의 감정은 화두에 흡수되고 만다. 그 때부터는 나는 슬프지도 기쁘지도 않으며, 분노하지도 않는다. 나의 감정은 화두에 몰입되었으며 화두로 변하였다. 물론 인식(認識)도 생각도 없다. 그러므로 화두 의심(疑心)만이 있다. 그리고 감정의 세계를 투과하면서 나의 과거, 나의 과거의 기억도 화두로 변하였다. 그래서 현재의 나도, 과거의 나도, 인식도 생각도 감정, 느낌도 같이 화두를 한다.

그러는 중에, 혹은 그 후로부터인지는 분명하지 않으나, 나는 나의 감각기관이 느껴졌다. 나의 감각기관이란 외부로부터 정보를 흡수하는 기관이다. 즉 보고 듣고 냄새 맡고 접촉하고 하는 것 등이다. 이같이 보고 듣고 냄새 맡고 느끼고 하는 것들이 나의 마음의 세계에서 차지하는 영역을 육식세계(六識世界)라고 한다. 이 육식세계(六識世界)는 평소에는 전혀 느끼지 못하고 생활을 영위하게 되는데 화두참선이 어느 정도 진행이 되고 고요한 경지에 이르게 되면 이 육식세계(六識世界)가 느껴지고 포착되고 한다. 이런 나의 육식세계(六識世界)도 같이 화두에 합류했다.

그뿐만이 아니었다. 화두를 지어서 깊이 나아가다 보니 나의 마음과 육식세계(六識世界)만 화두를 하는 것이 아니었다. 나의 몸 속에 있는 하나하나의 세포도 느껴지게 되었다. 평소에는 아무런 생각없이 지나쳤건만 나의 몸 속의 세포들도 그들만의 영역이 있는 것으로 느껴졌다. 내가 담배를 피우거나 술을 마시거나 하면 괴로워하는 나의 세포들도 이 때만은 편안하게 느껴지고 그 실체가 느껴졌다. 가만히 보니 나의 온 몸의 세포들과 그들과 같이 있는 세균과 바이러스까지도 사실은 나와 함께 화두를 하고 있었다.

그러므로 나만이 화두를 하는 것이 아니고, 나의 과거·현재·미래, 인식 생각 감정, 나의 감각기관이 모두 화두에 합류했다. 그래서 같이 한 덩어리가 되어 화두를 했다. 그러다 보니 점점 내 마음에서 화두만이 홀로 남아 빛을 발한다. 아니 내 마음이 전부 오로지 화두 의심으로 된다.

나의 모든 것으로 화두를 지어서 나아갈 때, 나는 또 하나의 나의 모습을 발견하였다. 마치 교통사고를 목격한 사람이 그 번호판이 기억이 안 날 때, 정신과 의사가 과거로 의식을 퇴행시켜서 그 번호판의 숫자를 기억나게 하듯이, 나의 뇌리 속에는 무궁무진한 기록이 쌓여 있었다.

마치 대영박물관이나 국립박물관처럼 역사의 귀중한 자료만이 전시되어 있는 것이 아니었다. 그런 것이 아니고 내가 사소하게 생각하며 무심코 지나쳤던 풀 한 포기, 아무런 느낌 없이 지나쳤던 인간과 사람, 모든 방대한 기록이 축적되어 있었다. 지금은 생각나지도 않고 생각할 필요도 느끼지 않으며, 혹은 아무리 생각하려 노력해도 되지 않는 모든 기억이, 마치 앞서 말한 교통사고 자동차의 번호판처럼, 차곡차곡 쌓여 있었다.

그 기억 중에는 산과 물과 들이 있으며, 자연과 생명도 있었다. 내가 평소에는 전혀 생각지도 않던 것이면서도 사실은 뻔한 것들도 중요한 기록으로 위치하고 있었다. 예를 들면 '이 우주는 언젠가는 그 종말에 다다른다.' '이 지구도 언젠가는 그 종말을 맞이한다.' '나의 생명도 언젠가는 병이 들거나 죽음에 이른다.' 다시 말해 나는 의식적으로는 애써 외면하며 살았지만, 나의 깊은 무의식은 이미 무상(無常)을 뼈저리게 느끼고 있었다. 무상의 실체는 이런 것이다. 우주의 모든 것, 해도 달도 별도 항상 시시각각 변하고 있고 항상(恒常)된 것은 아무 것도 없다는 것이다. 오늘의 해는 핵융합으로 인해서 어제의 해와는 그 분자구조가 달라져 있고 달도 별도 하루가 지나면 그 모습이 변하거나 무엇인가 하나라도 달라져 있다. 우리 몸도 끊임없는 세포의 생성과 소멸로 인해 이미 어제의 우리 몸이 아니다. 이것이 진리의 모습이고 이미 우리의 깊은 내면세계의 본 마음은 이것을 느끼고 있는 것이다. 다만 본 마음을 떠나 있는 우리는 우리의 입이 맛있는 떡볶이를 먹느라 미처 생각하지 못했고 우리의 눈은 화려한 무대만 보려고 하기 때문에 이를 망각했었던 것이다.

그뿐만이 아니라 나는 내가 지나치면서 아무런 관심도 주지 않았던 풀한 포기 나무 한 그루와도 사실은 대화를 했었다. 물론 말로 하는 대화는 아니고 무언(無言)의 대화였다. 옛날에 우리 집 뒷마당에 펴 있었던 강아지풀들, 나는 그들과도 대화를 나누며 지내왔었다. 다만 나는 나의 표면적인 인식으로는 떡볶이도 먹고 싶고 썰매도 타고 싶고 용돈으로 만화책 빌려보는 재미에 그냥 지나쳤다.

그러나 나의 깊은 내면의 의식 세계에서는 그 풀과 나의 즐거웠던 만남의 기록이 있었다. 더구나 나의 가냘프고 변덕 심한 인식(認識)으로써가 아니라, 깊고 깊은 나의 내면세계, 텅 비어 있는 마음으로, 무언의 대화, 아주 소중한 대화를 나누면서 그 옆으로 스쳐 지나갔던 것이다. 나는 그 풀을 미워하지 않았다. 그 풀도 나를 미워하지 않았다. 다만 아름답게 피어 있을 뿐이었다. 그리고 나와 조금 떨어져서 내가 스쳐 가는 것을 바라보았다.

나는 여름 날씨가 더우니까 강아지풀이 피어 있는 줄도 모르고 그냥 지나쳤었다. 그 당시 한낮의 더움이 몹시 심할 때인 여름에 나는 고즈넉한 하늘을 심심해하면서 그곳을 지나쳤었다. 그리고 그 풀은 아주 조심스러운 반가움으로 소담스럽게 나를 맞이하였었다. 이 얼마나 아름다운 기억인가. 얼마나 편안한 만남인가. 그 풀은 나에게 아주 소중한 풀이었다. 알고 보았더니 나는 풀 한 포기에도 꽃잎 하나에도 가냘프게 애정을 품고 살아 왔었다.

하늘에서 떠가던 구름도 나와 무언의 대화를 하면서 지나쳤다. 그 때 어머니와 함께 보았던 푸른 하늘과 흰 구름, 그들은 나에게 맑은 미소를 지어 보냈다. 그리고 그 구름은 나의 의식의 뒤안길의 저편에 처연하게 기록되어 있었다. 그리고 우주의 최초의 진동파가 아직도 이 우주에는 존재하듯이 우주의 처음과도 나는 무언의 대화를 나눌 수 있었다. 또 우주의 종말(終末)과도, 우주의 끄트머리에 있는 별과도, 그것들은 어느 틈인지 모르게 나의 저편 뇌리 속에 말없이 기억되어 있었고 그것들과 무언(無言)의 대화를 나누고 있었다.

그뿐인가. 나의 옷깃을 스쳤던 수많은 사람들, 나와 얼굴을 마주보았던 수많은 사람들, 내가 무심코 미워하며 혹은 질투했던 수많은 사람들이 아주 귀한 모습으로 소중히 간직되어 있었다. 어떤 사람을 미워했던 것은 나의 아주 크나큰 실수였다. 왜냐하면 그 사람은 나의 소중한 기억 속에서 남아 있음에도 불구하고, 또 다른 모든 기억과 만남이 아름답고 귀중한 만남임에도 불구하고, 또 나의 속마음으로는 그를 귀중하게 생각하면서도, 그만 나의 자존심이라는 얄팍한 생각 때문에, 나에게는 괴로운 기억으로 남아 있었다.

그리고 이런 괴로운 기억들은 나의 화두 참선의 머나먼 길에 걸림돌이 되고 장애물이 되었다. 왜냐하면 지워지지 않고 없어지지 않는 기억으로 자꾸 떠올랐기 때문이다. 참선 도중에도 자꾸 마음이 편치 못했다.

물론 이런 생각이나 영상들이 비디오처럼 하나의 스토리로 볼 수 있는 것은 아니고, 나는 어디까지나 화두 참선 도중이었지 그것을 보고 싶었던 것은 아니었다. 다만 화두 도중에 언뜻 언뜻 비추어질 뿐이었다. 그러나 마치 임종을 앞둔 노인이 자신의 인생을 돌아볼 때 순식간에 자신의 인생을 회고하듯이, 나의 인생의 모든 것이 화두의 중간 중간에 순간 순간 수많은 내용을 담고 비추어지는 것이었다.

그 후 선방을 나와서 길 가의 강아지풀과 마주쳤다. 그 전에도 자주 마주보았었다. 그러나 그 전과는 좀 다르게 나는 그 풀을 상대할 수 있었다. 나만 그 풀을 바라보는 것이 아니고, 나의 과거도 나의 현재도 나의 미래도 그 풀을 바라보고 있다고 생각되었다. 그러므로 어느 시간을 통해서나 나는 그 풀에 대해서 한결같이 같은 느낌을 지니고 바라볼 수 있다는 느낌이 들었다. 과거와 현재와 미래를 통해서 그 풀은 하나밖에 없는 존재였고, 온 나라와 세계와 전 우주를 통해서 그 풀과 나와의 만남은 이 곳에서만 이루어지고 있었다. 시간과 공간의 교차로 상에서 하나밖에 없는 귀중한 만남이었다. 그러므로 이 강아지 풀 한 포기에도 전 우주적인 무게가 실려 있다는 것이 말이 되는 말이다.

그러므로 수행자만이 진정으로 한 사람을 사랑할 수 있으리라 생각되었다. 왜냐하면 수행자는 그가 죽은 후에도 그 사랑이 계속되기 때문이다. 왜냐하면 그의 사랑만이 진실로 그의 내면세계에 일관되게 투과(透過)되어 그의 무의식까지 이어져서 시간의 구애를 받지 않고 일관(一貫)되기 때문이다. 그의 사랑은 지구의 종말이 와도 우주의 종말이 와도 이어지리라. 종말 이후에도 그의 생각은 끊어지지 않고 이어지리라. 왜냐하면 수행자가 한번 생각하는 것은 지금 이 순간에 생각으로 그치지 않는다. 그의 과거와 현재와 미래가 같이 생각한다. 그리고 그의 내면세계의 공간, 그의 나라와 지구와 우주가 같이 그런 생각을 하기 때문이다. 그러므로 그의 생각은 어느 곳에서나 어느 시간에서나 일정하다.

예컨대 만약에 당신의 부모님 중에서 돌아가신 분이 계시다고 하자. 그런데 그분은 살아생전에 당신을 몹시 사랑하셨다. 그런데 돌아가셨다고 하여서 그의 사랑은 없어진 것인가? 그렇지 않다. 당신은 그의 사랑을 받았기에 지금도 현명한 지혜를 지니고 있고 성품이 너그러운 것이다. 만약에 그의 사랑이 없었다면 당신의 성품은 공격적이거나 비굴한 성격이 되지 않았을까? 그의 육신은 돌아가셨지만 그의 사랑은 당신의 마음속에 영원히 남아 있는 것이리라.

한반도의 남쪽에서 태어난 수행자는 어차피 해방 이후의 역사를 거치면서 그 수행자의 의식 세계는 형성되었다. 그는 대한민국 사람일 것이며, 보리 고개를 꽁보리밥으로 끼니를 떼우면서 버텼을 것이다. 자연 파괴를 보면서 괴로워했을 것이며, 인간성 상실을 보면서 역시 괴로웠을 것이다. 한편으로는 빠른 경제 성장을 감사하게 생각했을 수도 있다. 그런 기억도 그의 의식 세계에는 기록되어 있다. 수행자가 풀 한 포기를 바라보면서도, 걸음 하나를 내디디면서도 그의 의식에는 과거의 나라의 역사가 얹혀져 있다고 생각되었다.

그러므로 일제시대의 수월(水月) 스님이 북쪽으로 가서 북간도 땅에서 고개 넘는 사람에게 짚신을 만들어 주었을 때, 그의 손에는 역사와 시간과 우주와 인간의 삶의 역사가 짙게 배어 있다고 말할 수밖에 없었다.

이제 나는 나 자신을 찾은 듯한 느낌이 들었다. 나는 지금은 시들어 가는 꽃잎 하나에도, 스치며 지나가는 과객(過客)에게도 가냘픈 애정을 지니고 있고, 한반도의 역사와 문화가 내 머리 위에 얹혀져 있다는 것도 자각하였다. 밤하늘의 별과 우주(宇宙)의 끝도 나에게 웃음 짓고 있다는 자각이었다.

이제 이것을 다른 말로 하자면 나라는 존재는 그냥 존재하는 것이 아니라 이 넓은 우주의 한 가운데에서 한 위치를 차지하고 있다. 또 끝없는 우주의 시간의 역사에서 한 지점을 차지하면서 나는 존재한다. 그러므로 나는 시간과 공간의 교차점에 있다. 그러므로 나의 존재와 나의 행동은 이 우주에 영향을 미친다. 좀 더 나아가서 말한다면 이 우주를 내가 주관하고 있다고도 할 수 있다. 왜냐하면 나는 이 우주에게 영향을 줄 수 있기 때문이다.

나는 한때 이런 생각이 들었었다. 참선이란 나와 우주와의 관계를 재정립하는 작업이다. 왜냐하면 평소의 나는 나의 직업을 수행해야 하고 나의 역할을 다하여야 한다. 직장에서는 그 자리에 맞는 역할이 요구된다. 또 집에서는 아무런 일도 안 하고 쉬는 것 같지만 그것이 아니다. 아내에게는 남편으로서의 역할, 부모님에게는 자식으로서의 역할, 자식에게는 부모로서의 역할이 있다. 이렇게 바쁘게 돌아가므로 더 이상의 것은 생각할 겨를이 없다.

그러나 이제 어떤 필요에 의해서 화두를 잡두리하여 나아가 본다. '…이 뭣고…'. 그러면 평소의 일상적인 의식 세계는 화두의 힘에 밀리어 화두로 변한다. 직장이나 집에서의 상대적으로 요구되는 역할을 떠나서 나의 본연의 역할, 나의 본연의 모습이 나온다.

그 본연의 모습이란 알고 보았더니 나는 스쳐가는 꽃 한 송이에게도 깊은 애정을 지니고 있었고, 남루한 모습의 늙은이에게도 나는 한없는 애정을 지니고 있었다. 또 나는 우주의 끝도 다소곳이 지켜보고 있었고, 인간의 역사와 한반도의 역사도 옆에서 숨죽이며 살펴보고 있었다. 나의 친구는, 나는 한없이 맑은 마음으로 그를 쳐다보고 있었다. 나의 주변의 친지나 동료들은, 나는 한없는 포용력으로 그들을 감싸안고 즐거운 마음으로 바라보았다.

그러므로 이 세상이나 우주가 무엇인가 달라진 것은 없었다. 그러나 내가 그들을 쳐다보는 시각이 달라져 있었다. 내가 평소에는 신경조차도 쓰지 않았던 것인데도 나는 그것을 아름다운 눈으로 쳐다보고 있는 것이었다. 내가 평소에는 소홀히 했던 것인데, 사실은 나는 그것을 다시금 새롭게 그리고 소중하게 인식하였다.

  그 후 선방을 나와서 나는 아무 말 없이 집을 향하였다. 집을 향하면서 나는 아무런 생각이 없었다. 한참 동안 깊은 참선 속에 빠졌던 상쾌감은 물론 느끼고 있었지만 나는 아무런 생각이 없었다. 다만 나는 무엇인가를 온 몸으로 느끼고 있다는 것이 직감으로 와 닿았다. 그것은 나와 나의 주변이 새롭게 재정립되어지는 느낌이었다. 나와 나의 주변의 관계가 평화로워지고 안정되어지고 포근해지는 느낌이었다. 나는 나의 주변 세계를 한없이 편안한 마음으로 쳐다보게 되었다고 생각되었다. 그리고 이러한 느낌은 그 후로도 계속 지속되었다.

우주와의 만남 (2)

요컨대 참선을 하고 난 후의 느낌이란, 나는 무엇인가 더 넓은 세계를 탐험하고 난 후의 느낌과 유사한 것 같다. 평소에는 조그마한 테두리 안에서 모든 것을 생각하고 그 범위 안에서 판단도 하곤 했는데, 그보다 더 넓은 세계를 보고 온 후의 달라진 감상 같은 것이다. 예를 들면 짐승을 한 우리에만 가둬 놓고 키우다가 밖을 구경시켜 주었을 때 좋아하듯이, 가슴이 시원해지고 마음에 여유가 생긴다. 마치 집안에서만 있던 개가 눈이 오는 날 집 밖으로 나갔을 때 몹시 기뻐하듯이, 유쾌해지고 명랑해진다.

예를 들어서 생각해 보자.

사람마다 오랜 세월 여러 가지 일을 겪다 보면 갖가지 갈등을 겪는다. 혹은 친구들은 돈을 잘 버는데 자신만이 오랜 세월 돈을 못 벌 수도 있다. 혹은 자신의 주위에서는 다 출세 잘하고 똑똑하기도 한데, 자신만이 그렇지 못할 수도 있다. 혹은 여자들은 남들처럼 이쁘지 않고 유독 외모에 문제가 있다든지, 남들은 좋은 집에 사는데 자신만 허름하게 산다든지, 뭐 이런 콤플렉스나 스트레스에 시달리는 여성도 많으리라.

그러나 스트레스나 갈등이나 하는 것은 하나만 보고 둘은 보지 못하는 데서 그 원인이 찾아진다고 수행자들은 생각한다. 남들이 다 잘 버는 돈인데 자신만 그렇지 못할 때, 물론 좌절감이나 분노 등의 감정적 갈등을 겪는 것은 이해가 된다. 하지만 이런 측면도 있다. 돈 잘 번다고 모든 일이 행복한 것은 아니다. 오히려 돈으로 인하여 가족간의 갈등이 생기는 경우도 얼마든지 많으며, 또 그렇지 않다 하여도 마찬가지이다. 그들은 또 다른 문제로 인하여 얼마든지 많은 인생 문제로 고민을 하고 있고, 혹은 건강 문제 혹은 자녀 문제 혹은 친척간의 불화 등으로 많은 고민을 하고 있다.

그러므로 돈에 관해서만 생각하는 것은 너무 한 가지 측면만을 본 것이며, 그는 아무리 돈이 많아도 그 나름의 복잡하고 한많은 인생을 살고 있는 것이다. 또 한 걸음 더 나아가서, 다른 사람이 돈도 많고 행복하게 산다고 하여도 그것 축하해 주고 나는 나 나름대로의 삶을 엮어 나가면 될 일이다. 그가 돈 많은 것과 나의 삶과는 아무런 관련이 없다. 사실은 돈도 많고 모든 것이 행복한 사람은 별로 행복한 사람이 아니고 그야말로 진실로 불행한 사람이라는 것을 수행자들은 몸으로 체득하게 된다. 왜냐하면 시간이 지남에 따라 그는 꼭대기에서 삭풍이 부는 광야로 떨어질 날만 남아 있기 때문이다.

또 젊은 여성들은 자신의 외모에 신경을 많이 쓰고 그것 때문에 일희일비하는 것이 인지상정이리라. 하지만 그것도 너무 시야를 작게 국한시켜 보는 것임을, 10년 20년 인생을 더 산 중년의 여인들은 저절로 느끼리라 생각한다. 물론 젊은 남녀야 외모로써 만나고 그로부터 상대방에 대한 첫 번째 인상을 강하게 받게 되지만, 어차피 인생이란 것이 그것으로만 좌지우지되기에는 너무나 복잡한 것이다. 또 아름다움에 매료되어서 자신의 외모에서만 행복을 찾으려 한다면 그 여성 또한 불행한 사람이다. 왜냐하면 시간의 흐름에 따라서 역시 그를 반겨줄 것은 주름살과 애처로운 흰 머리카락밖에 없기 때문이다.

그러므로 인간은 어느 한 가지에만 매달릴 필요가 없으며 또 그래서는 안 된다고 수행자들은 생각한다. 왜냐하면 인간의 마음은 마치 저 하늘의 우주와도 같이 넓기 때문이다. 인간의 과거·현재·미래는, 또 그의 내면 세계의 진실은 그까짓 사소한 어느 한 가지 사물이나 호불호(好不好)에만 집착되어서 좋네 나쁘네 하기에는 너무 넓기 때문이다. 또 이렇게 넓은 것이 본래 모습이기 때문에 나쁘던 것도 언제인가 좋은 것으로 판단될 때가 있다. 자신의 용모가 남들보다 못하다고 하여 그 반대로 자신의 성품을 좋게 하고 화목한 자신의 성격을 유지하여 그의 가정을 항상 화목하게 한다면 이보다 더 칭찬받고 사랑받을 일이 어디 있으랴.

그러므로 수행자들은 항상 자신의 본래의 모습에 천착(遷着)해서 호호탕탕(浩浩蕩蕩)한 자신을 찾아야 한다고 강조한다. 그러면 어느 한 군데에 집착하지 않기 때문이다. 아니 그렇게 자신의 모습을 회복한 다음에는 그런 작은 곳에 집착할래야 할 수가 없을 것이다.

그것은 마치 큰 코끼리가 작은 개집에 들어가서 거기서 평안을 찾으려는 것과 마찬가지이다. 큰 코끼리는 애초부터 그런 작은 곳에는 들어갈 수가 없다. 그런데 억지로 들어가려고 한다. 더구나 그 속에서 행복을 찾으려고 한다. 그러니 옆에서 그것을 지켜 보는 일이 얼마나 답답하겠는 가. 그런데 수행자들이 보기에는 인간사가 이런 일이 무척 많은 것이다.

그러니 돈이 많다 적다. 머리가 똑똑하다 그렇지 못하다. 얼굴이 이쁘다 밉다. 잘났다 못났다. 너무 구애될 필요가 없는 것이다. 그럼에도 불구하고 많은 사람이 그 속에서 혹은 자부심도 느끼고 혹은 절망감도 느끼고 그러니 얼마나 안쓰러운 일인가. 그런 일로 자부심을 느끼거나 행복을 느 낀다면 코끼리가 조그만 개집 속에 들어가서 거기서 행복하다고 생각하는 것과 같다. 개집이 금방 산산조각 나듯이 그 감정은 금방 사라지지 않겠는가.

그러므로 수행자들은 어떤 집단이나 그룹 혹은 패거리 등을 만들지 않는다. 그들은 어떠한 집단에도 속하기를 거부한다. 왜냐하면 그것은 자신을 좁은 곳으로 국한시키는 일이기 때문이고, 따라서 자신의 모습을 잃는 일이기 때문이다. 그러므로 수행자들은 걸망 하나 짊어지고 전국의 산야를 떠돌면서 자신의 본모습을 깨치는 일에 열중하는 것이다.

어느 한 집단에 속하지 않는 것을 중요시할 뿐만 아니라 수행자들은 마음이 어느 한 곳에 국한되는 것을 배격한다. 왜냐하면 어느 하나가 중요하면 다른 하나도 그에 못지 않게 중요하기 때문이다. 그래야만 어리석은 표범이 맛있는 먹이를 먹으면서 자식을 잃어버리는 우를 범하지 않는다. 그러므로 수행자들은 혹은 스님들은 어느 누구에게도 특정한 사상이나 사고 방식을 강요하지 아니한다. 그런 것을 강요하는 것은 그로 하여금 작은 것에 마음이 국한되도록 하는 것이기 때문이다. 다만 어서 빨리 자기 자신을 찾으라고 독려할 뿐이다. 왜냐하면 어떤 중요한 사상도 아무리 중요한 사고도 생각도 자신의 본래 마음만큼 넓지는 않기 때문이다. 이 세상에서 자신의 마음만큼 중요한 것은 없으며, 자신의 마음은 우주처럼 넓고 광대무변하기 때문이다.

그러므로 참선이라고 하는 것을 굳이 말한다면 '극도의 자유주의' 사상이라고 말할 수 있다. 모든 판단과 모든 생각을 또 그에 따른 모든 행동을 완전히 본인에게 맡기는 일이기 때문이다.

또 달리 말하자면 수행자의 마음은 진실로 넓은 것이어서 수행자만이 모든 사람을 사랑할 수 있는 것이다. 그만이 이 우주의 모든 것을 사랑할 수 있다. 또 그만이 과거·현재·미래를 거쳐서 영원히 사랑할 수 있는 것이다. 참선 수행을 통해서 자신의 마음의 세계가 얼마나 넓은지를 느끼고 체험한 사람들은 이 말에 동감하지 않을 수 없는 것이다.

그와 반대로 일반인들의 사랑이란, 어떤 조건에서는 사랑을 하고 또 다른 어떤 조건이 형성되면 사랑의 마음이 약해지거나 변절하는, 그런 사랑이라고 생각된다.

그러면 이렇게 질문하는 사람도 있으리라.

"나는 그렇지 않은 경우도 많이 보았다. 평생 사랑하는 경우도 많이 보았다."고.

그에 대해서는 나는 이렇게 말하고 싶다.

물론 평생 사랑한 사람도 있으리라. 그는 조금은 행복한 사람이리라. 그러나 그것은 겉으로 보기에만 그런 것이지 그 내면에는 그렇지 못한 것이다.

예를 들어 그가 변소에서 똥누면서도 그렇게 사랑했나? TV를 보면서도? 질병의 고통 속에서도? 또 죽음의 공포 속에서도?

여기까지는 그렇다고 치자. 그러면 꿈속에서도? 혹은 꿈을 안 꾸고 그냥 자고 있을 때에도? 혹은 죽고 나서도? 이렇게 질문을 한다면 아마 대답해지기가 곤란해 질 것이다. 대답하기 곤란한 것이 아니라 상상조차 하기 힘들 것이다.

뭐 별스런 말을 다 꾸며낸다고 생각하는 사람도 있겠지만 수행자들이나 스님들은 이를 실제로 자신의 수행의 기준으로 삼고 있다. 그러므로 꾸며내거나 지어댄 이야기가 아니라 현실적이고 구체적으로 그런 사랑이 있다.

일반인이야 이에 대해서 자신있게 대답할 사람도 없겠지만 설령 있다 하여도 일반인의 사랑이란 제한되고 국한된 범위의 사랑이지 이 우주의 모든 것을 사랑할 수는 없는 일이리라. 그러나 수행자와 스님들은 그 사랑이 협소하지 않고 광범위하다.

우주와의 만남 (3)

어느 날인가 나는 선방을 나와서 집으로 가는 준비를 하기 시작했다. 집으로 가는 준비라야 가지고 왔던 치약 치솔을 챙기고 승복을 벗고 평상시의 옷차림으로 갈아 입는 것이 전부이다. 같이 참선했던 도반들과는 목례로써 간단히 잘 가라는 인사만 나눌 뿐, 그 이상도 이하도 아니다. 그리고는 타고 왔던 차를 타고 집으로 향한다.

선방에서 나와서 차가 있는 곳으로 가기까지 혹은 차를 타고 집으로 오기까지 나는 느낌으로 느끼고 있었다. 참선을 통해서 나에게 다가오는 것, 혹은 내가 얻어지는 것은 특별한 것에 대한 새로운 소식을 안다든지 혹은 새로운 지식을 얻는다든지 하는 것은 아니었다.

다만 그 무엇인가는 있었다. 참선을 통해서 얻어지는 것이… 그것은 어떠한 느낌이었다. 잡생각이 사라지고 망상이 줄어들면서 손에 잡힐 듯이 어떤 편안한 느낌, 어떤 간절한 느낌, 무어라 형언할 수 없는 행복감, 이런 저런 말로써는 표현하기 힘든 그 무엇이 느껴지는 것을 점점 실감할 수 있었다.

그것은 마치 블랙홀(blackhole)에 점점 다가가는 것과 같다고 생각해도 무방한 듯했다. 하늘에 저만치 빛나는 별은 그에 가까이 갈수록 그 형태나 모습을 잘 알 수 있다. 달(月)이 어떻게 생기고 해(日)는 어떻게 생겼다. 은하수는 어떻게 생기고 태양계는 어떻게 생겼다. 멀리서도 볼 수 있고 근접 거리에서도 볼 수 있다. 동쪽에서도 볼 수 있고 그 때는 어떤 모습이다. 또 서쪽에서도 볼 수 있고 그 때는 어떤 모양을 하고 있다. 도수 높은 천체망원경만 있으면 그 모습을 알 수 있고, 혹은 우주 왕복선을 통해서 좀 더 자세한 정보를 얻을 수가 있다.

그런데 이 화두 참선은, 참선을 통해 깨치고자 하는 나의 본모습은, 그런 것과는 달리 가까이 다가갈수록 더욱 알 수가 없으니 마치 블랙홀과도 같은 것이다. 그 모습을 설명할 수도 없고 그 실상을 알아볼 수가 없다. 모양도 형체도 없다. 그러나 그 무엇인가가 있다. 그리고 그 모습은 동쪽에서도 볼 수 없고 서쪽에서도 볼 수 없다. 그러니 인간의 지식으로써 인간의 과학 문명으로써 무엇이든지 밝혀낼 수가 있지만 이것만은 접근을 불허하는 것이다. 왜냐하면 그 곳에서는 시간도 공간도 아무 쓸모가 없다. 인간은 접근만 하면 죽는다. 공간과 시간이 휘어져 있기도 하고 거꾸로 가기도 한다. 모든 것이 죽는다. 이곳에 논리와 사변이 설 자리가 어디에 있을까? 그런 자리는 어느 곳에서도 찾을 수가 없다. 그러므로 화두 참선과 블랙홀은 동일점을 지니고 있다고 할 수 있다. 시간과 공간이 잠자고 논리와 사변의 접근을 불허한다는 점이다.

이런 예를 한 번 들어보자. 당신은 어렸을 적에 어느 때 한 번 어머니를 잃어버렸던 기억이 있을 것이다. 내가 어렸을 때 7개월인가 8개월 때에 어머니를 한번 잃어버렸었다. 잃어버린 것이 아니고 사실은 항상 옆에 있던 어머니께서 어느 순간에 갑자기 안 보이는 것이었다. 그 때 어머니께서는 옆집 아주머니와 밖에서 대화를 나누거나 손님과 대화 도중이었던 것 같다. 그런데 나는 방안에 홀로 있어서 어머니가 없어진 것으로 판단

했다. 왜냐하면 평소에는 어머님께서 항상 내 옆에 계셨기 때문이었다. 아이고 이거 큰일났네! 나는 그 때 처참하게 울어댔던 기억이 난다. 물론 2~3분 후에 어머니는 나의 울음소리를 들으셨던지 금방 들어오셨고 나도 그 즉시로 울음을 그쳤다. 그 때 내가 왜 울었었나? 슬퍼서 울었다? 외로워서 울었다? 옆에 어른이 없어서 울었다? 틀린 답이야 아니지만 그렇다고 정답은 아니다. 왜냐하면 진짜 이유는 논리를 떠난 곳에 있기 때문이다. 나이가 들어 성인이 되고 더욱 세월이 지나서 부모님이 돌아가셔도 마찬가지이다. 마음이 슬픈 논리적·과학적 이유는 아무 곳에도 없는 것이다. 구태여 표현하자면 사실은 나는 그 때 항상 옆에 계시던 어머니가 어느 순간 안 보이므로 온 우주가 무너지는 느낌을 받았었다고나 할까.

이처럼 화두 참선은 블랙홀과는 유사점이 있다. 그러나 다른 점도 있다. 블랙홀은 가까이 갈수록 암흑이요, 어두움이다. 가까이 갈수록 우주의 밝음으로부터 멀어진다. 그러나 참선이란 그와 반대로 가까이 갈수록 밝음이요, 광명이다. 모든 것이 밝아진다.

또 블랙홀이란 그에 가까이 갈수록 자유가 없어진다. 그러나 참선은 깊이 들어가면 들어갈수록 모든 것으로부터 자유로워진다. 블랙홀은 가까이 다가갈수록 자신의 자유는 속박이 되고, 그 가공할 흡인력으로 인하여 운신이 점점 힘들어진다. 그러나 참선은 오래 하고 깊이 할수록 점점 나에게 자유가 주어진다.

그 자유라고 하는 것도 내가 어디를 마음대로 갈 수 있다거나 내가 마음대로 무엇을 할 수 있다거나 혹은 마음대로 먹거나 마실 수 있는 자유가 아니다. 우선 첫째로 내세울 수 있는 것은 나의 감정으로부터의 자유이다. 아침에 일어나면서부터 저녁에 잠자리에 들 때까지, 내가 다스리지 못하고 내가 억제할 수 없이 생겼다 없어졌다 하는 나의 감정! 나의 희로애락애오욕(喜怒哀樂愛惡欲)으로부터의 자유이다.

  그러면 참선에서의 자유, 나의 희로애락애오욕(喜怒哀樂愛惡欲)으로부터 자유롭다는 것은 무엇을 말하고 무슨 의미가 있는 것일까.

  사람이 분노하거나 혹은 누구를 미워하거나 혹은 무엇을 탐내거나 간에 그에게도 우주는 존재한다. 그러나 그에게 존재하는 우주는 조금 다를 수가 있다. 어떻게 다를까. 분노하는 사람, 화가 나는 사람은 길을 가다가도 돌부리를 찬다. 혹은 만나는 사람마다, 자신의 동료나 자신의 친구에게 성을 내거나 화풀이를 한다. 일부러 그러는 것이 아니라 화가 나고 분노하고 있기 때문에 상대방이 무엇인가 마음에 안 드는 점이 생긴다. 평소에는 괜찮았는데 이상하게도 지금 이 때만큼은 마음에 들지 않고 하는 짓거리가 몹시 눈에 거슬린다.

  그러므로 그에게는 돌부리가 돌부리가 아니다. 그냥 '분노'이다. 또 그의 동료나 부인이나 그의 친구도 그냥 동료나 부인이나 친구가 아니라 '분노'이거나 '노여움'이다. 그의 옆에 민들레꽃이 하나 소담스레 길 가에 피어 있다. 그의 눈에 그것이 보이겠는가. 보일 리가 없다. 분노와 노여움만이 보일 뿐이다. 지나가다가도 옆에 있는 꽃을 걷어차기도 하고 혹은 밟아버린다. 그러므로 그에게는 지나치는 바람도 분노이고 흘러가는 강물도 분노이다. 그는 '분노'라는 안경을 쓰고 있으므로 그의 우주는 분노가 된다. 강물도 안 보이고 바람소리도 안 들리는 것이다. 보이는 것도 분노이고 들리는 것도 분노이기 때문이다.

  그러므로 나의 감정, 나의 희로애락애오욕(喜怒哀樂愛惡欲)으로부터 해방되어야 나에게는 진정한 우주가 있는 것이고 민들레꽃도 있고 강물도 있고 바람소리도 있다. 그러므로 수행자들은 가만히 앉아 있어도 무한한 삶의 희열을 느낀다. 어느 곳을 가더라도 행복이 충만하다. 왜냐하면 그에게는 어디를 가더라도 우주의 모습이 보이고 산과 들이 보이고 바람소리 물소리가 들리기 때문이다. 따라서 수행자들이 느끼는 희열이나 행복감이란 어느 조건이 충족되어서 생기는 만족감이나 충족감이 아니다. 젊어서 행복하거나 돈이 많아서 명예가 높아서 행복한 것이 아니고 아무런 조건이 없는 행복감이다. 조건 있는 행복감이란 돈이 없어지거나 명예가 없어지거나 늙으면 불행해지는 것인데, 이런 경우는 조건이 없으므로 영원히 행복한 것이다. 항상 우주의 진리와 함께 하므로 행복하다고도 말할 수 있다. 그렇기 때문에 수행자들은 우주를 배경으로 살아가고 생활인들은 직장을 배경으로, 나라를 배경으로, 혹은 자신이 속한 집단을 배경으로, 자신이 속한 사회를 배경으로 살아간다.

그리고 수행자들에게 그 자신 이외의 다른 사람은 분노의 대상도 아니고 탐욕이나 질투의 대상이 아니다. 그의 친구는 그냥 그의 친구이다. 그의 이웃은 그냥 그의 이웃이다. 왜냐하면 이미 그는 자신의 감정을 극복하고 자신의 느낌을 극복했기 때문에, 있는 그대로 존재하는 그대로의 모습이 보이기 때문이다. 이 우주가 있는 그대로, 본연의 모습으로 수행자에게 다가오기 때문이다.

그러므로 그가 그의 이웃을 만날 때, 그 이웃에게서 그는 우주를 발견한다. 이웃이 그에게 '안녕하세요?'라고 친밀하게 물어올 때 그의 말에는 이 우주의 무게가 실려 있다. 그렇기 때문에 그렇게 반가울 수가 없다. 왜냐하면 그 이웃이 아무리 지식이 짧고 혹은 학식이 없다고 하더라도 그의 삶에는 이미 우주의 무게가 실려 있기 때문이다.

그 이웃이 수행자를 알게 된 지 얼마 안 되더라도 마찬가지이다. 그가 알건 모르건 간에 그의 넓은 마음에는, 그의 내면 세계에는 그의 인생의 모든 기록이 저장되어 있다. 그는 혹시 모를지 몰라도 그는 이 우주를 같이 호흡하며 살아 왔다. 그의 내면 세계에 깊숙이 저장되어 있고 그의 마음에 가득히 메워져 있는 그의 우주의 세계가, 마치 꽃향기가 온 방안에 가득하듯이, 그의 마음에 배어져 있는 것이기 때문에, 그의 '안녕하세요?'는 그의 마음의 우주가 인사를 한 것이다. 더 나아가서 그 이웃도 인생을 살면서 많은 어려움도 있었을 터이고 혹은 많은 시련을 겪으면서 여지껏 지내왔을 수도 있다. 그럼에도 불구하고 나에게 반가운 인사를 건네오니 얼마나 즐거운 일인가.

그러므로 나도 반갑게 인사를 건넨다. '안녕하세요?' 그러나 나는 어느 정도 수행을 하고 있고 또 요즈음에는 그 수행이 잘 되고 있기 때문에 나의 인삿말에도 나의 인생의 끝없는 무게가 실려 있다. 왜냐하면 나의 현재도 여기 있어서 그에게 인사를 건넸고 나의 과거도 나의 미래도 그의 앞에서 그에게 인사를 건넸기 때문이다. 그와 행복하게 주고받은 이 인삿말은 나의 인생에 영원히 잊혀지지 않고 각인되기 때문이다. 나의 감정을 극복한 깨끗한 나의 마음, 가을하늘과 같이 깨끗이 걸러진 나의 내면 세계와 같이 그에게 인사를 주고받았기 때문이다. 그러므로 나의 인삿말에 실린 행복감은 이 우주 끝까지 퍼져 있는 것이다.

그러고 보니 그 이웃과 나의 만남은 우주와 우주의 만남이었다. 비록 그의 몸은 한 평 짜리 공간에서도 눕고 서고 앉고 하는 한정된 공간에 국한된 사물(事物)이지만 마음은 이 우주와 같이 호흡을 하고 있었다. 또 나도 그렇다. 그러므로 그와의 만남은 바로 우주와 우주의 만남이었다. 혹은 우주와 우주의 접촉이었다.

　차에서 내린 후에 나는 천천히 발걸음을 돌려 집으로 향하는 길을 걸었다. 걸으면서 길거리에서 서로 다투는 사람들을 보았다. 다투는 사람들은 서로 멱살을 잡고 싸우지만 그것은 사소한 문제이다. 더 큰 문제가 있었다. 그것은 그들의 다툼이 바로 우주와 우주의 충돌이고 부딪침이라는 점이었다. 우주의 질서가 무너지고 형체가 비틀어지고 모양이 구겨졌다. 그들은 사소한 말로써 사소한 몸싸움으로 끝났다고 생각할지 모르지만 그것은 그들의 우주에 돌이킬 수 없는 상처를 안겨 주고 회복 불가능한 상태로 만들었다. 그들의 우주에만 상처를 주는 것이 아니고 다른 사람들의 모든 우주에도 상처를 던지고 있었다.
　다투거나 싸우거나 하는 것만이 문제되는 것이 아니었다. 겉으로는 싸우지 않더라도 서로 미워하거나 질투할 때, 그것도 역시 우주와 우주의 충돌이었다. 은하계라는 성운과 그 옆의 다른 성운과의 충돌이었다. 그것 역시 우주의 형태를 일그러뜨리고 내부 질서를 무너뜨리며 회복 불가능한 손상을 주는 것이었다.
　그렇지 않고 사람과 사람이 서로 이해하고 화해하며 화합할 때 그것은 우주의 복원이고, 우주의 융화이며, 우주와 우주끼리 화합하여 새로운 우주를 탄생시키는 일이었다. 그것은 새로운 질서이며 새로운 우주이며 평안함이며 영원함이었다.

우주의 발견

 어느 날 선방으로 향하고 있을 때였다.
 나는 요즈음에 과거와는 달리 많이 편안해진 마음으로 선방에 간다. 다른 무엇보다도 최소한 선방에 출입하면서 나는 나의 모습을 본다. 나의 모습은 이런 것도 아니고 저런 것도 아니다. 거울을 통해서 보는 것은 나의 얼굴 모양이고 손 모양이고 발 모양이지 나의 본 모습은 아니다. 그렇다고 학교에 가서 공부한다고 나의 본 모습을 알 수 있는 것도 아니고 설악산, 지리산 굽이굽이 아무리 뒤지며 찾아 보아야 나의 본 모습은 알 수가 없는 것이다. 아무리 달나라에 갔다 오고 우주여행을 갔다 와도 그것이 나의 본 모습은 아닌 것이다. 바다 밑을 뒤져 보고 신기한 별 여행을 하여도 그것이 나의 모습일 수는 없다.
 그런 나의 본 모습을 선방에서 만나는 것이다. 그것이 무엇이라고 말로 할 수는 없다. 그러나 나는 이것이 나의 모습이로구나 하는 내 나름의 느낌이 있다. 나는 더욱 그 본 모습에 몰입하여서 나아가 보자고 다짐하는 것이다.

 요즈음 선방에 출입하면서도 나는 사회생활을 영위하고 있다. 아침에 일어나서 출근하고 직장에서 여러 사람들을 만나고 다시 퇴근한다. 퇴근해서는 나의 가족들과 만난다. TV를 시청하기도 하고 식구들과 대화를 나누다가 잠이 든다. 그러나 내가 사회생활을 영위하는 요즈음의 자세는 편안하고 안락하다. 나는 그 누구와 대화를 하더라도 나의 본 마음으로 대화를 나누고 나의 본 마음으로 그를 대한다. 나의 본 마음으로 상대를 대하는 것! 나의 본 마음으로 상대를 대접하는 것! 이것이 천국이고 이것이 행복이다.

그 누구와 상대를 하거나 혹은 대화를 하거나 나는 그를 진심으로 대한다. 내가 진심으로 그를 대하는 것은 무엇을 바라서가 아니다. 물론 내가 진심으로 대한다 해서 특별히 내가 달라지는 것이 있는 것은 아니다. 내가 금송아지를 상대에게 주는 것은 아니다. 또 내가 상대에게 '임금님!' 혹은 '왕자님' 혹은 '공주님'이라고 부르는 것도 아니다. 그러므로 달라지는 것은 아무도 없다. 또 나의 상대방도 특별히 달리 생각되는 것도 없을 것이다. 그렇지만 그는 나와의 만남이, 또 나는 그와의 만남이 내면세계의 깊은 곳에 이름다운 만남으로 아스라이 기억되는 그런 만남이 되는 것이다.

다시 말해 나는 그의 잠재의식 혹은 무의식의 내면세계와 더불어 무언의 대화를 나누고 그 대화는 그의 내면세계에 각인되는 것이다. 그가 어느 날 산에서 들에서 소주잔을 기울이고 있을 때나, 혹은 그가 임종을 앞두고 과거를 회상할 때, 혹은 그가 나중에 참선을 한다면 그는 나와의 만남의 의미를 알 수 있을 것이다. 나와의 만남은 아주 편안했었다. 마치 설악산이나 지리산 자락을 여행하면서 만났던 맑고 깊은 계곡 물의 시원(始源)에서 샘솟아 나오는 물줄기를 만났던 기억과 같을 것이다. 또 그곳의 차가운 공기가 나의 몸을 감싸고 있는 것처럼 나와의 만남은 이루어졌던 것이다. 그 물줄기나 그 찬바람은 나와 만났다가 헤어졌다. 그러나 그들과 나 사이에는 아무 것도 없었다. 미움도 슬픔도 없었고 기쁨도 증오도 사랑도 없었다.

나와 그와의 만남은 이와 같이 물 흐르듯 하는 것이었다. 나는 그를 믿는다. 또 그는 나를 믿는다. 그것은 영원한 믿음의 회복이었다. 나는 그를 받아들인다. 또 그는 나를 받아들인다. 그것은 영원한 자유였다. 또 그것은 역사의 회복이었다. 그가 부장이고 사장이라서 그를 믿고 그가 평사원이라서 그의 자유를 구속하는 것은 믿음도 아니고 자유도 아니고 만남도 아니다. 그것은 비지니스(business)밖에 안 된다. 그것은 제한된 것이고 자유와 믿음을 속박하는 것이다.

그와 내가 같이 커피 마시며 대화하는 것은 인류 역사상 이곳에서 한 번밖에 일어나지 않는 일이다. 역사와 공간이 교차하는 곳에서 한 번밖에 일어나지 않는 일이다. 한 번 발생하고 끝나는 일이다. 그러나 그곳에 믿음이 있고 자유가 있을 때는 그것은 영원한 것이 된다. 역사상 수많은 인류가 상대에게서 믿음을 확인하고 그 상대가 나의 자유를 인정할 때 그들은 행복을 느꼈다. 삼국 시대에도 신라 시대, 고려 시대, 조선 시대에도 수많은 사람들이 상대에게서 믿음과 자유를 보았을 때 나와 같이 인간성의 회복을 느꼈을 것이다.

왜 상대에게 믿음과 자유를 주어야 하느냐 하면 상대는 우주이기 때문이다. 그의 내면세계에는 수많은 역사의 기록이 적혀 있다. 그 역사의 기록만큼이나 그는 크고 거대하다. 그가 키가 크거나 키가 작거나, 덩치가 좋거나 덩치가 작거나, 미인(美人)이거나 추인(醜人)이거나, 사회적 직분이 좋거나 나쁘거나 하는 것과 상관없이 그는 크고 거대한 역사인 것이다. 그러므로 그에게 자유를 부여할 수밖에 없고 믿음을 부여할 수밖에 없는 것이다.

　나의 옆에는 크나큰 우주가 많이 있다. 믿음과 자유와 우주가 많이 있다. 우선 제일 가까이 있는 것은 나의 부모님 우주이다. 나의 부모님의 우주는 아주 나에게 가까이 있는 우주 가운데에서 제일 소중한 것이다. 나의 우주가 형성되면서부터 나의 우주와 교류가 있었다. 혹은 옆에서 지켜보기도 하고 혹은 야단을 치거나 호통을 지르거나 혹은 타이르거나 하여 나의 우주를 힘들게 하는 적도 있었다. 그러나 그는 나의 우주의 역사를 나보다도 더 잘 알고 있는 것이다. 그는 나의 우주의 생성 초기부터 나의 우주의 옆에 있었다. 그리고 말씀이 항상 다정다감하시다. "얘야, 네가 걸음마를 처음 할 때에는 한 십 미터쯤 걸어 놓고서 무척 좋아하더라…."
　그리고 그와 더불어 바로 나의 옆에는 믿음의 우주, 자유의 우주가 또 있다. 나의 내자(內子)와 아들 딸의 우주이다. 요즈음에 나의 우주와 가장 많은 교류를 하고 있는 우주이다. 나의 내자(內子)의 우주와는 처음에는 약간의 충돌이 있었고 혹은 충돌하지 않는 경우에는 간혹 서로 방향을 틀고 돌아앉기도 했다. 그러나 우주의 역사가 흐르면서 지금 그 우주와 나의 우주는 서로 교류하고 화합하여 더욱 거대한 우주로 바뀌었다. 또 아들과 딸의 우주와도 교류하고 융합하여 더욱 더 거대하고 웅장한 우주로 바뀌었다. 그리고 또 그 옆에는 나의 친구의 우주가 있고 나의 친척의 우주가 있다. 이렇게 나는 우주에 둘러싸여 있는 것이다.

　그러나 그것으로 끝나는 것은 아니었다. 나도 상대방도 사실은 우주이면서 또 달리 보자면 우주가 아니었다. 그것은 우주가 아니라 하나의 세포의 집합체에 불과했다. 지구상에 있던 여러 가지 분자가 얽히고 설켜서 이합집산(離合集散)을 하다가 이루어진 세포, 그 세포의 집합으로 이루어진 총체적이고 복합적인 유기물질(有機物質)이었던 것이다.

따라서 나도 상대방도 마음을 빼면 분자(分子)의 집합이다.

따라서 그것은 돌(石)과 같은 것이고 돌장승이고 돌사람이다.

돌사람은 희로애락(喜怒哀樂)의 감정이 없다.

증오도 사랑도 없고 즐거움도 슬픔도 없다. 돌사람은 병들어도 아픔이 없고 죽어서 깨질 적에도 고통이 없다.

그냥 이 우주의 시공간에 존재하다가 사라질 뿐이다.

돌사람이 서로 만난다. 서로 웃는다.

이것은 아름다운 모습이다.

그래서인지 과거의 어느 수행자는 다음과 같은 시를 썼다.

"거룩하다는 이름도 구하지 말고
재물도 구하지 말고
영화스러움도 구하지 말고
그럭저럭 인연따라 한 세상 보내리.
세 치 기운 떨어지면 누가 주인이며
백 년 뒤에 이 몸은 헛된 이름뿐이로세.
옷이 헤어지면 누덕 누덕 기워 입고
양식이 떨어지면 그 때마다 얻어 먹세.
한낱 헛된 몸 며칠이나 살겠다고
쓸데 없는 일 하느라고 무명만 키우는가."

그 수행자가 자신의 몸을 이렇게 함부로 생각하는 것은 그만큼 그의 마음이, 그의 마음의 우주가 풍요롭기 때문일 것이다.

우주의 모든 것이 나의 모습이다

요즈음의 나는 참선이 앞으로 조금씩 나아가면서 나의 마음이 넓어지고 무한한 우주의 공간에 나의 마음이 꽉 차 있다는 생각이 든다. 그러므로 발길 닿는 곳이 전부 나의 안식처이며 어느 곳이든 나의 집이 아닌 곳이 없다. 왜 그것이 올바른 생각이고 어째서 그런 생각이 드느냐 하는 것을 논리적으로 대답할 수 있는 길은 없다.

다만 역사적이거나 시간적인 모든 현상은 나의 마음 속에 있는 것이고 공간적인 모든 장소도 나의 마음 속에 있다는 생각을 지울 수는 없다. 물론 일상생활을 영위하면서 생존 경쟁에 시달려야 하는 사람에게는 이런 말은 상상이나 공상에 지나지 않는다. 그러나 그도 화두 참선을 하여 자신의 마음을 유영하다 보면 이 말에 공감하게 되고 느낄 수 있으리라 생각한다. 고산지대나 아프리카의 밀림에 있는 생물들도 나의 마음 속에 있고, 우주 공간에 떠다니는 먼지도 나의 마음 속에 있는 것이다.

그뿐만이 아니다. 모든 현상도 어떠한 상황이나 정황도 나의 마음 속에는 구비되어 있는 것이다. 예를 들자면 이런 것이다. 어떤 때는 일상적인 생활과는 다른 상황에 처해지는 때가 있다. 평소의 평범한 상황이 아니고 갑자기 다른 사람에 의해서 피해를 입을 때가 있다. 혹은 자신이 남에게 피해를 입혀야만 하는 경우도 있을 수 있겠다. 혹은 그가 자신을 원망하거나 증오하거나 할 때 갑자기 당황이 되는 경우가 있다. 이런 평범하지 않은 상황에서는 갑자기 놀라서 어쩔 줄 모르는 경우가 많다. 이럴 경우에는 흔히 적당히 얼버무려 그 순간만을 피해가려는 사람도 있고, 혹은 분노하거나 적개심으로 상대에게 공격적인 태도를 취하게 된다.

그런데 이런 경우도 수행자들은 전부 자신의 마음 속에 있던 상황, 자신의 마음가짐에 전혀 걸리지 않는 평범한 상황으로 인식하게 된다는 말이다. 그러므로 자신의 마음을 잃지 않고 순조롭게 이를 풀 수 있는 지혜가 자신에게 구비되어 있음을 알게 된다.

사실은 어떤 슬픈 상황도 어떤 놀라운 상황도 과거에 많이 일어났던 일이다. 그런데 일반인들은 그 과거의 일을 일찌감치 잊어버리고 현재의 눈 앞에 보이는 일에만 몰두한다. 당장의 이익이나 현실의 이해타산에만 정신을 집중하다 보면 그럴 수밖에 없으리라. 그러다가 과거처럼 슬프거나 놀라운 일이 발생하면 깜짝 놀라는 것이다.

그러나 수행자들에게는 전부 그런 것이 마음속에 있는 상황이므로 겉으로 놀라는 척할 수는 있지만 사실은 어떤 일에도 놀라지 않는다. 옆에서 원자폭탄이 터지거나 지구가 망한다 하여도 그것은 전부 그의 마음속에 있는 상황인 것이다. 그러므로 득도한 수행자들이 죽음을 맞이할 때 그는 예견이나 했다는 듯이 웃으면서 죽음을 맞이하는 것이다.

그래서 어떠한 상황에서도 상대방을 증오하거나 공격하지 말라는 것은 그것은 바로 자신에게 화살을 던지는 일이기 때문이다. 왜냐하면 자신의 마음은 우주처럼 넓은 것이고 우주에 가득차 있기 때문이다. 자신이 공격하고자 하는 상대방도 바로 자신의 마음속에 있는 것이고, 상대방의 마음이 자신의 마음에 거울처럼 비추어지기 때문에 상대방이 다치면 자신도 다치는 것이다. 그러므로 상대방을 괴롭히거나 증오한다는 것은 바로 자신을 괴롭히거나 증오하는 일이다. 상대에게 던진 화살은 부메랑이 되어 자신에게 돌아오는 것이다. 상대에게 이지메를 가하면 자신이 이지메를 당하게 된다. 그와 반대로 상대에게 이익을 주면 자신에게 그 이익이 돌아온다. 일반인들은 지금 현재밖에 생각하지 못하므로 그럴 리가 없다고 하지만 수행자들의 시야는 현재·과거·미래에 걸쳐서 넓은 공간을 보고 총체적으로 보기 때문에 그것이 한눈에 보이는 것이다.

이 때문에 선지식(善知識)들은 인과법(因果法)만 사람들이 알아도 이 세상은 맑아진다고 하는 것이다. 인과법이란 무엇인가. 다른 사람에게 이익을 주거나 착한 일을 했을 때 나는 손해고 상대는 이익이다, 이렇게 생각하지 말라는 것이다. 착한 일 한 것은 내가 한 것이고 상대는 반대로 나에게 빚을 진 것이므로 언제인가는 그만큼, 혹은 그보다 더 나에게 이익이 되어 돌아온다는 것이다. 선지식(善知識)들은 이것이 힘들여 연구해야 알 수 있는 어려운 사실이 아니고 손바닥 뒤집듯이 뻔하고 당연한 일이다. 왜냐하면 스님들의 마음의 세계는 우주의 모든 시간과 공간이 한데로 아우러져 있고 모든 현상과 모든 지혜가 그 안에 있으므로 너무나 당연한 사실로 다가오는 것이다.

그러면 수행하지 않는 일반인들이 이런 인과법(因果法)을 모르는 것은 왜 그런 것일까. 그것은 눈에 보이는 것만을 생각하고 인정하며 또 논리로만 모든 것을 이해하려고 하므로 논리를 떠나 있는 것, 눈에 보이지 않는 것 등은 이해도 안 되고 이해하려 노력하지도 않고 아주 깜깜 절벽이 되는 것이다. 이와 같이 생각과 인식이 좁고 한계가 있는 것을 육식세계(六識世界)라고 한다. 육식세계란 안이비설신의(眼耳鼻舌身意), 즉 보는 것, 듣는 것, 냄새 맡는 것, 맛보는 것, 감촉되는 것과 그 한도 내에서 생각하는 것이다. 따라서 일반인들은 어떤 사람에게 예상 외로 행운이 굴러오거나 부유해지거나 할 때, 이를 우연이고 아무런 인과(因果)가 없는 것으로 생각하지만 선지식들은 그가 과거에 복을 많이 지었기 때문에 필연적으로 발생하는, 원인과 결과가 분명한 것으로 생각하는 것이다.

화두독로(話頭獨露)

하루는 선방으로 향하면서 나는 생각하였다.
이제 나의 참선은 조금씩 깊어지고 있다. 비록 화두가 일관되게 지속적인 의문으로 되지 않고 중간에 망상이나 번뇌가 일어난다. 할지라도 요즈음 들어 나는 나의 화두가 깊이를 더해가고 있음을 느끼고 있다.
나의 화두가 간절해지더니 모든 에너지가, 젖 먹던 힘까지 화두 의문으로 일관되게 생각의 힘이 집중되는 것을 경험하였으며, 어떤 때는 나를 둘러싸고 있는 모든 것이 나와 같이 화두를 하는 것도 경험하였다. 물론 이것이 대단한 것은 아니지만 깊이를 조금씩 더해가고 있는 것만은 틀림이 없으리라.
또 나만 화두를 하는 것이 아니고 나의 온 몸의 세포 하나하나까지도 나와 같이 힘차게 화두 의문으로 나아가는 것을 경험하였다. 물론 이것도 대단한 것은 아니지만 역시 조금씩 앞으로 나아가고 있는 것만은 틀림이 없는 것으로 생각된다.
하지만 역시 중간 중간에 의심 이외에 다른 잡념이 섞이는 것을 부인하지 못한다. 그러므로 더욱더 노력하여 아무 것도 없는 가운데 오직 화두 의심만이 홀로 있는 그런 경지로 나아가야 한다고 굳게 다짐하였다. 그리하여 화두 의심이 순일(純一)하게 지속되면 어느 순간인가 툭 터지는 날이 올 것이다. 한 소식 얻는 날이 올 것이다. 물론 그 전까지 화두 참선을 할 때 큰스님들의 지도를 받기 위해 노력해야 한다. 홀로 가는 화두참선의 길! 이것은 위험한 방법이며 잘못하면 다른 길로 빠지기 쉬우므로 항상 조심해야 하는 것이다.

여하튼 이와 같이 화두 의심이 홀로 나타나면 나의 생각은 앞뒤로 꽉 막혀 버린다. 나의 생각이 무엇을 품을 것이 없으며 어디에 기댈 데도 없다. 아무 것도 없이 오직 의심뿐이다. 백 척(百尺)이나 되는 대나무 꼭대기에 홀로 서 있는 꼴이다. 선지식(善知識)들은 여기에서도 한 걸음을 더 나아가야 한 소식을 얻을 수 있다 하였다. 그러니 그곳까지 나아가려면 아직은 머나먼 길이다.

그러나 대장부라면 여러 어려움이 있더라도 앞으로 나아가야 한다. 그리하여 처음에 목적한 바를 달성하고야 말 것이다. 그리고 그것은 가능하리라 확신하고 있다. 만약에 나를 극복할 수 있다면 나는 나를 볼 수 있을 것이다.

물론 그 극복의 길은 평탄하지는 않을 것이다. 아마도 뼈에 사무치는 외로움과 골수까지 스며드는 두려움도 있을 것이다. 출가한 수행자들은 하루 세끼 밥 먹고 쉬는 시간 빼고는 화두 참선을 한다. 아니 쉬는 시간도 없다. 밥 먹고 똥 싸는 일 빼고는 화두 참선하는 시간이다. 그것도 하루 이틀이 아니고 살아 있음과 죽음을 모두 극복하여 나를 깨칠 때까지 나의 모든 힘을 기울인다.

여기서의 외로움이란 친구가 없어서 애인이 없어서 혹은 부모님이 없어서 느끼는 외로움이 아니다. 우주의 끝에서부터 시작된 외로움이 온 우주를 휘감고서 그 외로움의 기운을 모두 나에게 뿜어댄다. 태초의 우주 공간의 외로움도 모두 훑고 우주의 종말의 외로움까지 모두 싸잡은 외로움의 기운을 나에게 몰아친다. 나는 그것을 이겨야 하는 것이다. 두려움도 무슨 대상이 있어서 두려운 것이 아니다. 드라큘라가 있거나 호랑이가 나타나서 두려운 것이 아니고 나의 전생에서부터 나의 무의식에 쌓여 있던 그 모든 두려움이 아무런 원인 없이 나에게 몰려 닥쳐 오는 것이다. 그것은 죽음의 두려움보다 더한 것이고 죽음의 외로움보다 더한 일인 것이다.

나는 선방을 향하면서 이번만큼은 화두만이 홀로 빛나는 상태, 즉 화두독로(話頭獨露)를 꼭 이루어야겠다고 다짐했다. 화두독로(話頭獨露)가 계속적으로 이어지면 머지 않아 자신의 자성을 보는 때가 있으리라고 선지식들은 여러 번 강조하였던 것이다.

경허성우(鏡虛惺牛) 대선사(大禪師)는 다음과 같이 참선곡(參禪曲)을 지었다.

> 홀연히 생각하니 도시몽중(都是夢中)이로다(도무지 꿈 속의 일이로다)
> 천만고 영웅호걸(英雄豪傑) 북망산(北邙山) 무덤이요
> 부귀문장(富貴文章) 쓸데없다 황천객을 면할소냐
> 오호라 나의 몸이 풀잎 끝에 이슬이요
> 바람 속의 등불이라 삼계대사(三界大師) 부처님이
> 정녕(丁寧)히 이르사대 마음 깨쳐 성불(成佛)하여
> 생사윤회 영단(永斷)하고(영원히 끊고)
> 불생불멸(不生不滅) 저 국토(國土)에
> 상락아정(常樂我淨) 무위도(無爲道)를 사람마다 다하기를
> 팔만장경(八萬藏經) 유전(遺傳)하니(법문을 전했으니)

사람 되어 못 닦으면

다시 공부 어려우니 나도 어서 닦아보세

닦는 길을 말하려면 허다히 많건마는

대강 추려 적어보세 앉고 서고 보고 듣고

착의끽반(着衣喫飯=옷을 입고 밥먹는 것)

대인접어(對人接語=사람을 만나고 함께 말을 하는 것)

일체처(一切處) 일체시(一切時)에

소소영령(昭昭靈靈) 지각(知覺)하는 이것이 어떤겐고

몸뚱이는 송장이요 망상번뇌(妄想煩惱) 본공(本空)하고

천진면목(天眞面目) 나의 부처

보고 듣고 앉고 눕고 잠도 자고 일도 하고

눈 한 번 깜짝할새 천리만리 다녀오고

허다한 신통묘용(神通妙用) 분명한 나의 마음 어떻게 생겼는고

의심하고 의심하되 고양이가 쥐잡듯이

주린 사람 밥 찾듯이 목마른 이 물 찾듯이

육칠십 늙은 과부 자식을 잃은 후에 자식생각 간절하듯이

생각생각 잊지 말고 깊이깊이 궁구하되

일념만년(一念萬年) 되게 하여

폐침망찬(廢寢忘餐)할 지경에 대오하기 가깝도다

홀연히 깨달으면 본래 생긴 나의 부처

천진면목(天眞面目) 절묘하다

아미타불 이 아니며 석가여래 이 아닌가

젊도 않고 늙도 않고

크도 않고 작도 않고

본래 생긴 자기영광(自己靈光)
개천개지(蓋天蓋地) 이러하고
열반진락(涅槃眞樂) 가이없다
지옥천당 본공(本空)하고 생사윤회 본래 없다
선지식(善知識)을 찾아가서 요연(了然)히 인가(印可) 맞아
다시 의심 없앤 후에 세상만사 망각(忘却)하고
수연방광(隨緣放曠) 지내가되(=인연따라 자유롭게 떠돎)
빈배같이 떠돌면서
유연중생(有緣衆生=인연 있는 중생) 제도(濟度)하면
보불은덕(報佛恩德) 이 아닌가
일체계행(一切戒行) 지켜가면 천당인간(天堂人間) 수복(壽福)하고
대원력을 발(發)하여서 항수불학(恒隨佛學) 생각하고
동체대비(同體大悲) 마음먹어 빈병걸인(貧病乞人) 괄세 말고
오온색신(五蘊色身) 생각하되 거품같이 관(觀)을 하고
바깥으로 역순경계(逆順境界) 몽중(夢中)으로 생각하여
희로심(喜怒心)을 내지 말고
허령(虛靈)한 나의 마음 허공(虛空)과 같은 줄로
진실(眞實)히 생각하여
팔풍오욕(八風五慾) 일체경계(一切境界) 부동(不動)한 이 마음을
태산(泰山)같이 써나가세
허튼 소리 우스개로 이날 저날 헛보내고
늙는 줄을 망각(忘却)하니 무슨 공부(工夫) 하여볼까
죽을 제 고통 중(苦痛中)에 후회한들 무엇하리
사지백절(四肢百節) 오려내고 머리골을 쪼개는 듯

오장육부(五臟六腑) 짜는 중에 앞 길이 캄캄하니
한심참혹(寒心慘酷) 내 노릇이 이럴 줄을 뉘가 알고
저 지옥(地獄)과 저 축생(畜生)에
나의 신세 참혹하다
백천만겁(百千萬劫) 차타하여 (다 놓쳐 버리고)
다시 인신(人身) 망연하다
참선(參禪)잘한 저 도인은 앉아 죽고 서서 죽고
앓도 않고 선탈(蟬脫)하며 오래 살고 곧 죽기를 제맘대로 자재하며
황하사수(恒河沙數) 신통묘용(神通妙用) 임의(任意) 쾌락(快樂) 자재(自在)하니
아무쪼록 이 세상에 눈코를 쥐어 뜯고 부지런히 하여 보세
오늘 내일 가는 것이 죽을 날이 당도하니
푸줏간에 가는 소가 자욱자욱 사지(死地)로세
이전 사람 참선(參禪)할제 마디그늘(=寸陰) 아꼈거늘
나는 어이 방일(放逸)하며
이전 사람 참선할제 잠오는 것 성화하여
송곳으로 찔렀거든 나는 어이 방일하며
이전 사람 참선할제 하루해가 가게 되면
다리 뻗고 울었거늘 나는 어이 방일한고
무명업식(無明業識) 독한 술에 혼혼불각(昏昏不覺) 지내가니
오호라 슬프도다 타일러도 아니 듣고
꾸짖어도 조심 않고 심상히 지내가니
희미한 이 마음을 어이하여 인도할고
쓸데 없는 탐심진심(貪心瞋心) 공연히 일으키고

쓸데 없는 허다분별(許多分別) 날마다 분요(紛繞)하니

우습도다 나의 지혜 누구를 한탄할고

지각(知覺) 없는 저 나비가 불빛을 탐(貪)하여서

저 죽을 줄 모르도다

내 마음을 못 닦으면

여간계행(如干戒行) 소분복덕(小分福德) 도무지 허사로세

오호라 한심하다 이 글을 자세 보아

하루도 열두 시며 밤으로도 조금 자고

부지런히 공부하소 이 노래를 깊이 믿어

책상 위에 펴어 놓고 시시때때 경책(警策)하소

할말을 다하려면 해묵사이부진(海墨寫而不盡=바닷물로 먹을 삼아 글을 써도 다하지 못함)이라

이만 적고 그치오니 부디부디 깊이 아소

다시 할 말 있사오나 돌장승이 아이 나면

그 때에 말하리라.

나의 느끼는 점 (1)

　참선을 한다고 하여서 무엇을 특별히 새로이 얻어지는 것이 있거나 새로운 사실을 알게 되는 것은 없다. 그러나 매사를 새로운 시각에서 바라볼 수 있는 능력은 생기는 것 같다. 말하자면 관점이 달라지거나 가치관이 좀 새로워진다고 하는 면은 있다. 물론 나의 경우에 그렇다는 말이다.
　그래서 나는 한 때 나의 친구와의 대화 도중 이렇게 말한 적이 있다. 그 친구는 나에게 물어보았다. "참선을 하게 되니까 무엇을 알게 되더냐?"고. 나는 그 친구에게 이렇게 대답하였다.
　참선을 하니까 나에게 가장 가까이 있는 것이 무엇인지 알게 되었다. 나에게 가장 가까이 있는 것은 나의 옷도 나의 이불도 나의 집도 아니고 나의 책상도 아니고 나의 친구도 아니다. 돈도 아니고 책도 아니었다. 나에게 가장 가까이 있는 것은 나의 아버님과 나의 마누라와 아들 딸이다. 그 다음에 나의 친척과 이웃과 친구가 그 다음 가까이 있더라. 그 다음에 나의 직장의 직원들이 가까이 있었고 그 다음에는 사회가 있고 국가가 있고 전 세계가 있다는 것을 알 수 있었다.
　그런데 일반인들은 그렇게 생각하지 않는다. 그들은 자신과 제일 가까이 있는 것은 집이거나 책상이거나 장농이 자신과 제일 가까이 있다고 생각한다. 그렇기 때문에 큰 집으로 이사가려고 하고 푹신한 침대에서 자려고 한다. 그러나 이것은 잘못된 것이다. 왜냐하면 집이니 침대니 하는 것은 금방 사라져 없어지는 것이지만 마누라와 나의 식구들과의 관계는 영원한 것이기 때문이다.

이런 생각이 드는 것은 무엇을 새로이 연구한 것도 아니지만 자연스럽게 느껴지는 점이 그렇다는 말이다. 무엇 하나 새로운 것은 없지만 새로운 시각이라고 말할 수 있지 않나 한다. 도시생활을 하는 소시민으로서는 으레 너무나 당연한 사실이지만 혹시 평소에 이런 점은 많은 사람이 소홀히 하지 않나 한다.

또 하나 매사에 무슨 일이 생기건 이것은 과거에 내가 흔히 겪으면서 지냈던 일이라는 생각이 든다. 회사에서 나의 능력을 발휘하여 좋은 실적을 올렸거나 또 그래서 월급여(月給與)가 인상되거나 혹은 그 즐거운 마음으로 저녁 식사를 동료들과 함께하거나 그것은 과거에 내가 흔히 겪으면서 즐거워했던 일이다. 과거에 성적이 올라서 좋아했고, 돈을 벌기 시작했을 때 좋아했고, 남에게 칭찬을 들으면 좋아했다. 그러므로 매번 그 일이 그 일이므로 좋으면 좋았지 그만 그 즐거움에 몰두할 필요는 없는 것이다. 왜냐하면 몰두한다는 것은 한 귀퉁이로 빠지는 것이기 때문이다. 그리고 이렇게 한 귀퉁이로 빠지게 되면 다른 넓은 세계를 잊어버리기 때문이다. 이것은 자아의 상실이요, 자아의 망각이다. 자신의 본 모습을 잃어버리는 것이고 자신의 마음의 고향을 떠나버리는 일이다.

슬프거나 두려움 등도 마찬가지이다. 슬픈 일은 과거에도 얼마든지 있어 왔던 일이다. 두려움도 과거에 유사한 상황에서 많이 느꼈던 일인데, 실제적으로 보면 별로 두려운 일도 아니었다. 예를 들어 어릴 적에는 밤에 화장실 가는 것을 두려워하지만 어른이 되어서는 그깐 일로 두려움을 느끼지는 않는다. 그래서 어느 스님은 득도한 후에 인간의 마음의 감정이 마치 허공에서 꽃이 떨어진다고 비유한 적이 있는데 슬픔이나 두려움 등의 감정도 뿌리 없는 꽃이므로 그 실체가 없는 것이라는 생각이 든다. 나의 작은 소견으로도 매 시각 시각마다 이 우주에는 무한히 많은 일이 일어나므로 슬픈 일도 생길 수 있고 또 기쁜 일도 생긴다. 그러므로 바깥 일에 일희일비(一喜一悲)하다가는 자신도 모르게 자신의 본 모습을 망각하게 되는 것이다. 그러므로 수행자들은 바깥에서 무슨 일이 생기거나 그것은 모두 자신의 마음 속에 있었던 일이므로 크게 기쁠 일도 없고 크게 슬플 일도 없다. 어떤 힘든 일이 생겨도 별로 크게 당황하지도 않는다.

그 이유는 왜냐하면 수행자들은 이 넓은 우주를 자신의 마음의 집으로 여기기 때문이다. 비록 몸은 좁은 방에서 힘들게 다리를 틀고 몸을 꼿꼿하게 세운 채로 힘들게 참선을 하고 있지만 그의 본래적인 마음의 자리는 넓은 우주에 꽉 차 있다. 비록 먹는 것도 입고 있는 것도 시원치 않지만 그는 자신의 호호탕탕(浩浩蕩蕩)한 본래 모습을 찾고 있다. 곁에서 보기에는 답답하고 안쓰립게 보이지만 그의 미음은 행복으로 충만한 것이다. 그러므로 직장에서는 직장인으로 가정에서는 가장으로 학교에서는 학생으로 일반인들은 생활하지만 수행자들은 몸은 한 구석에 있어도 우주를 무대로 살아간다. 이렇게 우주를 무대로 살아가면 기쁠 일도 슬플 일도 사랑도 증오도 없는 것이다.

예를 들어서 슬프거나 기쁘거나 애증(愛憎)의 감정이 북받쳐 오를 때, 혹은 무안한 일을 당했을 때, 계곡 물 졸졸 흐르는 산기슭의 그늘에서 한 송이의 국화꽃을 바라보거나, 돌부리를 스치고 지나가는 물 소리 바람 소리를 한 번 들어 보자. 슬픈 것은 슬픈 일에 대해서 슬픈 것이고, 애증도 인간을 대상으로 애증의 감정이 있는 것이고, 창피한 것도 다른 사람에 대해 창피함을 느끼는 것이다. 국화꽃 앞에서 바람소리 앞에서 창피하거나 슬플 일이 무엇이 있나. 바람소리, 물소리 앞에서는 아무런 기쁨도 즐거움도 없는 것이다. 어떤 일을 당하더라도 자신의 입장에서 최선을 다하면 그 일은 순조롭게 풀리고 해결되는 것이다.

　최선을 다한다는 것은 어떤 일이 있더라도 다른 사람에 대해서 애증(愛憎)을 지니거나 증오하거나 원결(怨結)을 짓지 말라는 점이다. 어떠한 상황이든 그 상황은 곧 끝나지만 애증이나 원결은 죽어서까지 혹은 내생에까지 이어지기 때문이다. 그러나 여하한 상황에서도 애증과 원결을 짓지 않는 것은 어지간한 수행의 경력이 없으면 되지 않는다.

　애증과 원결이 돈 꿔가서 안 갚거나 혹은 상대방이 나에게 욕을 하거나 하는 경우에만 생기는 것이 아니다. 인간은 일 찰나에 수백 가지 생각을 하므로 애증과 원결도 일 찰나에 여러 가지가 발생할 수 있다. 그리고 일반인들은 그렇게 애증과 원결이 발생했는지도 모른다. 아마 알 수만 있다면 조절할 수도 있을 것이다. 또 모르기 때문에 애증과 원망이 자신의 본마음인 줄로 착각하게 된다. 그러나 순식간에 망상과 번뇌가 발생하여 원결이 생기는 것이고 그것은 자신도 모르게 자신과 상대방의 일생에 커다란 영향을 미치는 것이다.

　왜 그러한 것이냐를 생각해 보면 이렇다. 화두 참선을 많이 해 본 사람이라면 자연스럽게 느껴질 수 있는 것이다. 사실은 내가, 혹은 당신이 지금 무슨 생각을 하든지 간에 그 생각에는 이 넓고 넓은 우주가 마치 가지나 호박이 매달려 있듯이 그 생각에 대롱대롱 매달려 있는 것이다. 생각 하나하나마다에 온 우주가 달려 있다. 그러므로 그 생각은 이 전 우주를 삼켜 버릴 만한 힘을 지니고 있는 것이다. 그러므로 무슨 생각을 하든 그 찰나에 이 전 우주는 그 생각의 빛깔로 순식간에 채색된다.

그런데 수행하지 않은 사람은 이 사실을 모른다. 그러니까 아무렇게나 생각한다. 행동이 중요하지 그까짓 생각은 아무렇게나 해도 된다고 마음먹는 것이다. 그러므로 자신이 자신의 생각의 함정에 빠지기도 하고 자신의 생각의 업(業)에 함몰되어서 헤어나지를 못하는 것이다. 그 반대로 수행자들은 생각 하나하나가 전 우주의 힘이 실려 있다는 것을 알고 있으므로 함부로 생각하지 않는다. 그의 마음이나 생각은 신중하다. 그러므로 그의 마음을 꺾을 수가 없다. 그가 한 번 먹은 마음에는 이 우주가 그 뒤를 떠받쳐서 그대로 움직여 준다. 그러므로 그에게는 업(業)이 없다.

주장자 소리

언젠가 나의 지기(知己)와 이런 대화를 나눈 적이 있다.

그 친구가 나에게 질문을 던져 왔다. "왜 스님들은 주장자로 법상을 한 번 탁 치고 여기에 도(道)가 있다고 말하기도 하고 혹은 손가락 하나를 내보이면서 여기에 도(道)가 있다고 말하는가?"

나는 그 친구에게 말하였다. "그것은 나도 잘 모른다. 다만 나는 한 가지 힌트를 던질 수는 있다. 그것은 무엇이냐 하면 주장자 소리와 손가락 하나에는 인간의 감정은 없지 않느냐. 손가락과 주장자에 무슨 사랑이 있냐, 증오가 있냐, 갈등이 있냐, 혹은 슬픔과 괴로움이 있냐, 좋음과 싫음이 있냐. 거기에는 인간의 감정은 없다. 그렇다면 인간의 감정을 떠난 것이 아니겠느냐."라고 대답한 적이 있다.

수행자들과 일반인들은 겉으로 보기에는 전혀 다른 바가 없다. 아침에 일어나서 아침밥 먹는 것도 같고 하루 삼시(三時) 세끼 밥 먹는 것이 동일하다. 잠자는 것도 같고 용변 보는 것도 같다. 수행자라고 사람을 안 만나는 것도 아니고 사람과 대화를 나누는 모습도 동일하다. 걷는 모습도 똑 같다.

그러나 그렇게 생활 모습은 동일하더라도 그 내면의 세계는 사뭇 다르다. 우선 직장에 출근을 한다. 그러면 동료들도 있고 부하 직원도 있고 같은 부서의 상사도 있다. 그들과 대화를 나누기도 하고 자신만의 일을 하기도 한다. 대부분은 즐거운 직장 생활이 되고 업무도 자신의 적성에 맞으므로 차분하면서도 기쁜 마음으로 업무 처리를 하겠지만, 문제는 항상 그런 것만은 아니라는 데 있다. 어떤 사람과는 즐거운 대화를 나누다가도 갑자기 별로 안 좋은 감정이 생기기도 하고 혹은 처음부터 만나서 대화하는 것이 편한 사람이 있고 불편한 사람이 있다. 인간이란 같은 공간에서 생활하다 보면 갈등이 생기는 경우가 많다. 그런 경우에는 같이 업무 처리를 하면서도 서로의 말에 감정이 숨겨져 있고 칼날이 말 속에 있다. 혹은 한 사람과 갈등 관계에 놓이기도 하고 가끔은 여러 명과 갈등 관계에 놓인다.

그런데 미처 일반인들이 인식하지 못하고 있는 문제는 사실은 자신의 능력이 무한정이라는 사실이다. 예컨대 한 사람과 갈등 관계에 놓여 있어서 질투하거나 증오할 때 이미 상대방은 질투와 증오의 에너지를 받아서 그 때부터 혹은 그 이후에 그의 인생은 조금씩 혹은 한꺼번에 많이 무너진다는 것이다. 갑자기 자기 자신이 아프게 되거나 자신의 가족 중에서 누군가 예상치 못했던 병을 앓을 때, 이를 바이러스(virus)나 세균 감염으로만 생각하지는 말라는 말이 된다. 그 질병에는, 혹은 그 바이러스나 세균에는 과거에 있었던 증오의 에너지가 묻어 있다. 그 증오의 에너지로 인하여 힘을 얻어서 활성화된 세균이 인체에 침입하여 질병이 된 것이다. 혹은 이미 침투하여 있던 바이러스가 증오의 에너지로 인해 인간의 방어 기전이 약화됨에 따라 활성화되어 질병으로 연결된 것이다. 이렇게 생각해 볼 필요가 있다는 말이다.

물론 모든 증오나 원결(怨結)이 꼭 질병으로만 이어지는 것은 아니다. 갑자기 잘 나가던 사업이 하루아침에 무너진다. 그래서 갑자기 가산을 탕진하게 되고 아주 힘든 처지에 떨어지게 된다. 그런데 질병도 그렇고 사업 부도도 마찬가지이다. 한 번 무너지면 여간해서는 그것을 복구하기가 힘든 것이다. 장기간의 세월과 각고의 노력이 필요한 것이다. 그러므로 인간의 능력은 무한대로 큰 것이므로 마음 씀씀이를 함부로 해서는 안 되는 것이다.

내가 상대방을 증오하면 상대도 나에게 안 좋은 감정이 생기게 되고 이윽고 상대방도 나에게 증오의 감정의 에너지를 발산한다. 그러면 상대방도 무한하게 넓은 마음이 있고 그 마음의 능력의 화력은 역시 대단한 것이다. 그러므로 나에게 어느 정도 상해를 가져다 준다. 그렇지만 나는 참선 수행을 많이 하였던 관계로 그의 감정의 화살을 곧바로 느낄 수가 있다. 그러므로 이에 적절히 대처를 한다. 그 대처하는 방법은 나의 마음을 잠재의식의 내면세계 깊이 투과하여서 그와의 관계를 편안하게 되게끔 노력하는 것이다. 혹은 기도를 하거나 혹은 참선을 한다. 그러면 마음의 깊은 내면세계는 서로 통하게 되므로 속에서는 이미 화해가 된다. 그렇게 되면 그의 화살의 화력은 이미 약화되어 있다.

이와 같이 마음에 맞는 동료가 있거나 서로가 편한 관계일 때에는 별 문제가 안 되지만 서로 불편한 상태일 때에는 서로가 서로에게 대포를 쏜다. 상대에게 폭탄을 투하하고 자기 자신이 폭탄의 피해를 입는다. 그러므로 직장에 출근하면서부터 이미 서로 폭탄 세례를 주고 받는다. 그러면서도 서로 그것이 폭탄인지도 모르고 그 폭탄의 후유증이 평생 간다는 것도 모른다. 퇴근해서 집에 오면 만사가 해결되는 것으로 생각하지만 자신은 수없이 많은 폭탄 세례를 맞은 상태이다. 혹은 회사를 퇴직하고 그런 사람과 안 만나면 되지 않느냐 하지만 안타깝게도 그 후유증은 업(業)이 되어 평생 동안 지속된다. 물론 본인 스스로는 그것을 전혀 생각조차 못하겠지만….

어떤 동료는 업무 실적이 갑자기 좋아졌다. 외국 바이어가 갑자기 예상보다 고가의 금액도 아랑곳 않고 제품을 매입하겠다고 하여 사장으로부터 칭찬 듣고 급여가 인상되었다. 그러면 그 친구가 몹시 부럽다. 나뿐만 아니라 모든 사람이 주위에서 부러워한다. 칭찬도 받고 시샘도 받는다. 여기까지는 좋은데 그 다음이 문제이다. 그 동료의 마음이 '오늘은 실적을 올려서 기분이 좋다.' 하면서 넘어가면 다행인데, 혹시 '다른 사람들이 이렇게 부러워하니까 나는 참으로 행복하다.' 라고까지 진전되면 좀 곤란한 일이다. 왜냐하면 행복하다고까지 생각하는 것은 착각이기 때문이다. 만약에 그것이 행복이라고 생각되면 그는 그것을 구하기 위해 열심히 노력한다. 그런데 사람이 매번 모든 일이 잘 되는 것은 아니다. 그러므로 결국에는 실망과 좌절이 따를 뿐인 것이다. 시간과 공간을 넓게 보고 생각해야지 너무 한 장소, 너무 현재의 시각에만 국한시켜 생각하지 말자는 말이다.

요즘 청소년들의 분위기에서 인기 스타나 스포츠 스타에 열광할 때, 조금 말리고 싶은 생각이 든다. 왜냐하면 그런 행동은 스타 자신에게 행복하다는 생각이 들게끔 마련이고 그는 따라서 그런 행복을 계속 유지하고자 한다. 그런데 뜻대로 안 되서 금방 인기가 떨어지거나, 혹은 당분간은 인기가 유지되더라도 언제인가는 인기가 떨어질텐데, 그 때에는 실망과 좌절만 안겨 줄 뿐이다. 또 청소년 자신들도 인기가 행복이라는 착각이 자꾸 생긴다. 따라서 이런 경우에는 스타에게도 불행이고 청소년에게도 별로 좋지 않다.

사실 대기업이 회사를 자꾸 세우거나 혹은 외국에 진출하여 좋은 성과를 올리더라도 그것이 마음의 세계에서는 땅 파먹고 사는 땅강아지가 조금 자신의 영역을 넓힌 것밖에 안 된다. 우리 집 앞마당 땅만 파먹고 살던 땅강아지가 이웃집 땅도 파헤치기 시작했을 때, 아마 회사의 회장이 느끼는 감정과 땅강아지가 느끼는 감정이 똑같을 것이다. 땅강아지가 이웃집 땅속을 뚫고 드디어 이웃집 마당 위로 얼굴을 내밀었을 때, 그는 얼마나 행복하고 희망에 넘치고 승리감에 충만해 있겠는가. 회사에서 좋은 실적을 올리는 것이나 인기가 좋은 것도 개울 가의 청개구리가 파리를 하나씩 잡아먹다가 언제인가 갑자기 한꺼번에 두 마리를 잡아먹은 것과 똑 같다. 아마 스타가 느끼는 감정이나 정서도 그 청개구리가 느끼는 그것과 전혀 다름이 없을 것이다. 수행자가 보기에는 두 가지가 똑같이 보이고 달리 보이지 않는다. 만약에 두 가지가 달리 보인다면 수행자가 무엇 때문에 수행을 하겠는가. 그도 아마 회사를 차리려고 노력하거나 혹은 스타가 되기 위해 노력했을 것이다.

직장 일이나 회사 일 이야기는 그만하고 퇴근 후에 아는 사람들과 저녁식사를 같이 하기도 하고 혹은 술자리도 같이 한다. 그런데 대부분의 경우에는 이럴 때에도 서로 대포알을 주고받는 때가 많다. 만약 자신의 입장만을 상대방에게 주입시키려 애쓰거나 혹은 상대방을 서로 견제하려 하거나 혹은 상대를 무시하거나 골탕을 먹이려고 할 때, 그것은 서로 대포 포탄을 주고받는 일이다. 자신의 업(業)이 되고 그 후유증은 예상 외로 오래가고 만약에 그것이 마음 속에 새겨지면 그리고 그것은 내생(來生)에까지 이어진다. 대포 포탄은 한 번 터지면 전 우주가 상처를 입으며 그 상흔은 영원히 복구되지 않는다.

이와 같이 일반인들의 하루하루는 착각 속에서 이어지지만 수행자들은 그렇지 않은 것이다. 마치 주장자 소리처럼, 바람소리·물소리처럼 사는 것이다.

내가 느낀 점 (2)
- 마음과 마음의 관계 -

참선 수행을 함으로써 중간에 자기 자신의 감정과 만난다. 왜냐하면 자신의 감정의 세계를 투과하여야 하기 때문이다. 자신의 감정의 세계를 투과하면서 자신에게 그 동안 누적되어 있던 감정이나 정서(情緖)나 희로애락(喜怒哀樂) 등과 만나는 때가 있다.

그러나 대체로 참선이 순조롭게 되어지는 경우에는 성격이 명랑해지는 것을 느끼게 된다. 그 명랑함이라는 것은 돈이 생겨서 명랑한 것도 아니고 아프던 것이 나아서 그리 되는 것이 아니다. 근원(根源)이 없는 명랑함, 옆에서 무슨 일이 생겨도 명랑할 수 있는 그런 것이다. 그래서 나는 안 사람으로부터 성격이 매우 명랑해졌다는 말을 들은 적이 있다.

그러나 명랑함만 있는 것은 아니다. 나는 참선 도중에 나의 마음에 잠재해 있는 분노와 만나야 했다. 어릴 때부터 느껴왔던 어려움에 대한 분노, 아마도 전생에서부터 쌓여 왔을 분노였다. 해일처럼 밀려오는 분노의 파도는 정말 대단한 것이었다. 어떤 경우에는, 물론 드문 경우이지만, 선방을 나와서 집으로 향하는 길에까지 그리고 그 후에도 한동안 그 분노는 지속되었다.

그런데 그 분노가 정복될 줄은 정말 꿈에도 몰랐다. 내가 참선을 하면서 만나게 되는 분노는 나의 화두로 인하여 점점 그 힘을 잃어버리게 되었으며 그 때문에 마지막 발악을 하는 것이었다. 그런 분노의 발악이 있은 후에 나는 나의 식구를 포함하여 주위에서부터 성격이 많이 순화되었다는 말을 많이 들었다.

그리고 그렇게 내 성격이 순화되면서 나에게는 또 하나의 변화가 생겨났다. 그것은 하는 일이 순조롭고 편안하게 해결이 되는 것이었다. 그 당시에 나는 사회생활에서 약간의 경제적 어려움을 겪고 있었는데 상당히 곤란한 상태였으나 자연스럽게 그리고 우연히 해결이 되었다. 이렇게 나의 현실적 어려움이 해결된 것은 우연의 결과이고 자신의 노력의 결과이지 참선과 무슨 관련이 있느냐고 생각할 수도 있다. 그러나 나는 내가 참선을 했기 때문에 그것을 해결할 수 있는 길이 열렸다고 생각한다. 그 증거를 대보라고 하면 증거는 없다. 하지만 그 당시에 나는 나의 가치관이 변화되고 사물을 바라보는 시각이 바뀌면서 해결 방안을 찾을 수 있었다고 생각한다. 나는 그 때부터 지금까지 이것을 부처님의 가피를 입었다고 생각하고 있다.

여하튼 이렇게 현실적 어려움이 타개되면서 나의 분노의 감정이 소멸됐는지, 혹은 분노가 없어짐으로써 나의 현실이 개선되었는지 그 인과관계를 분석적으로 밝힐 수는 없다. 하지만 나는 나의 분노가 가라앉으면서 나의 현실이 개선되고 나를 둘러싸고 있던 환경이 개선되었다고 생각한다. 왜냐하면 보이지 않는 나의 분노가 혹은 나의 감정이 현실에서 구체적으로 어떻게 작용하는지는 참선을 해본 사람만이 알 수 있다.

나의 분노는, 혹은 나의 노여움은 - 이것은 내가 느꼈던 감정이고 다른 사람은 다른 감정이 있을 것이다. 다만 내가 말하는 감정이란 순간적인 것이 아니고, 전생을 포함하여 세세생생(世世生生)에 걸쳐서 누적된 것이다. - 내 주변 환경에, 주변 상황에, 주변의 사람들에게 덕지덕지 묻어 있다. 포도송이 하나하나마다 알맹이를 둘러싼 껍질이 있듯이 나는 이 우주에다 이 분노를 처발라 놓고 색칠해 놓았었다. 그러니 전부 보이는 것이라고는 분노뿐이다. 어느 누구를 만나거나 어느 상황에 처하거나 나의 분노는 속에서 하염없이 피어 올랐다.

그러므로 내가 싸발라 놓았던 껍질이 벗겨지면 모든 사물이나 현상이 제 모습, 본 모습이 보이는 것이다. 그러니 여지껏 나의 눈을 덮고 있었던 분노와 감정의 껍질을 벗고 아름다운 본래의 모습을 보는 것이다. 그러므로 여지껏 보지 못하던 것이 보이고 느끼지 못했던 것을 느끼게 된다. 따라서 당황하거나 자신이 감당할 수 없는 문제가 발생했을 때에도 그 해결의 실마리가 보이게 되는 것이다. 어느 방향으로 가더라도 문제를 해결할 수 있는 방법이 보이지 않을 때에도 수행자들은 그 문제의 해법이 보인다. 왜냐하면 수행을 통해서 지혜(智慧)가 밝아지기 때문이다.

그 지혜(智慧)라고 하는 것이 여러 가지가 있겠지만 경험에 비추어 보자면 어떤 사물이나 현상에 대하여 그 인과관계를 종합적으로 그려 볼 수 있는 힘이 생기는 것으로 생각한다. 어떠한 현상이든 그 현상은 전후 관계가 있는 것이다. 예를 들어서 어떠한 사람이 돈을 많이 번다고 했을 때에도 그 원인과 결과를 그려 볼 수가 있다. 자신이 힘들여 노력해서 벌어들인 돈이라면 그 사람은 돈의 귀중함을 알고 있을 것이므로 그 후에도 그는 돈을 아끼고 절약할 것이다. 그는 자식 교육도 돈으로 시키려고 하는 무모한 생각을 지니지는 않을 것이다.

부모의 유산을 많이 물려 받아서 돈이 많다고 했을 때에도 만약 그 사람의 정신이 제대로 박혔다면 정도(正道)로 나아가서 올바른 방향으로 돈을 사용하고 절약하여 계속 넉넉한 생활을 할 수 있다. 만약에 술과 여자를 밝히거나 노름에 빠져 든다면 그의 향후 앞날은 피곤할 것이다. 만약에 형제간의 다툼을 통해서 혼자 부모 재산을 독식했다면 그의 앞길에는 형제간의 원망의 마음이 작용한다. 그러므로 그의 앞길이 순조롭다고 말하긴 힘들 것이다. 만약에 부모에게 효도하는 사람이라면 그의 앞길은 비록 순간적으로 어렵더라도 그가 계속 선한 마음만 지녀간다면 그의 미래에는 어려움은 극복될 것이다. 왜냐하면 그의 부모의 고마워하는 마음이 그의 앞길에 작용하기 때문이다.

이러한 인과관계, 즉 이런 원인이 있으므로 그에 따르는 결과가 있고 저런 원인이 있으므로 그에 따르는 결과가 생기는 그 전후 사정을 어느 정도 알 수 있기 때문에 선택의 기로에서 방황하는 일이 없다. 그런데 수행하지 않는 사람들에게는 이런 전후의 결과가 보이지 않는다. 그것은 무슨 이유 때문일까. 나의 경험에 비추어 보자면 다른 무엇보다도 이익을 얻으려는 욕심, 항상 이기려고 하는 마음, 항상 남보다 뛰어나려는 마음 등이 있어서 진실이 가려서 안 보이게 되는 경우가 많다.

왜냐하면 어릴 때부터의 몸에 배어 있는 마음의 습관이 항상 그러하였기 때문이다. 자신이 그런 바람직하지 않은 마음이 있다는 사실조차 느끼지 못하는 경우가 허다하다. 이익을 얻으려면 그럴 만한 충분한 이유가 있어야 그렇게 되는 것이고, 남보다 승리하거나 이익을 보려는 것도 충분한 이유, 즉 합리적인 노력이 있어야 하고 여러 사정이 그에 맞게 돌아가야 한다. 그렇지도 않은데 억지로 상황을 자신에게 유리하게 이끌려고 하니 어려움과 곤란뿐인 것이다. 상황에 따라서는 자신이 패자가 될 수도 있고 어리석은 사람도 될 수도 있고 손해를 볼 수도 있다. 그럴 때에는 그것을 감수하고 훗날을 도모해야 하는 것이다.

그러므로 수행자들은 어디를 가더라도 자신의 적을 만들지 않는다. 이릴 수는 있다. 자신의 친구가 될 수 없다. 그렇다고 자신의 적을 만들어서는 안 된다. 그런 경우에는 그냥 조금 사이를 두고 지낸다. 이런 경우에는 서로가 적도 아니고 친구도 아니다. 서로 빚 준 것도 없고 빌린 적도 없다. 이렇게 지내면 되는 것이다. 왜 이럴 수밖에 없느냐 하는 이유는, 이렇게 하면 적이 된다, 적이 되면 나의 마음에 피해가 된다, 그러므로 적도 아니고 친구도 아닌 중도를 걷는다라고 하는 논리이다.

또 엄격히 말하자면 수행자에게는 친구가 없다. 왜냐하면 그는 홀로 가는 길을 걷고 있기 때문이다. 수행자에게는 제일 문제가 되는 것이 화두이며 자신의 본 모습이다. 마치 화장실에 가서 자기 대신에 남이 용변을 대신 볼 수 없는 노릇이고 또 죽음으로 가는 길 역시 다른 사람이 대신 갈 수는 없는 노릇이다. 이렇게 홀로 가는 길에 친구라고 하는 것은 그 개념조차도 사실은 수행자에게는 없다.

마음의 교류는 있다. 마치 태평양과 대서양이 있지만 항상 서로 물의 흐름의 교류를 통해서 물이 서로 섞이듯이 마음의 교류는 있다. 하지만 물이 서로 섞인다고 하여도 태평양은 태평양이지 대서양은 아닌 것과 마찬가지로 그에게는 완전한 우정, 완전한 친구는 없다. 사실은 아무리 가까운 사이일지라도 은하계와 다른 또 하나의 은하계가 떨어져 있듯이 인간과 인간은 무한정 떨어져 있는 것이다. 그러므로 수행자는 다른 사람이 자신의 마음을 이해하리라고 기대하지 않는다. 사실 수행자들은 상대방에게서 그 상대방이 누구이건 아무 것도 기대하지 않는다.

또 수행자들은 교류를 하더라도 항상 어떻게 하느냐, 항상 부자고(不自高)이다. 상대방보다 스스로 높다고 하는 적이 없다. 또 한 가지는 무엇이냐 하면 부자굴(不自屈)이다. 스스로 남보다 낮추는 일도 없다. 왜냐하면 모든 사람은 완벽하고 무한정한 자유이기 때문이다.

이와 같이 수행자들은 모든 사람들을 대할 때 모든 자유를 누리고 있고, 또 적도 없고 친구도 없으므로 완벽한 자유이다. 그러면서도 그는 이 세상의 모든 것을 사랑하고, 이 세상의 모든 것이 자신의 마음속에 있고 이 세상의 모든 마음이 자신의 마음이다. 그러므로 그는 어떠한 상황에 처하더라도 두려움이 없는 것이다. 왜냐하면 이 세상의 모든 마음과 모든 신장(神將)과 편안하고 안정된 관계를 유지하고 있기 때문이다. 모든 신장(神將)과 모든 마음이 그를 옹호하기 때문이다.

제3장

다시 점검함

어느 날인가 선방에서 화두의문을 잡고 앉아서
참선에 몰입하고 있을 때였다. 나는 화두를 붙잡고 나의 무의식의
세계를 파고 들어간다. 평소에는 전혀 의식하지 못하고 있던 세계이다.
그 세계를 나는 화두라는 불빛을 늘고 여행하는 것이다…
나는 나의 화두가 진전이 있을수록 나의 탐조등이 점점 밝아지고
멀리 비치는 것을 느낄 수가 있었다. 그리고 언제인가는 그 빛이 더욱
강렬해져서 한 번의 조사(照射)로써 그 대형 우주선을 환히
밝힐 수 있을 것이라는 생각이 들었다.

처음에 선방에 들어갔을 때

내가 처음에 선방(禪房)을 찾은 것은 1994년 봄, 아마 2월 말 3월 초 정도일 것으로 생각된다. 불교를 접하고 공부한 지가 그리 오래 되었던 것은 아니지만 참선, 그 중에서 한국 전통의 화두참선을 해야만 나의 고뇌(苦惱)는 해결되리라고 생각했다. 물론 그런 결론을 내린 것은 나의 성격도 한 몫을 하였을 것이다. 왜냐하면 나는 어릴 적부터 이상하게 전통적인 것이 좋았고 요가(yoga)니, 유교(儒敎)니, 도교(道敎)니 하는 것들을 좋아하였다. 그런 것들을 하면 무엇인가 그럴 듯한 경지에 도달될 것 같은 느낌이 들었다.

그 선방은 '대한불교조계종수선회(大韓佛敎曹溪宗修禪會)'라는 곳인데 안국동 조계사 옆에 위치해 있었다. 평범해 보이는 4층짜리 콘크리트 건물로서 선방은 3층에 있었다. 물론 그 이전에 나는 회원등록이 되어 있었기 때문에 자유로운 출입이 허용되었지만 성격상 좀 쑥스러운 느낌이 들기도 하였고 웬지 서먹한 느낌을 지울 수가 없었다.

선방이라고는 머리털 나고 처음인데 선방 안에는 어떤 사람이 있을까, 선방 분위기는 어떨까, 나보고 선방에 어울리지 않으니 나가라고 하면 어떻게 하나, 등등 지금 생각해 보면 망상(妄想)과 망상(妄想)을 왔다갔다 하면서 오후 2시쯤 선방에 도착하였다.

선방에 들어가 보니 특별한 제한 없이 자유롭게 자리를 잡을 수 있었다. 실내는 한 열 평 남짓한 아늑한 공간으로 가운데를 비워두고 가장자리로 빙 둘러서 참선 방석을 비치해 놓았다. 그 중에 한 자리를 정하여 반가부좌로 정좌를 하고서 앉아 보았다. 이제부터 드디어 말로만 듣던 화두참선을 하는구나. 화두를 잡아보았다 '…이 뭣고…'. 그런데 도무지 화두가 되질 않았다. 도대체 '이 뭣고'가 무슨 뜻인지 알 수 없었다.

주위를 돌아보니 내 키의 어깨 높이 만큼에서 그 위로 창문이 나 있었고 그 창문을 통해서 나의 반대편 쪽으로는 따뜻한 봄 햇살이 비치고 있었다. 이거 괜히 이쪽으로 자리를 정했네, 저쪽 반대편으로 앉았으면 봄 햇살도 쬐면서 참선도 하고 더욱 좋았을 텐데….

그러나 정녕 '이 뭣고'가 무엇인지는 알쏭달쏭했다. 좌우간 나의 본 모습을 깨치기 위해서, 그리고 나의 고뇌에서 벗어나기 위해서 나는 열심히 해야 하는 것이다. 다시 한 번 해보자. '…이 뭣고…'.

그러면서 나는 다시금 결심했다. 지금 선방에 온 지 대략 20~30분 정도 되었다. 그러나 오늘 나는 2시간을 꼼짝 않고 앉아서 참선을 해야 하겠다. 그런 뒤 집에 가기로 마음을 굳게 다짐하였다. 다리가 좀 아프더라도 참으리라. 또 한 번 해보자. '…이 뭣고…'. 그러나 이 이 뭣고 화두는 두 번 세 번까지는 연달아서 할 수 있었으나 그 이상은 연속되지 않았다.

나는 눈을 감은 상태가 아니므로 옆 사람의 동정도 살필 수 있었으며 주위에서 어떤 사람들이 참선을 하고 있는지 궁금하기도 하였다. 대체로 나이는 40세에서 50세 중년층인 것 같았다. 물론 30대 혹은 내 나이 정도의 사람들도 많이 있으리라 생각되었다. 그러나 어찌 된 일인지 20대에는 화두 참선을 하는 사람들이 별로 없으리라고 생각되었다.

시간은 점점 흘러 한 시간 반이 거의 다 되어오는 것을 느낄 수 있었다. 가만히 앉아 있는데 어떻게 그렇게 시간을 알 수 있었는가 하면 눈동자를 약간 옆으로 돌리면 알아볼 수 있는 위치에 시계가 있기 때문이었다. 물론 시간이 지날수록 마음은 답답하여지고 다리도 점점 더 아픈 것 같았다. 왜냐하면 두 시간을 가만히 앉아 있는 것은 마치 초등학생이 복도에서 두손 들고 꼼짝없이 벌을 서는 것처럼 괴로운 일이었다.

나는 이런 생각도 해 보았다. 아마 이런 생각을 한 것은 두 번째인가 세 번째 선방에 들렀을 때의 일이라 생각된다. 내가 어렸을 적 어머니의 품에 안겨서 우리 집 마루를 쳐다 보았을 때, 그 때에도 아늑한 햇살이 우리 집 마루를 비추고 있었다. 그리고 그 때에도 아늑하고 따스했던 햇살이 지금도 똑같은 모습으로 나의 무릎 앞에, 그리고 어머니의 무릎 앞에 쏟아지고 있었다.(두 번째 세 번째 때에는 나는 영락없이 햇살이 비치는 쪽을 선택해서 자리를 잡았다.) 그 때에도 같은 느낌을 받았을까. 해는 참으로 고마운 존재이구나. 그런데 지금 시간은 얼마나 되었을까. 시계를 쳐다 보니 대략 10분 정도만 참으면 두 시간을 채울 수 있을 것 같았다.

다른 사람들을 가만히 보니 꼼짝 않고 앉아 있는 모습인데 나도 그에 못지 않게 잘 앉아 있었으리라 생각되었다. 나는 원래 인내력은 좀 있는 편이었다. 그러므로 나의 참선 수행은 성공적이 아니었나 생각했다. 드디어 두 시간을 채우고 일어서기 직전 마지막으로 '이 뭣고?' 화두를 해보았다. 그리고서는 마침내 두 시간을 채우고 선방을 나서면서 참선을 성공적으로 마쳤다는 데 대해서 나 스스로 만족스런 느낌이 들었다.

처음에 선방에 앉아 있을 때에는 이렇게 시간을 보냈다. 화두를 한 것이 아니고 망상만 피우다가 세월만 보내는 격이었다. 왜냐하면 선방이 어떻게 생겼을까, 내 옆에는 어떤 사람이 앉아 있나, 남자가 많나 여자가 많나, 시간이 지금 몇 시인가, 두 시간을 꼭 채우자, 창문이 있네 없네, 햇살이 비치네 안 비치네 등등이 전부 망상이었다. 뻔질나게 망상만 피운 것이었다.

그렇다면 다시 한 번 점검을 해보자.
머리털 나고 처음인데 선방 안에는 어떤 사람이 있을까, 선방 분위기는 어떨까, 물론 처음 가는 곳이므로 이렇게 궁금해 하는 것이 당연할 것 같지만 그것이 아니다. 벌써 이렇게 궁금하게 생각하는 것이 화두의 본질과는 저만치 떨어져 있는 것이다. 수행자들은 애시당초 이런 궁금증이 없건마는 이왕 이런 망상을 피웠으니 이것을 화두로 돌려 놓아야 한다. 그러면 어떻게 생각해야 하나. 수행자들은 '…이렇게 궁금해하는 이것이 무엇인고…' 하면서 의문을 품어야 한다. 궁금해하는 그 본체가 바로 '나(我)'이므로 그 본체 자리에 대해서 화두의심의 직격탄을 쏘는 것이다.
또 '주위를 돌아보니 창문이 있더라, 따뜻한 햇살이 비치더라' 라고 하는 것도 전부 망상이며 이 망상이 있음으로써 그 다음 망상, 즉 '이 다음에는 햇살이 비치는 쪽으로 앉아야겠다, 옛날에 우리 집 마루턱에도 햇살이 비치었었다.' 등등의 망상이 발전했다. 그리고 또 이 망상이 원인이 되어 그 다음에는 햇볕이 비치는 반대편 자리로 이동하는 '행동'이 발생했다. 그러므로 이 행동은 망상에 의해서 발생한 행동이고, 만약에 화두참선이 잘 되었다면 이 행동은 발생하지 않았을 것이다. 그러므로 '창문이 있더라, 햇살이 있더라.' 생각했을 때 벌써 수행자들은 '…이렇게 생각하고 느끼는 이것이 무엇인고…' 했었어야 했다. 그러면 더 이상의 망상과 이에 따른 행동은 발생하지 않고 망상이 중단되는 것이다. 그러므로 눈

밝은 수행자들은 항상 화두가 앞에 놓여 있으므로 창문이 있어도 창문이 보이지 않고 햇살이 있어도 햇살이 보이지 않는 것이다.

'다리가 아파 오네'도 마찬가지이고 '지금이 몇 시쯤 되었을까'도 마찬가지이다. 벌써 첫 생각이 퍼뜩 떠오를 때 그것을 맞받아쳐서 '…이렇게 생각하는 이것이 무엇인고…' 했어야 하는 것이다. 가만히 생각해보면 아주 한심하기 짝이 없는 노릇이다. 내가 선방을 찾은 것은 수행을 하기 위해서이고 따라서 나는 화두에 나의 온 정신을 집중하여 몰두해야 한다. 포행 시간이나 쉬는 시간은 괘종시계가 '땡땡땡' 알려 주는데, 무엇하러 미리미리 시계를 쳐다 보느냐 하는 점이다.

돌이켜 보자면 처음에는 선방에 앉아 있는 두 시간 동안 채 일 분도, 채 10초도 화두가 제대로 되지는 않았으리라 생각된다. 화두에 익숙하지 않았던 것도 하나의 원인이고 또 다른 하나는 요령이 없었다는 점도 있었다.

또 본질적으로 살펴 보지면 잡생각을 하거나 선방에 앉아서 시계를 쳐다 보는 것따위는 왜 내 생각과 상관없이 생겼을까? 초심자들은 평상시와 다름없이 한 자세로 계속 앉아 있는 것이 힘들고 따분하고 심심하기 때문이다. 그렇다면 그것은 왜일까? 그것은 화두가 잘 안 되기 때문이다. 선지식들은 화두 의심을 주린 고양이가 쥐 잡듯이 하고 사막(砂漠)의 갈증(渴症)에서 물 찾아 먹듯이 하고 불난 집 불(火) 끄듯이 해야 한다고 하였다. 그만큼 화두에 몰두해야 한다는 뜻이다. 이 정도로 화두에 몰두했다면 아마 그런 잡다한 생각들은 발생하지 않았을 것이다.

어처구니 없는 경험

나는 어느 날 갑자기 불교를 믿었고 어느 날 갑자기 참선을 하였다. 물론 그렇게 되기까지의 여건은 오래 전부터 누적되어 왔다고 해야 옳다. 그렇지만 어릴 적부터 불교와의 인연은 전혀 없었다고 표현할 수밖에 없다. 가족·친척·친지·친구 등 어디를 둘러보아도 불자(佛子)라고는 없었다. 다만 좀 보수적인 환경, 서구적이기보다는 전통적이라고 할 수 있는 환경은 어릴 적부터 있어 왔다. 그리고 여기서 '전통적'이라고 하는 것은 '전통적인 문화적인 것'을 뜻하는 것은 아니고, '전통적으로 가난한'의 뜻으로 보면 된다.

여하튼 어느 누구의 지도나 도움을 받았던 것도 아니면서 내가 화두를 열심히 끌고 나갈 수 있었던 것은 당시의 나의 절박했던 상황 때문이었다. 나는 흔히 말하는 견성(見性)을 한다거나 득도(得道)를 반드시 해야겠다고 생각했다. 왜냐하면 당시의 나는 매우 괴로운 상황에 놓여 있었으므로 이를 통해서만이 해결할 수 있는 길이 열린다고 생각했기 때문이다. 또 이것은 어릴 때의 나의 꿈과도 합치되는 일이었다.

어릴 적의 황당한 나의 꿈, 그것은 아마 내가 만화책을 보거나 전쟁놀이를 하면서 형성되었던 것 같다. 나는 어이없게도 당시에 도인(道人)이나

도사(導師)가 되어보겠다고 생각하였다. 그러면 도술도 부릴 수 있고 모든 것이 내 마음대로 될 수도 있겠다고 생각했기 때문이다.

이런 배경도 있고 또 한번 하겠다고 생각한 것은 어지간해서는 포기하지 않는 나의 성격도 있고 해서 나는 선방 출입을 한 이후에 잘 되지도 않는 '이 뭣고' 화두를 일 년 정도의 기간 동안 끌고 갈 수 있었다.

아마 참선을 시작한 지 한 달이나 두 달 정도가 지난 후의 일인 것으로 기억된다. 화두참선이 무엇인지도 잘 모르고 제대로 되는 것인지 그렇지 않은 것인지도 모르고 있었던 때였다. 화두 참선을 하고 앉아 있노라면 눈앞에서 무엇인가 안개가 피어오르는 듯 아롱아롱 갖가지 색깔의 무늬가 나타나기 시작하였다. 봄에 땅 위에서 아지랑이가 피어나는 듯한 모습이었다.

'내가 지금 참선을 하고 있는데 나의 눈 앞에 평소에는 없던 것이 보이네! 그렇다면 이것은 참선 수련의 과정에서 정상적으로 나타나는 현상인가 보다. 아마 초급 과정에서는 이런 것이 생기나 보다. 그렇다면 저것에 내가 한번 집중해보자. 또 저런 형상들이 어떻게 변하는지 살펴 보자.'

이런 쓸데없는 생각을 하면서 그 아지랑이 모습에만 정신을 집중하였던 적도 있었다. 그렇지만 역시 이것은 아무런 소용이 없는 일이었다. 오로지 시간 낭비였다.

또 한때에는 참선을 한 지 20분 내지 30분이 지나면 나의 눈 앞에 절구통 같은 모습을 한 영상이 나타나기도 하였다. 그 모양이 앞서 말한 아지랑이 모습이 변하여 생긴 것인지, 혹은 한참 후에 그와 상관없이 생긴 것인지, 지금의 기억으로는 확실하지 않다. 다만 나는 쓸데없이 한동안 그 모습에 정신을 팔고 시간 낭비를 하였던 것이다.

'이것 참선 수련 과정에서 이런 단계도 있는 것이구나. 이것은 내가 어느 정도 화두 참선이 진전이 있다는 증거인가 보다. 그렇다면 이것에 정신을 집중해 보자. 여기에서 무엇인가를 얻을 수 있겠지.'

이런 식으로 생각을 했으니 화두 참선한답시고 선방에 두 시간씩 앉아 있을 때는 겉모습만 참선을 하는 것이지 그 속내용은 속 빈 강정이었다.

지금 와서 돌이켜 보면 그것은 눈을 반쯤 뜨고 있는 상태에서 눈의 피로감이 증가하면서 발생하는 현상이었다. 화두참선의 본질과는 눈꼽만큼도 연관이 없는 것이다. 나는 그 당시에 초심자이어서 그랬던 점도 있고 또 선지식들의 말씀을 미처 얻어듣지 못한 결과이기도 했다. 선지식들의 말씀에 의하면 화두 참선 도중에 무엇이 보이건 간에 그것은 나의 마음의 그림자에 불과하므로 절대로 이에 신경쓰지 말 것을 당부하였던 것이다. 다만 화두에 집중하여 의심(疑心)을 지어가면 그런 것은 저절로 없어지는 것이라고 하였다. 심지어 나의 눈 앞에 부처나 예수가 나타나도 이것도 아무 쓸데없는 것이라고 누누이 지적하고 있는 것이다.

여하튼 나는 처음에 선방 출입을 하면서 화두를 할 때 이처럼 제대로 방향을 잡지 못하고 옆길로 세고 있었다.

이 뭣고란 무엇인가

　처음에는 '이 뭣고'의 뜻이 무엇인지도 모르는 채 무조건 이 뭣고를 반복적으로 염불하듯이 하였다. 생각날 때마다 무조건 이 뭣고를 하였으며 다만 이것이 단절되지 않고 이어지기만 하면 화두가 잘 되는 것으로 착각하였다.
　그러나 그것은 잘못된 일이었다. 화두(話頭)라고 하는 것은 염불(念佛) 혹은 진언(眞言)과는 다른 무엇이었다. '나무 아미타불 관세음보살' 염불(念佛)을 하거나 혹은 '옴마니반메훔' 진언을 외우거나 이것은 의심이 없어도 된다. 그냥 무조건 입으로 혹은 속마음으로 중얼중얼… 입에 달라붙어 있기만 하면 되는 것이었다. 그것으로도 진언이나 염불의 목적은 달성이 되는 것이었다.
　그렇지만 화두(話頭)라고 하는 것은 그 핵심을 의심(疑心)으로 하고 있었다. 아무리 이 뭣고를 잘 하여도 의심(疑心)이 결여되면 그것은 화두(話頭)가 아닌 것이다. '… 뭣고'라고 하는 것은 영어로 하자면 'what'이 되는 것이며 이 'what'은 모르는 것에 대한 의심을 나타낼 때 쓰이는 말이다. 그러므로 화두(話頭)를 할 때 '무엇일까?' 하는 의심(疑心)이 없다면 이는 화두의 기본을 망각한 것이 된다.

그렇다면 좋다. 그러면 화두란 무엇에 대한 의심을 나타내는 것일까? 무엇을 모르길래 'what'으로써 궁금해하는 것일까. 물론 그것은 나의 몸뚱이 혹은 나의 육신을 끌고 다니는 '나의 마음'이 무엇일까 하는 궁금증, 그런 의심, 그런 의문을 풀어보고자 하는 것이 화두가 되는 것이다. 그러므로 내 생각으로는 '이 뭣고' 화두는 '나는 무엇일까?' 하는 의문과 동일시할 수 있다고 생각한다.

이를 다시 한번 정리해 보자면 '나는 무엇일까?' → '나의 마음은 무엇일까?' → '이 마음은 무엇일까?' → '이것이 무엇인고?' → '이 뭣고?' 이와 같이 정리할 수가 있겠다.

그렇다면 여기에서 나의 마음이란 과연 무엇을 나의 마음이라고 하는지 한번 정리해 보고 넘어 가도록 하자. 그렇게 하는 이유는 선지식들은 '마음'이라고만 하면 모든 것이 밝고 뚜렷하게 알 수 있지만 일반 사람들은 그렇지 못하기 때문이다. 현대인들은 '마음'이라고만 하면 애매하고 모호하게 생각하는 경우가 많기 때문에 현대인들의 입맛에 맞게 '마음'을 풀어 써 보기 위해서이다.

첫째 사고력(思考力) 인식력(認識力) 인지력(認知力) 추리력(推理力) 등등이 당연히 나의 마음에 해당한다고 할 수 있다. 이에 대한 반론은 있을 수 없을 것이다. 이것을 풀어보자면 이것 저것 생각하는 것, 혹은 그런 능력도 나의 마음이다. 복잡한 수학 문제를 풀거나 바둑을 두거나 장기를 둘 수 있는 능력도 나의 마음에서 우러나온 것이다. 또 저것은 별(星)이고 이것은 산(山)이다, 저런 것들은 바다이고 강이고 개천이다, 나의 부모님은 어떻고 나의 형제들은 어떻다 라고 인식하는 것도 나의 마음이다. 잠시 후에 공부를 해야지, 몇 시에는 운동을 해야지, 이와 같이 다짐하는 것도 나의 마음이다.

둘째 나의 오관(五官)을 통해서 들어오는 정보도 나의 마음이다. 물론 이는 반야심경에도 안이비설신(眼耳鼻舌身)으로 표현되어 있는 것으로 알고 있다. 그렇다면 나의 눈에 보이는 어떤 형상을 인식하는 것도 나의 마음이 된다. 나의 귀에 들리는 것을 인식하는 것도 나의 마음이다. 나의 코로 냄새맡아지는 것을 인식하는 것도 나의 마음이다. 또 나의 혀로써 어떤 맛을 보고 이를 인식하는 것도 나의 마음이다. 또 나의 손이나 나의 몸에 무엇이 접촉되었을 때 이를 인식할 수 있는 것도 나의 마음이다. 말하자면 색성향미촉(色聲香味觸)으로 인식되어지는 것도 나의 마음이다.

셋째 나의 마음을 통제하고 제어하며, 혹은 나의 몸에 명령을 내릴 수 있는 것도 나의 마음이다. 길을 걷거나 구경을 하러 가거나 허리를 구부리거나 눈을 감거나 뜨거나 손을 움직이거나 하는 것들이 전부 나의 마음으로부터 연유되어 발생하는 것들이다. 내가 어떤 행동을 하거나 어떤 말을 하거나 그것은 나의 마음의 책임이라고 할 수 있겠다

넷째 기쁘거나 즐겁거나 슬프거나 애처로운 나의 감정, 오욕(五慾 : 재욕 · 색욕 · 음식욕 · 명예욕 · 수면욕)과 칠정(七情 : 喜怒哀樂愛惡欲)이 모두 나의 마음이다. 돈 많은 사람 부럽게 생각하거나 맛있는 음식 먹고 싶다거나 혹은 즐겁거나 기쁘게 생각하는 것이 나의 마음이다. 이 중에서 제일 중요한 것은 인간의 애증(愛憎), 즉 사랑과 증오, 혹은 호오(好惡), 즉 좋아함과 싫어함이라고 선지식들은 지적하고 있다.

그런데 이런 감정이라는 것은 앞의 것과는 좀 다르다고 할 수 있다. 앞서 말한 세 가지, 즉 사고와 인식 및 추리, 오관(五官)의 감각, 행동을 유발하는 생각 등은 순간적이거나 일시적인 것으로 볼 수 있다. 나의 마음에

영원히 그림자를 드리우는 것은 아니다. 혹은 나의 마음에 깊이 뿌리박혀 있는 것은 아니다. 또한 앞으로도 그렇게 될 가능성이 거의 없다. 그렇지만 이 감정(感情)이라는 마음은 나의 마음에 아주 뿌리 깊게 박혀 있는 것이며, 먼 과거로부터 각인(刻印)되기 시작하여 현재에 이르기까지 마음에, 그리고 잠재의식에 유착(癒着)되어 있어서 마음을 형성하고 있는 것이다. 따라서 이것은 앞의 것들과는 달리 마음의 아주 중요한 것이라고 할 수 있다. 또한 이것은 잠재의식에 깊게 그리고 단단하게 뿌리박혀 있다. 따라서,

다섯째로 지적할 수 있는 나의 잠재의식(潛在意識)이 나의 마음이라고 할 수 있다. 잠재의식이란 내가 사고하고 회고할 수 있는 과거의 기록까지 포함해서 인생 전체에 대한 기억이다. 태어난 이후로부터 느끼거나 생각하거나 인식하면서 기록된 나의 과거, 혹은 그 인식, 이것이 나의 마음이 된다. 선지식(善知識)들의 말에 따르면 잠재의식에는 전생의 기록까지도 포함되어 있다고 한다.

이상에서 나의 마음을 몇 가지로 분류하여 보았다. 그러나 이것은 어디까지나 이해를 돕기 위해 내 나름대로 간략히 분류한 것이므로 절대적인 것은 아니고 다만 이해하는 데 도움은 되리라 생각한다.

그리고 마음이라는 것이 이렇게 공식적으로 무우 자르듯이 분류되는 것도 아니고, 서로가 뒤섞여 있는 경우가 많다. 예를 들어서 '저 사람은 돈이 많으므로 참 부럽다'고 할 때에는 인지(認知 : 저 사람은 돈이 많다)와 감정(感情 : 부럽다)이 섞여 있다. '저 차는 멋있고 세련되어 보인다. 내 마음에 든다'는 오관(五官) 중의 시각(視覺)과 '마음에 든다'는 감정이 섞여 있다. '예전부터 저런 사람은 딱 질색이야' 하는 것은 예전부터의 잠재의

식과 싫다는 감정이 섞여 있다. 이런 것은 감정이 섞여 있는 경우이고 '학교 끝나고 집에 갈 때 떡볶이 사 먹어야지' 하는 것은 사고(思考)이다. 또 마음이 착한 생각을 한다면 착한 행동을 할 것이고 나쁜 생각을 한다면 나쁜 행동을 할 것이다. 이런 경우는 마음이 행동을 유발하는 경우이다. 이런 것이 모두 다 마음이다.

화두가 조금씩 되기 시작하다

아마 선방에 출입한 지 4개월 혹은 5개월 후의 일인 것 같다. 지금 회고해 보면 나는 이 뭣고가 무엇을 뜻하는지도 몰랐으며 어떻게 해야 하는 것인지도 몰랐었다. 그런데도 이 뭣고 화두를 몇 개월씩 계속 끌고 갔던 것을 보면 한편으로는 대견하다고 할까, 기특하다고 할까, 그렇게 생각이 든다.

내가 나에게 기특하거나 대견하다면 어불성설(語不成說)이지만 그런 면이 있었다. 왜냐하면 내 방식으로 표현하자면 '맨땅에 헤딩(박치기)하기' 식으로 모든 것을 끌고 갔기 때문이다. 불교와는 전혀 인연이 안 되는 환경하에서, 누구 하나 나를 불교로 안내하지 않은 상태하에서, 어떤 스님의 지도도 받지 않은 상태에서 나는 어느 날 갑자기 불교로 들어 왔으며, 어느 날 갑자기 참선을 시작하였다. 물론 그 당시에 '수선회(修禪會)'에서 하는 참선강의를 한 번 들었다. 그러나 그것이 전부였다. 그 당시에 나는 나 홀로 참선의 길을 선택해서 걸었으며 지금도 사실 이 길을 홀로 걷고 있는 중이다. 사실 스승의 이끌음 없이 화두 참선의 길을 걷는다는 것은 몹시 위험한 일이다. 종종 외도(外道)나 사도(邪道)로 빠지는 일이 무척 많다고 하며 혹은 자만(自慢)에 빠져서 더 이상 앞으로 진전하지 못하는 경우가 허다하다고 한다.

그렇지만 나의 경우에는 참선을 시작한 지 일년 혹은 2년이 되었을 때 내가 스승으로 삼을 수 있는 법문을 듣게 되었다. 그리고 그 법문을 나의 스승으로 삼고, 그 법문에 의지해서 참선의 길을 나름대로 계속 걸을 수가 있었다. 그 법문은 바로 전강(田岡) 큰스님과 송담(松潭) 큰스님의 말씀이었다. 물론 모든 스님들의 법문이 모두 마음에 와닿았지만 나에게는 인연 때문이었는지 두 큰스님의 법문은 별스럽게 심금을 울리는 것이었다. 따라서 나는 맨주먹으로 혹은 무일푼으로 시작하는 화두 참선의 위험한 여정(旅程)에서 큰스님의 법문을 나침반으로 삼아 밝은 길을 걸을 수 있었다고 확신한다. 사실은 기특하거나 대견한 것은 말이 되지 않는 것이고 큰스님들의 간곡한 법문에도 불구하고 아직도 앞으로 많이 나아가지 못한 나 자신이 부끄럽다고 해야 옳다.

여하튼 다시 말머리를 선방에 출입한 지 4개월 혹은 5개월 째 되었던 시기로 돌려 보자.

그 당시에는 열심히 하긴 하였는데 도무지 화두가 뜻하는 것이 무엇인지도 몰랐고 무엇인가 제대로 되는 듯한 느낌이 전혀 없었다. 선방에 앉아 있는 동안은 잡생각과 망념의 연속이었고 다만 내가 중간 중간에 억지로 '…이 뭣고…'를 삽입할 뿐이었다.

그러나 '이 뭣고'를 나의 사고의 인식 과정에 끼워 넣는다고 하여서 무언가 달라지는 것은 전혀 없었다. 나 스스로가 아무리 생각해 보아도 화두를 잘 하고 있다고는 생각되지 않았다. 그나마 '이 뭣고'도 망상과 잡념에 의해 금방 중단되었기 때문에 나는 좀 다른 방법을 생각해 내었다.

그 당시에 아마 '이 뭣고'를 한 번 하는데 - '한 번 의심을 품는데', 혹은 '한 번 의심을 지니는데'라고 표현해야 하건만, '한 번 한다'라고 표현할 수밖에 없다. 왜냐하면 의심하는 마음, 즉 의정(疑情), 혹은 의심(疑心)이 없었기 때문이다. - 대략 4초 내지 6초 정도의 시간이 걸렸었던 것 같다. 그런데 하도 망상이 수시로 일어나므로 나는 '이 뭣고'를 좀더 빨리 해보았다.

그러니까 시간을 단축해서 일 초에 한 번씩 '이 뭣고'를 던지는 것이었다. '이 뭣고'를 빨리 하면은 망상이 좀더 사그러들지 않을까 하는 기대에서였다. 물론 일 초라고 하여서 정확히 일 초에 한 번 '이 뭣고'를 하였던 것은 아니고 다른 생각이 떠오르기 전에 빨리빨리 '이 뭣고'를 나의 마음에 던지는 것이었다. 그러니까 어떤 경우에는 일 초에도 여러 번 '이 뭣고'를 하였다. 심하게 말해서 마치 오토바이 엔진 소리처럼 '이 뭣고'를 하였다.

그렇게 하였더니 효과가 좀 있기는 있었다. 망상이 약간 줄어드는 느낌이 들기는 하였다. 나는 이 때 어처구니없게도 '아! 내가 이제 화두의 바른 길로 들어섰구나!' 하면서 이 방법으로 또 한두 달을 끌고 갔던 것으로 기억된다. 그러나 어쩔 수 없이 이 방법으로는 금방 한계가 나타나곤 하였다. 처음에는 망상이 좀 없어지고 화두가 되는가 싶더니 아무리 그 방법으로 열심히 하여도 사실은 망상은 전혀 줄어들지 않는 것이었다.

나는 다시 한번 여러 선사들의 법문을 열심히 듣고서 이에 대한 해결 방법은 없는 것일까를 찾아보았다. 그러나 스님들의 법문에서는 그에 맞는 해결책을 찾지 못하였다. 그러는 동안에도 시간은 흘러서 나의 화두는 계속 답보 상태를 면하지 못하였다. 아무리 빨리 '이 뭣고' 화두를 던져보아도 망상과 번뇌는 사그러들지 않고 계속 나타나는 것이었다. 나는 답답함을 느끼었으나 그러면서도 '원래가 참선이란 이런 과정을 밟는 것인가 보다'라고 생각하면서 계속 그 방향으로 나아갈 수밖에 없었다.

물론 그러는 동안에도 나의 선방 출입은 계속되었다. 그러던 어느 날 나는 그날도 참선을 하고 있었으며 '왜 이렇게 화두를 열심히 하는데도 망상과 번뇌는 없어지지 아니하나' 하면서도 열심히 화두를 던지고 있었다. 그러나 아무리 생각해도 화두가 제대로 된다고 볼 수가 없었다. 그래서 한번은 망상이 떠오를 때 나는 '이 뭣고' 화두로써 그 망상을 공격해 보았다.

여기서 공격한다는 것은 '이 뭣고' 화두를 던질 때마다 망상을 공격한다는 개념을 함께 생각해 보는 것이었다. 어떠한 잡생각이 떠올랐다. 그러면 나는 '이 뭣고' 화두로써 그 잡생각을 공격한다고 하는 구도가 된다. 마치 기도나 염불을 하던 사람이 눈앞에 마귀가 보이거나 귀신이 보이거나 할 때, 염불(念佛)로써 혹은 진언(眞言)으로써 그것을 쫓아버리는 상황과 똑같은 상황 설정, 혹은 구도 설정이다. 말하자면 망상이란 잡귀이거나 마구니이고 나는 화두로써 마치 염불(念佛)이나 진언(眞言)처럼 그 잡귀를 쫓아내 버리는 것이다. 말하자면 '이 뭣고' 화두는 '좋은 것'이고, 망상은 '나쁜 것'이므로 화두로써 망상을 공격하여 망상을 없애 버리는 것이다.

이렇게 하여 보니 한결 망상이 잦아드는 느낌을 지닐 수가 있었다. 나는 어떤 망상이 나타나더라도 이에 대항하는 화두를 들고자 노력하였다. 그리하여 망상을 물리치고 잡념을 없애버리는 데 주력하였던 것이다. 또 그렇게 해보니 내 의도대로 되는 것을 느낄 수 있었다. 그리고 그 이후로는 점차로 일 초에 여러 번 씩 외우던 화두를 다시 원래처럼 4초 내지 6초 정도로 끌고 가도록 하였다. 왜냐하면 이렇게 하여 보니 한번의 화두로써 망상이 자못 소멸되는 것을 느낄 수 있기 때문이었다.

물론 그 당시에도 망상이 완전히 격멸되어 없어지는 경우는 보지 못하였다. 나는 여전히 망상의 바다에서 방향을 잡지 못한 채 허우적거리는 경우가 무척 많았던 것이다. 그러나 나는 '망상을 공격하는 화두 들기' 방법을 택함으로써 망상의 중간 중간에, '이 뭣고'를 듦으로써, 망상이 완전히 없어지는 듯한 느낌을 비록 짧은 시간이나마 느낄 수가 있었다. 여하튼 이전의 방법, 즉 '이 뭣고' 화두를 따발총처럼 빨리 외우는 방법보다는 새로운 방법이 효과적이라고 판단되어 이 방법으로 열심히 '이 뭣고' 화두를 지어 나가 보았다. 그러나 이 방법으로도 어찌 된 일인지 더 이상의 진전을 보기가 힘들어졌다. 처음에는 과거의 방법보다 무척 좋은 것으로 생각되었지만, 겨우 그 정도일 뿐 그 이상의 향상된 무엇을 느낄 수는 없었다.

그리고 이 방법은 계속함에 따라서 다른 또 한 가지 부작용이 나타나기 시작하였다. 자꾸 망상과 잡생각을 공격하다 보니 나도 모르게 온 몸의 근육에 힘이 주어지는 것이었다. 수시로 허벅지 근육에 힘을 주게 되었다. 왜냐하면 망상이란 잡귀와 같은 것으로 간주하고 이를 공격한다는 개념이 삽입되다 보니 나도 모르게 정신적·육체적 긴장이 유발되고 따라서 온 몸의 근육에 힘이 주어지게 되는 것이었다. 그뿐만 아니라 이빨을 악무는 경우도 자주 느끼게 되었다. 참선하는 두 시간 동안 계속 온몸의 근육과 신경이 긴장과 수축 상태에 놓이다 보니 포행 시간만 되면 몸이 그 전과 달리 몹시 힘들다는 것을 느끼게 되었다. 또 참선을 끝내고 집으로 가면서도 점점 몸이 피곤하게 느껴졌다. 그렇지만 나는 이것이 올바른 방법이려니 하고 이 방법을 계속 밀고 나아갔다.

이렇게 힘들게 참선을 하는 가운데에서 나는 화두참선의 올바른 방법을 찾고자, 또 불교의 깊은 진리를 더욱 잘 알고자 하는 마음에서 주로 선사(禪師)들의 참선법문테이프를 많이 들었다. 선사(禪師) 법문은 수선회(修禪會)를 통해서 많이 구해 들을 수 있었다. 그 즈음에 마침 송담 선사의 법문테이프를 통해서 나의 화두참선에서 잘못된 여러 가지 점을 발견할 수 있었다. 그 당시 나의 화두참선의 잘못을 지적하시는 송담 선사의 법문을 간추려 보자면 다음과 같다.

첫째, 어떤 생각이 참선 도중에 떠오르거나 할 때, 그 생각을 하는 것도 나(我)이고 또 화두를 하고자 하는 것도 나 자신(我)이므로 화두로써 생각이나 망상을 공격하려 해서는 안 된다.

둘째, 따라서 어떤 망상이 떠오르거나 어떤 느낌이 있을 때, 이를 공격하지 않고 화두를 하려면 '(이렇게 망상하는) 이것이 무엇인고?' 혹은 '(이렇게 느끼는)이것이 무엇인고?' 라고 하면 된다. 다시 말해 망상이나 느낌을 없애려고 노력하지 말고, 다만 그 망상이나 느낌의 주체가 무엇인지에 대한 의문을 품으면 된다는 것이다. 이렇게 하면 그 망상이나 느낌은 저절로 소멸된다는 것이다. 나의 귓가를 스치는 바람처럼 그곳에 신경을 쓰지도 말고 쓸 필요도 없다는 것이다.

셋째, '이 뭣고' 화두를 한 번 했을 때 그 의심(疑心)의 여운(餘韻)이 오래 가도록 길게 끄는 것이 좋은 일이다. 따라서 화두를 짧게 짧게 여러 번 하는 것은 옳지 못한 일이다.

이런 송담 스님의 법문을 듣고 나서 나의 화두참선은 크게 개선되고 상당히 올바른 방향으로 나아가기 시작하였다. 사실 잡생각이나 망상도 나의 마음이 하는 것이며, 이와 배치되는 개념인 화두도 나의 마음이 하는 것이다. 따라서 화두로써 망상을 공격하는 것은 내가 나를 공격하는 것이다. 따라서 심신이 지치고 피로하게 되는 것은 어쩌면 당연한 결과이리라. 그러므로 당연히 공격해서는 안 되는 것이며, 또 공격할 필요도 없는 것이다. 그 망상을 하는 주체가 무엇인가에 대한 의심만 올곧게 확립할 것 같으면 망상은 저절로 사라지게 되는 것이다. 지금 내가 있는 집에 불이 났다면 점심을 짜장면으로 먹을 것인지 짬뽕으로 먹을 것인지 하는 문제가 머리에 떠오르지는 않을 것이다. 지금 내가 있는 건물이 삼풍백화점처럼 무너진다면 백화점에서 이 옷을 살 것인가 저 옷을 살 것인가 하는 문제가 머리 속에 있지는 않을 것이다. 어떻게 해서든지 이 건물에서 살아 나가는 것이 제일 급선무이기 때문이다. 따라서 화두 의심(疑心)이 철저하게 세워지면 그까짓 망상은 아무런 힘도 못 쓰게 되는 것이다.

앞에서 언급했듯이 예를 들어서 어떤 나무가 있거나 풀이 있을 때 그것에다가 물(水)을 공급하지 않으면 금방 말라죽을 것이다. 그렇듯이 망상에다 물(水)을 공급하지 않고 화두(話頭)에다 물(水)을 공급하면 화두(話頭)는 저절로 살고 망상은 저절로 사라지게 되는 것이다.

돌이켜 보면 내가 화두를 오토바이 엔진 소리처럼 빨리 연속적으로 읊조리고 생각하는 것도 의심(疑心)이 부족했기 때문이었고, 화두로써 망상을 공격하여 망상을 없애고자 하였던 것도 마찬가지 이유에서였다. 이로써 나는 화두의 의정(疑情)이라고 하는 것을 어느 정도 파악할 수 있게 되었다. 그리고 그것을 실감할 수 있게 되었는데, 화두를 하면 할수록 의정(疑情)의 중요성을 더욱 절실히 느끼게 되었다.

이렇게 저렇게 우여곡절을 겪으면서 의정(疑情)의 중요성을 인식하고 화두를 지어나가고 있을 때였다. 아마 이런 과정을 겪은 한참 후의 일인 것으로 알고 있다. 그날도 여느 때와 마찬가지로 선방에 앉아서 화두의심을 지어나가고 있었다. '…이 뭣고…' 하면서 의심을 품어 나가고 있는데, 퍼뜩 나의 머리에 와닿는 것이 있었다. 내가 품고 있는 이런 의심이, 사실은 한참 전에도 내가 지니고 있던 생각이었고 느낌이었다. 내가 불교를 알고 참선을 시작한 연후에 지니게 되었던 것이 아니었다. 그 이전의 아득한 과거에 내가 품고 있었던 바로 그 의문이었다.

아니 아득한 과거는 아니었다. 생각해 볼 것도 없이 이런 느낌, 이런 의문을 똑같은 상태로 내가 과거에 지녔던 것이었다. 곰곰이 짚어 보지 않고도 나는 바로 그 순간에 알 수 있었다. 내가 고등학교 학창시절에 성북구 정릉동에 살았을 때 아니면 대학생이었을 때 종로구 창신동에 살 적이었다. 방 안에 가만히 앉아서 내 나름의 철학적 사고에 빠졌을 때였다. 그 때에 나는 '나는 무엇일까?' 하면서 나에게로 철학적인 의문의 화살을 쏘아 보았던 것이었다. 내 나름대로는 그 당시에 심각하게 생각해 보았던 것이었다. 물론 그 의문을 계속 지닌 채로 그 후의 학창시절을 보내지는 못했었다. 아마 하루나 이틀 정도 심각하게 생각해 보았을까? 웬 일인지 다른 생각이나 사고는 내 나름대로 깊이 생각할 줄도 알았지만 그 의문만큼은 이상하게 도무지 알 수가 없었던 기억이 났다. 그 의문만큼은 도대체 생각의 갈피를 잡을 수가 없었던 것이다.

여하튼 그 후로는 나는 화두의정(話頭疑情)에 대해서 더욱 확실하게 이해할 수가 있었다. 아! 화두의정이라는 것이 그리 어렵거나 힘드는 것이 아니구나. 내가 과거에도 한 번 생각해 보았던 것이로구나. 내가 나에 대해서 의문을 품는 것이로구나. 이렇게 확실하게 감(感)이 잡힌 후로는 더욱 의정(疑情)에 자신감이 생겼고 힘이 붙기 시작하였다. 그 후 점점 시간이 지나면서 나 자신이 불교적으로 볼 때 발전하고 있구나 하는 것을 느낄 수 있었다. 그리고 지금도 나는 그 의문을 품고 있는 것이다.

생각의 단속(團束)

일반인들의 하루는 생각에서 시작해서 생각으로 끝난다. 아침에 일어나서부터 그의 머리에서는 무슨 생각인가를 시작하는 것이며 그리하여 잠들 때까지 무엇인가를 계속 생각하고 상상하고 염원하고 하는 것이 하루 일과이다.

그런데 참선이라고 하는 것은 이런 생각을 처음부터 철저하게 점검을 해서 쓸데없는 생각은 하지 않고 필요한 생각만 하자는 것이다. 왜냐하면 사람의 생각이란 처음에는 아주 사소하게 시작하더라도 그것이 꼬리를 물고 계속되다 보면 최초의 의도와는 달리 다른 모습으로 변하여 그 취지와 목적을 상실하기 때문이다. 그리고 안타깝게도 문명이 발달하고 과학이 발달할수록 이런 경향은 더욱 심해진다.

TV를 본다, 신문을 본다, 직장 일을 생각한다, 가정 일을 생각한다 등등에서부터 생각은 시작된다. 그리고 생각은 그와 관련된 다른 생각을 낳는다. 그렇게 생긴 생각은 또 그와 연관된 다른 생각을 유발한다. 그로부터 괴로움이 생긴다. 혹은 슬픔이 생기거나 혹은 즐거움이 생긴다. 그런데 이런 슬픔이나 괴로움은 애초에 그 자신이 생각할 때 의도하던 것이 아니었다. 애초의 생각의 출발은 '나는 지금부터 괴로워야 되겠다'. 혹은

'나는 지금부터 슬프고 싶다' 이런 목적으로 생각을 시작한 것은 아니었다. 그러나 생각의 나래를 펴다가 보니 저절로 이런 일이 발생했다. 그러니 이런 괴로움과 슬픔은 애초의 나의 뜻이나 취지가 아니며 그냥 생각과 생각이 꼬리를 물고 이어지다가 피동적으로 나에게 주입된 것이나 마찬가지이다.

그러므로 수행자들은 무슨 생각이든 마음속에서 생기는 한 생각을 단속(團束)한다. 따라서 수행자들은 자신이 지금 어떤 생각을 하고 있는지 안다. 왜냐하면 어떤 생각이든지 생각을 단속(團束)하고 따라서 조절을 할 수 있기 때문이다. 반면에 일반인들은 자신이 지금 이 순간에 어떤 생각을 하고 있는지 모른다. 생각을 단속할 줄 모르고 생각이 정처 없이 이어지기 때문이다. 사람의 생각은 일 찰나에 300번이 바뀐다고 한다. 다른 말로 하자면 일 찰나에 300가지 생각을 한다고도 할 수 있다. 그러므로 일반 대중들은 자신이 무슨 생각을 하는지 도무지 알 수가 없다. 그러나 화두를 들고 정진하는 수행자들은 자신이 지금 무슨 생각을 하고 있는지 일게 된다. 순간 순간에 얼마나 많은 생각과 생각이 스치고 지니기는지 아마 참선 수행을 해보지 않은 사람은 잘 모르리라 생각한다.

수행자들은 무슨 생각이 일어나든지 '이렇게 생각하는 이것이 무엇인고' 이렇게 단속을 한다. 그러므로 그에게는 생각에 생각이 꼬리를 무는 생각의 방황이 없다. 아무런 생각도 일어나지 않으므로 그에게는 생각하는 그 주체의 본 모습만이 생생하게 앞에 있을 뿐이다. 어떤 다른 생각에도 물들지 아니한 그 자신의 활발한 본래 모습, 아무런 생각에도 물들지 아니했으므로 그 모습은 크지도 않고 작지도 않다. 젊지도 않고 늙지도 않았다. 기쁘지도 않고 슬프지도 않다. 사랑도 없고 증오도 없다. 감소하지도 않고 증가하지도 않는다. 환경이 어떻게 변하고 주변 여건이 어떻게 어렵게 돌아가더라도 그냥 계속 그렇게 존재할 뿐이다.

　이런 수행자가 수행하지 않는 시간도 있을 수 있다. 글을 쓸 수도 있는 것이고 다른 사람과 대화할 수도 있는 것이다. 또 어떤 직업을 가진 수행자라면 그는 그에 따른 일을 해야만 한다. 그래서 그도 대화도 하고 일도 한다. 그 모습은 다른 일반인과 겉에서 보기에는 똑같이 일하는 모습으로만 보일 것이다. 그러나 그 내면은 다르다. 어떻게 다를까.

　수행자가 어떤 일을 할 때는 그 일만 생각한다. 다른 일은 생각하지 않는다. 왜냐하면 그 자신의 생각을 단속하기 때문이다. 건축 일을 하거나 시험문제를 풀거나 노동 일을 하거나 그는 그의 생각을 하나하나 점검하면서 단속한다. 그러므로 생각이 멀리 달아나지 아니한다. 그러므로 그 일만 보인다. 그러므로 그는 그의 일에 정신을 집중할 수 있고 진정으로 그 일에만 매진할 수 있다. 그만이 진정으로 그 일을 하고 있다고 말할 수 있다.

　그러므로 수행자가 다른 사람과 대화를 할 때, 그는 앞에 있는 상대방만을 생각한다. 그리하여 상대방에게 최선을 다 한다. 왜냐하면 그의 생각은 멀리 달아나지 않기 때문이다. 만약에 그가 어느 여인과 대화를 한다면 그는 그 여인과 대화하면서 다른 여인을 생각하지 않는다. 만약에 그가 결혼한 상태라면 그는 자신의 부인과 대화하면서 다른 여인을 생각하지 아니한다. 수행자에게 애인이 있을 리가 없지만 설혹 있다 하여도 그는 부인과 대화하면서 애인을 머리에 떠올리지 아니한다.

　그러므로 일반인이 보기에 수행자의 행동과 일반인의 행동은 다른 점이 없어 보인다. 밥 먹는 모습도 똑같고 옷 입고 잠자는 모습도 똑같고 대화하고 일하는 모습도 똑 같다. 그러니 '에이 저까짓 것 해서 뭐하나. 하는 모습이 보통 사람과 똑같고 다른 것은 하나도 없네…' 이런 식으로 생각하기가 쉽고 또 실제로 대부분의 사람이 그렇게 생각한다. 그러나 화두를 하면서 생각을 단속(團束)하는 수행자와 그렇지 않은 일반인들과는 그 내면세계에 커다란 차이가 있는 것이다.

수행자들은 생각이 멀리 가지 않으므로 필요한 생각만 한다. 그러므로 그는 필요한 행동만 한다. 무슨 일을 하든지 간에 그것은 본심에서 우러나와서 필요하기 때문에 하는 것이다. 그러므로 그는 그 일에만 열중하며 다른 잡생각을 하지 않는다. 그러므로 그는 하는 일마다 능률이 오르고 성취도가 높다. 어떤 일을 수행하다가 중간에 어려운 일을 만나더라도 그는 어려움에 굴복하지 않고 이를 극복해낸다. 지금까지 우리 국토에 남아 있는 많은 불교 유적들은 무슨 일이든 최선을 다할 때 그 일은 역사적으로 두고두고 빛을 발한다는 사실을 웅변으로 말하고 있다. 우리 나라 역사에서 승려들에 의한 국난 극복의 사례도 많이 발견할 수 있다.

그 반대로 보통 사람들은 무슨 일을 하든지 그 일에는 잡생각이 많이 삽입되어 있다. 따라서 능률도 떨어질 가능성도 높지만 사실은 이보다 더 중요한 것이 있다. 그것은 다른 점이 아니라 그가 그 일을 하게 된 배경과 이유가 무엇이냐 하는 점이다.

일반인들은 화두 참선을 하지 않으므로 생각이 꼬리를 물고 나타난다. 어느 순간이든지 항상 수많은 생각이 머리 속에 꽉 차 있다. 그러므로 그 생각들은 서로 얽히고 설켜서 서로 꼬리에 꼬리를 물고 착종(錯綜)되어 있다. 개중에는 자신의 본심과 그리 멀지 않은 거리에 있는 생각들도 있지만 대부분은 자신의 본심에서 멀리 떨어져 있는 것들이다. 그런데 생각은 행동으로 연결된다. 그러므로 그는 무슨 일을 하건 안타깝게도 자신의 본심과 멀리 떨어진 경우가 많다. 자신의 자존심이 개입되거나 자신의 욕심이나 증오가 개입되는 경우이다. 그러므로 자신이 왜 이것을 해야 하는지 내가 이것을 진심으로 원하는지도 모르면서도 그 일을 하는 것이다.

동네 어귀에 문방구가 있다. 어떤 젊은이가 집 문을 열고 밖으로 나왔다. 그는 문방구에 가는 중이었다. 문방구에 가서 필기구와 공책을 사려고 하는 것이었다. 집 밖으로 나와서 골목길을 돌았다. 그리고 얼마를 걸어서 문방구에 도착하였다. 문방구에서 필기구와 공책을 산 후에 다시 반대 방향으로 골목길을 걸어서 집으로 향했다.

이번에는 어떤 아주머니가 집 밖으로 나왔다. 그도 역시 문방구에서 필기구와 공책을 사려고 문방구로 향하는 중이었다. 문방구에 도착하여 필기구와 공책을 샀다. 그리고 집으로 가려고 하였다. 그런데 바로 옆집에서 아주 싼 값으로 옷을 팔고 있었다. 그는 집으로 향하던 발걸음을 잠시 멈추고 그 집으로 가보았다. 애초에 옷을 살 필요는 없었지만 값이 싸므로 구입하고픈 생각이 들었다. 그는 지갑을 털어서 옷을 한두 벌 구입하였다. 그런 후에야 집으로 향하는 발걸음을 내디뎠다. 집에 도착한 후에 가만히 생각해 보니 그는 약간 후회스런 마음이 들었다. 구태여 옷을 사야만 하는 이유는 없었다. 순간적으로 사고 싶은 생각이 들어서 샀을 뿐인데, 지금 보니 그다지 급한 것은 아니었다.

어떤 할머니가 계셨다. 모든 다른 노인들이 그렇듯이 그 할머니도 항상 고향을 그리워하고 있었다. 다만 치매 증세가 약간 있었기 때문에 그의 식구들은 그 할머니가 멀리 다른 곳으로 못 가도록 항상 주의하고 있었다. 그런데 어느날 그 할머니는 집 밖으로 나왔다. 고향을 향해 길을 떠난 것이다. 물론 그 할머니 혼자의 힘으로 고향에 가는 것은 불가능하다. 그럼에도 할머니는 고향에 갈 수 있을 것으로 기대하고 길을 나섰다. 집 밖으로 나온 후에 그는 기억이 가물가물해졌다. 내가 무엇 때문에 집을 나왔나? 아무런 기억이 나질 않았다. 할머니는 아무 일도 할 수 없었다. 그냥 길 가에 우두커니 앉아 있었다. 지금부터 무엇을 해야 하는지도 몰랐다. 그런데 그 옆에 문방구가 있었고 그 할머니는 어릴 적 생각이 갑자기 났다. 그래서 문방구에 들어가서 필기구와 공책을 샀다. 그 후에도 그 할머니는 무엇을 할지 몰라 저 쪽 햇빛이 내리쬐는 곳으로 가서 따뜻한 곳에 앉아 있었다.

내가 살던 집이 어디였더라? 내가 왜 이곳에 와 있나? 내가 누구던가? 할머니의 기억은 점점 어두워지고 있었다. 그냥 따뜻한 길 언저리가 좋아서 마냥 앉아 있었다. 할머니는 하늘을 쳐다 보았다. 파아란 하늘, 할머니는 다시 기억이 가물가물했다. 어디서 많이 본 것인데 저것을 무엇이라 하였던지 기억이 나질 않았다. 그 때 마침 할머니를 찾아 나섰던 딸이 할머니를 발견하고 애처롭게 다그쳤다. "엄마! 여기서 뭘 해요. 빨리 집에 가요." 딸과 함께 할머니는 집으로 갔다.

한 젊은이와 아주머니 그리고 고향을 그리워하는 할머니, 이 세 사람은 전부 동일한 행동을 하였다.

제일 처음 공책을 산 젊은이는 수행자이다. 자신이 하고자 했던 바를 했다. 자신의 본마음을 계속 유지하고 있다.

둘째 번으로 공책을 구입한 아주머니는 자신의 본래 뜻이 공책과 필기구만 사고자 했던 것인데 덩달아서 옷까지 구입했다. 자신의 본래 뜻이 외부 환경에 의해서 변형되고 말았다. 그리고는 나중에 그것이 자신의 본래 마음이 아니므로 후회를 한다. 그러나 후회한다고 돌이키기에는 너무 늦었다. 옷을 가지고 다시 가봐야 현금으로 바꿔 주지는 않는 것이다.

셋째의 치매 할머니는 생각과 생각이 전부 착각이고 판단 착오이다. 자신의 본마음을 모르고 생각에 생각이 꼬리를 문다. 그리고 생각마다 그런 생각이 발생할 수 있는 아무런 합리적 이유가 없다. 그러므로 이 할머니는 꿈 속에서 사는 것과 마찬가지이다. 꿈 속에서처럼 아무런 이유 없이 상황이 바뀌고 원인 결과가 없이 모든 것이 어지럽게 섞여 있다. 어디로부터 왔는지도 모르고 지금 어디에 있는지도 모른다. 그러므로 이 할머니는 꿈을 꾸는 것이고 처음의 젊은이는 실존(實存)하고 있는 것이다. 젊은이는 수행자이고 할머니는 수행하지 않은 일반 대중이다.

왜 꿈을 꾸고 있는 것이냐 하면 이성과 합리가 상실되었기 때문이다. 꿈속에서처럼 어디가 어디인지 모르고 무엇이 무엇인지 모른다. 자신의 생각이 왔다갔다 갈팡질팡한다. 그러므로 현실을 살고 있지만 꿈 속이나 마찬가지이다.

생각을 만난 다음에 감정을 만나다

처음에 화두를 잡고 의심을 만들어가다 보면 쓸데없는 잡생각과 만나게 된다. 그런데 이에 아랑곳하지 않고 화두 의심(疑心)을 열심히 지어가다 보면 잡생각들은 상당히 잦아들게 된다. 이제는 쓸데없는 생각은 하지 않게 되는 것이다. 물론 이런 잡생각이 100% 사라지는 것은 아니고 다만 상당 부분 나의 화두 의심(疑心) 앞에서 힘을 잃고 마는 것이다.

이렇게만 되어도 초보적인 단계는 벗어난 것이 아닌가 생각한다. 왜냐하면 일상의 잡디히고 번거로운 단계를 벗어나서 일정 부분 고요하고 청정한 단계를 맛볼 수 있기 때문이다. 이 정도만 되어도 마치 복잡하고 정신없는 도시생활을 벗어나서 고향을 찾아 시골에 온 것 같은 경계를 맛볼 수 있기 때문이다.

이렇게 잡생각과 망상을 멀리하고 마음의 맑은 모습을 보기 위한 방법은 선사들의 법문에 누누이 나와 있다. 화두참선 도중에 어떤 생각이 떠오르거나 할 때 그 생각에 빨려들어 생각의 길(途)을 멀리 떠나지 말아야 한다. 어떤 생각이 떠오르면 빨리 그 생각을 잡아채서 '(이렇게 생각하는) 이것이 무엇인고?' 라고 의심(疑心)을 지어나가야 하는 것이다.

그리고 그 의심(疑心)을 가능한 한 멀리 그리고 길게 끌고 가야 하는 것이다. 그럴 때에는 최소한도 그 망상은 없어지는 것이다. 그리고 그 의심(疑心)이 있는 한은 맑고 청정한 경계를 맛보는 것이다. 이 때 또 다른 잡생각을 기다려서 '이 뭣고'를 하지 말고 의심(疑心)이 있는 한 화두를 길게 끌고 간다는 것이 중요하다. 따라서 나의 경우에는 화두의심이 있는 한은 '이뭣고오오오오오…' 하고 말끝을 길게 가지고 가는 것이다. 일분이 되었든 이분이 되었든 혹은 십분이 되었든 간에 계속 끌고 가는 것이다. 그러다 보면 자신도 모르게 또 다른 망상이 나타난다. 그럴 때에는 다시 한번 그 망상을 잡아채서 '(이렇게 망상하는) 이것이 무엇인고?' 하면서 다시 한번 화두를 잡두리하는 것이다. 이것은 어느 스님의 법문에서 들은 것인데 내가 그대로 하여서 상당히 효과를 본 것을 그대로 표현하였다.

그러나 앞서 지적한 대로 나의 마음이란 단순히 생각하고 추리하고 인식하는 논리적 사고력만으로 구성된 것이 아니다. 그보다는 비논리적(非論理的)인 나의 감정이 오히려 더욱 많은 부분을 차지하고 있다고 보아야 옳다.

논리적(論理的) 사고력은 논리에 기반을 두고 있으므로 내가 생각하고자 하지 않으면 쉽게 생각하지 않을 수 있다. '나는 지금 화두를 하고자 하고 또 그러고픈 마음이 있으므로 다른 생각은 하지 말자' 이와 같은 합리적이고 이성적 명분 앞에서 다른 생각은 잘 떠오르지 않는다. 그래서 화두참선으로써 가장 쉽게 정복될 수 있는 부분이기도 하다. 그러나 감정(感情)이란 합리적 원인도 없고 논리적 이유도 없는 것이다. 따라서 쉽게 정복되어질 수 없는 부분이다. 이를 다른 말로 표현하자면 나의 마음에서 쉽게 떨어져 나가 분리될 수 없는 부분이라고도 할 수 있다.

화두참선을 많이 한 사람이라면 나의 감정이 나의 마음에서 떨어져 나간다는 표현을 쉽게 이해할 수 있으리라 생각한다. 여러 종류의 수목(樹木)의 뿌리가 서로 얼기설기 얽혀 있는 것에서 한 발 더 나아가 서로 붙어서 유착(癒着)되어 있으므로 나중에는 어느 뿌리가 어느 나무의 뿌리인지 구별이 안 되는 상태인 것이다. 혹은 빨간 물감과 파란 물감이 섞여서 보라색 물감이 되어 버린 것인데 이 상태에서 두 가지 색을 본래대로 나누기란 여간 어렵지가 않을 것이다. 그러나 화두참선을 통해서는 유착(癒着)되었던 나무뿌리가 원래대로 나누어지고 빨간 물감과 파란 물감이 나누어진다. 자신의 본 마음과 감정(感情)이 분리가 되는 것이다. 여하튼 여기서부터는 화두참선의 어려운 부분이 시작되는 것이다.

예를 들어서 차를 운전하고 가는 도중 접촉사고가 나서 상대방 멱살을 잡고 죽자사자 대판 싸웠다. 물론 처음에는 사소한 시비(是非)만 있었겠지만 그것이 커져서 감정대립이 되고 사생결단이 되었다. 이 때 이 마음의 분노(忿怒)를 아무리 논리적으로 기쁘게 만들어 보려고 하여도 그것은 가능하지 않은 일이다. 다른 예를 들지면 예컨대 나는 저렇게 생긴 사람은 싫다. 그런 감정이 생기는 것을 옆에서 아무리 저렇게 생긴 것을 싫어할 아무런 이유가 없으며 싫어해서도 안 된다고 아무리 강조해도 그것은 부질없는 설득이 되고 만다. 그것은 설득이 되지 않는 분야이다. 그런데 이것이, 이런 분노(忿怒)나 싫어함 등등이 나의 본마음으로부터 분리가 되는 과정을 만나게 된다.

요컨대 상대방이 나를 때리면 분노하고 화가 난다. 또는 나를 약을 올리거나 나에게 손실을 가져다 주면 혈압이 오르고 신경질이 난다는 것은 너무나 자연스런 현상이고 그런 분노와 신경질은 당연히 나의 마음이라고 할 수 있겠지만, 화두참선에 깊이 나아가 보면 그것은 나의 본 모습이 아니라는 것을 알게 된다. 기쁘거나 슬프거나 애처롭거나 즐겁거나 하는 것도 나의 본 모습이 아니다. 좀 달리 표현하자면 나의 본 마음이 아닌 것이다. 아무리 그러하다고 강조하거나 아무리 설득하려고 하여도 도무지 납득이 되지 않는 일이지만 그런 희로애락(喜怒哀樂)과 나의 마음이 분리가 되는 것이다. 희로애락(喜怒哀樂)이 그 정도이니 '나는 일등을 해야겠다. 나는 돈을 많이 벌고 싶다. 나는 많은 명예를 얻고 싶다. 나는 주위 사람들로부터 부러움을 받고 싶고 칭찬을 듣고 싶다.'라고 한때 생각하는 것들은 더더욱 당연히 나의 마음의 본 모습이 아닌 것이다.

여하튼 이렇게 해서 사고·인식·생각 등의 단순한 망상이 나의 마음에서 정복되고 나의 감정이라는 나의 마음의 세계를 만나게 되면 그 때부터는 진짜배기 나의 마음과 만난다고 해도 지나친 말은 아니다. 나의 감정의 뿌리는 대체로 나의 잠재의식이나 무의식과 관련되어 있기 때문에 그 때부터는 나의 잠재의식과 만난다고 해도 크게 무리는 아니리라 생각한다.

이 때에 화두를 잡두리하는 방법도 먼저의 경우와 마찬가지이다. '(이런 감정을 지니고 있는, 이런 느낌을 지니고 있는) 이것이 무엇인고?' 하면 되는 것이다. 그리고 화두의 말끝을 길게 끌고 간다. 의심(疑心)이 있는 한은 가능한 대로 길게 그리고 멀리 화두 말끝을 이어가는 것이다. 그러다가 자신도 모르게 다른(혹은 똑같은) 감정의 흐름과 만나게 되고 그 때 이를 알자마자 바로 즉시 화두를 거양(擧揚)하는 것이다. 감정이 아닌 다른 잡생각이 끼어 들어도 마찬가지 방법으로 화두를 거양(擧揚)한다.

말로는 쉽게 하지만 그리 쉬운 일은 아니리라. 젖먹던 힘까지 그리고 전생의 힘까지 화두에 쏟아 붓지 않고서는 될 일이 아니리라. 그렇지만 이런 과정까지 순조롭게 이어지고 화두가 잘 된다면 그 때부터는 진짜배기 화두 의심(疑心)을 하는 것이다. 그는 그의 잠재의식을 투과하여 우주처럼 넓은 그의 내면세계 전부가 화두를 하는 것이므로 온 우주가 화두를 하는 것과 마찬가지이리라. 이럴 때의 상황을 짚어 보자면 다음과 같이 말할 수 있다.

1. 그의 표면적인 현재의식이 '이 뭣고' 화두를 한다.
2. 그의 오관(五官)의 의식(意識)도 함께 '이 뭣고' 화두를 한다.
3. 그의 오욕(五慾) 칠정(七情)의 감정도 함께 '이 뭣고' 화두를 한다.
4. 그의 잠재의식과 그 기억과 잠재되어 있는 감정도 함께 '이 뭣고' 화두를 한다.
5. 그의 전생(前生)도 그와 함께 '이 뭣고' 화두를 한다.

이렇게 나의 마음이 혼연일체가 되어서 화두를 할 때, 그 때부터 진짜배기 화두는 시작되는 것이다.

화두란 내가 왜 이런 생각을 하느냐 하는 것

우리는 아침부터 저녁까지 얼마나 많은 생각을 하면서 삶을 영위할까? 아마 이루 헤아릴 수 없을 정도로 많은 생각을 할 것이다.

아침에 일어나서 지난 저녁을 생각해 본다. '친구들과 같이 반주를 같이 곁들여서 저녁식사를 함께했다. 그런데 나이가 들어서인지 홍길동이와는 요즘에 좀 의견이 부딪치는 경우가 많았다. 그러면서도 그 친구는 절대로 자기 의견을 굽히지 않았다. 길동이가 의견을 굽히지 않으므로 나도 나의 의견을 접을 수는 없었다. 그래서인가 아니면 나이가 들어서인가. 최근 들어 그 친구가 점점 미워지기 시작한다.' 이쯤 되면 그래도 꽤 스토리가 있고 내용이 있는 생각이다.

아침저녁으로 식사하면서 혹은 TV를 시청하면서 수없이 많은 생각의 파도들이 지나간다. '저 여자도 나이가 들었네' '저 놈의 정치인은 정계 좀 은퇴하면 안 되나' '나도 저 사람처럼 좀 멋있게 보일 수는 없을까?' '저 연속극 속의 며느리는 불행하겠네', '이것은 좋네', '저것은 싫으네.'

이런 저런 갖가지 생각으로 이어지는 것이 우리의 삶인데, 나는 여기서 한 가지 질문하고 싶은 것이 있다. '그렇게 생각하는 이유가 무엇이냐'라고 하는 점이다. 아침에 일어나서 저녁식사 생각을 하는 이유가 무엇이며,

정치인을 보고 은퇴좀 했으면 좋겠다고 생각하는 이유는 무엇인가. 또 TV를 보고 부러워하기도 하고 불쌍히 생각도 하고 좋아하기도 하고 싫어하기도 하는데, '그런 생각을 하는 목적이 무엇인가'라고 하는 점이다.

이런 질문에 대해서 대부분 이렇게 생각할 것이다. 이유라고 할 것이 있는 것이 아니다. 그때 그때 때에 따라서 이런 저런 생각이 들고 기억이 나는 것이지 그런 것에서 무슨 이유를 찾을 것이 있나. 좋고 싫은 것이 나의 감정인데 그 감정에 무슨 이유가 있고 어떤 목적이 있을 리가 없다.

그런데 참선을 하고 보면 그것이 아니다. 생각 생각마다 감정마다 이유가 있고 까닭이 있는 것이다. 그리고 그 원인과 결과를 알게 된다. 굳이 힘들이고 애써서 알고자 하여서 그러는 것이 아니고 그냥 저절로 알게 되는 면이 있다.

그 이유는 참선이 어느 정도 진전되는 바가 있으면 일정 부분 무심(無心)의 상태를 느끼면서 경험하게 된다. 무심(無心)의 상태라고 하는 것은 아무런 생각도 아무런 인식이나 사고(思考)도 호악(好惡)도 없는 상태라고 할 수 있다. 물론 여기서 참선이 어느 정도 진전이 있은 후에 느끼는 무심(無心)이란 불교의 절대적 경지에서 체득하게 되는 무심(無心)의 경지와는 차이가 있는 것이다. 그런 궁극적 경지는 아니더라도 일반인도 노력만 하면 얼마든지 무심(無心)의 경지를 체험할 수 있는 것이다. 이렇게 무심의 경지를 경험한 후에는 어떤 생각이 들다가도 평소와는 좀 달리 느껴지는 것이 있는 것이다.

예컨대 앞서의 경우처럼 어제 저녁 식사할 때의 생각이 나더라도 추가로 이런 생각을 더불어서 같이 하게 된다. '아! 내가 어제 식사를 하면서 반주를 할 적에 친구에게 미운 감정을 품었었구나. 그래서 이렇게 자꾸 생각이 나는구나. 만약에 아무런 감정의 변화없이 순조롭게 혹은 기분좋게 식사를 하였다면 오늘 아침에 아무런 생각도 하지 않을 것이다. 마치 귓가에 바람 스쳐지나가듯 오늘의 나는 오늘 할 일만을 생각하고 어제의 일은 아무렇지도 않게 생각했을 것이다.'

'저 여자도 나이가 들었네' 라고 생각하는 것도 마찬가지이다. 그렇게 생각하면서도 '아, 내가 평소에 저 여자가 나이보다 젊어 보여서 특이하게 생각을 했었구나. 그래서 이런 쓸데없는 생각을 하는구나' 라고 생각이 들고, '저 놈의 정치인은 정계좀 은퇴하면 안 되나' 라고 생각하는 경우도 마찬가지로, '아, 내가 평소에 저 정치인에 대해서 상당히 좋지 않게 생각하고 있고 나쁘게 평가하고 있구나. 그래서 TV를 보면서 이런 생각이 드는구나. 다시 말해 저런 원인(좋지 않게 평가함)으로 인해서 이런 결과(은퇴했으면 좋겠다는 생각)가 발생했구나.'

이런 식으로 생각 하나마다 감정 하나마다 그 원인과 결과가 보이게 되는 것이다. 따라서 점점 화두참선이 진전되다 보면 갖가지 생각과 감정들이 잦아들게 되는 것이다. 강도(强度)가 약해지고 빈도 수가 줄어들게 되는 것이다. 일부러 그렇게 하고자 해서 그런 것이 아니다. 원인과 결과가 보이므로 쓸데없는 것이거나 내가 이성적(理性的)으로 할 필요가 없는 생각 혹은 감정으로써 나의 귀중한 시간을 낭비하는 어리석은 짓을 하지 않게 되는 것이다. 그렇다면 궁극적으로 어떤 마음의 상태로 귀결이 되는 것일까?

쓸데없는 생각을 하지 않고 쓸데없는 감정으로 시간을 낭비하지 않는다. 필요한 생각만 하게 되고 이유가 뚜렷한 사고(思考)만을 하게 된다. 그러므로 무슨 일을 하든지 능률과 효율이 증가하고 모든 생각과 감정이 합리적이고 이성적(理性的)으로 변하게 된다. 따라서 행동도 그에 따라 변하여 쓸데없는 습관이 저절로 없어지고 합리적이고 온순하고 편안한 생활

습관을 지니게 된다.

이는 마치 화두는 대장(大將)이나 지휘관(指揮官)으로 비유할 수 있고, 번뇌나 생각, 감정은 병졸(兵卒)과 같은 것으로 생각할 수 있다. 대장이나 지휘관이 없으면 병졸들은 제멋대로 행동한다. 제기차기를 할 수도 있고 잡담만 나눌 수도 있고 근무시간에 낮잠만 잘 수도 있다. 혹은 같은 편인데 끼리끼리 패싸움을 하기도 한다. 이렇게 자기 멋대로 행동하다가도 대장이나 지휘관이 나타나서 한번 호령을 하면 꼼짝 못하고 부동자세를 취하고는 명령만 기다리는 것이다. 대장이 한번 다그치면 벌벌 떨면서 이실직고(以實直告)할 수밖에 없는 것이다. "너는 왜 근무시간에 할 일은 안 하고 잡담만 했나?" 하면 그 졸병은 사실대로 고하는 것이다. "저는 근무하려고 했는데 옆의 사병이 자꾸 고향의 여자친구 얘기를 하길래 그만 귀가 그쪽으로 쏠렸습니다." 이와 같이 원인과 결과가 밝혀지는 것이다.

또 한번의 호령으로 모든 사병이 부동자세를 취하듯이 모든 망상과 잡생각과 사념(邪念)들이 제멋대로 행동하지 않고 상관의 명령만을 기다리는 것이다. 따라서 화두참선을 함으로써 생각과 감정들이 나의 마음 앞에서, 나의 화두참선 앞에서 함부로 망동(妄動)할 수가 없을 것이다. 왜냐하면 나의 명령에 의해서만 사병들이 움직일 수 있기 때문이다.

또 비단 나의 생각과 감정들만이 나의 화두(話頭)의 명령을 듣는 것이 아니다. 오장육부(五臟六腑)를 이루고 있는 나의 장기(臟器)들과 근육과 혈관들이, 그리고 그것을 형성하고 있는 하나하나의 세포(細胞)들이 나의 마음의 명령을 듣게 되는 것이다.

한 가지 예를 들자면 식욕이 지나치게 왕성하던 사람은 식욕이 감소하는 것을 느끼게 되고 복부가 퉁퉁하던 사람도 복부가 헐렁해지는 것을 느낄 수 있다. 그 이유는 식욕이 왕성하다는 것은 인간이 외부로부터 에너지 즉, 열량을 많이 공급받아서 자신을 살찌우고자 하는 것을 말한다. 그런데 이렇게 되는 이유는 사람에게 '많이 먹고, 그리고 맛있게 먹고 싶다'는 생각이 있기 때문이다. 그리고 이런 생각이 있는 것은 과거로부터의 오래된 습관, 즉 '나는 배고프다. 나는 배불리 먹어서 나의 세포들을 살찌워야 한다. 그래야만 생존할 수 있다' 라고 하는 오래된 마음의 습관이 있기 때문이다.

그런데 이것은 잘못된 마음의 습관이다. 왜냐하면 배불리 먹는 것은 지방세포를 증가시켜서 비만을 유발하고 이는 다시 갖가지 성인병과 만성병을 유발시키기 때문이다. 따라서 이는 착각인 것이고 감정이 이성을 압도하고 있는 것이고 자신의 본 마음이 전도(顚倒)되어 있는 것이다. 그런데 이제 화두를 들고 화두참선을 한다. 그러면 화두 앞에서 갖가지 생각과 망념들이 항복을 한다. 제대로 근무하지 않고 일탈(逸脫)하여 있던 생각들이 이제 정신을 차리고 일렬종대로 서서 대장(大將)의 명령을 기다리는 부동자세를 취하는 것이다. 그러므로 '많이 먹어서 나의 세포들을 살찌우자' 라고 제 위치를 벗어나 있던 생각이 '적당히 먹어서 내가 활동하고 참선하는 데 도움이 되도록 하자. 왜냐하면 몸이 무거우면 일도 참선도 안 되니까.' 이와 같이 제 정신을 차리는 것이다. 따라서 이는 착각이 정견(正見)으로 바뀌는 것이고 이성이 감정을 압도하는 것이며 자신의 본 마음을 되찾은 것이다.

그러니까 그 동안 방일(放逸)하고 놀고 먹던 나의 세포들도 이제 화두참선으로 인하여 나의 마음이 주인인 것을 알아차리고 나의 주인에게 봉사하는 것이다. 그리하여 내가 활동을 하여도 피로감이 전에 비해 감소하고 웬만큼 육체노동을 하여도 버티어 준다. 다시 말해 평소에 에너지를 소비하지 않던 세포들이 열량소모를 잘하므로 피로감도 덜하고 활동력이 증가한다. 따라서 왕성하던 식욕은 감소하고 소비 열량은 증가하므로 지방세포들의 지방이 많이 빠진다. 통통하던 복부는 들어가고 푸석푸석하던 몸집이 다시 본래의 모습으로 환원되는 것이다.

화두참선이란…

　화두참선은 새로운 우주의 모습을 발견하는 일이다. 그리하여 우주와 새로운 관계를 재정립하는 일이다.
　예컨대 술을 마시고 싶은 사람이 있다. 이 사람은 저녁만 되면 어떻게 해서든지 술을 마셔야 직성이 풀리는 사람이다. 퇴근 후에 술을 마시고자 술집을 찾아 나선다. 길거리에 들어서 보면 문방구가 있고 동사무소가 있고 빵집이 있고 영화 감상관이 있은 후에 그 다음에야 비로소 술집이 있다. 그런데 이 사람은 다른 업소에는 관심이 없다. 그의 관심사는 오로지 술집을 찾아서 술을 먹는 일 뿐이다. 따라서 그의 눈에는 문방구나 영화 감상관이 들어오지 않는다. 그의 눈에는 아마 술집 간판밖에 안 보일 것이다. 다른 간판은 관심도 없을 뿐만 아니라 그의 시야에 들어오지 않는다. 그런데 이는 착각이다. 사실은 그 이외에 다른 많은 상점들이 있는 것이다. 그는 착각 속에서 생각하고 판단하는 것이다.
　다른 사람이 같은 길을 걸어간다. 그에게는 술을 먹고 싶다는 마음이 없다. 그럴 때에는 그의 눈에는 문방구와 빵집 등 다른 모든 상점이 그의 눈에 들어올 것이다. 아! 여기에는 빵집이 있고 여기에는 동사무소가 있구나. 그 옆에 영화 감상관도 있구나. 그는 진리를 보고 있는 것이다. 그가 이렇게 진리를 볼 수 있는 것은 '술을 먹고 싶다'는 마음이 없음으로써 가능하다. 마음의 안개가 걷혀야 하는 것이다.

이와 같이 화두참선이란 나와 나의 주변과의 관계를 다시금 되돌아보는 것이다. 평소에는 술먹고 싶은 생각 때문에 문방구가 있는 줄도 몰랐고 그곳에서 무엇을 취급하고 있는지 신경(神經)이 가지도 않았다. 하지만 이제는 보이게 되고 또 알게 되는 것이다. 나아가서 나무와 풀과 바람과 들, 지구와 우주, 이런 모든 것들이 보이게 되므로 참선이란 우주와의 관계를 재정립하는 것이다.

어느 날인가 선방에서 화두의문을 잡고 앉아서 참선에 몰입하고 있을 때였다. 나는 화두를 붙잡고 나의 무의식의 세계를 파고 들어간다. 평소에는 전혀 의식하지 못하고 있던 세계이다. 그 세계를 나는 화두(話頭)라는 불빛을 들고 여행하는 것이다.

마치 SF공상과학영화에서 보는 장면이 연상되기도 한다. 그 장면이란 기대된 대형 우주선이 있고 그 주위를 일인용 소형 우주선으로 돌면서 탐사하는 것이다. 자동차의 전조등처럼 생긴 탐조등으로써 조사(照射)하여서 그 형태를 알고자 하는 것이다. 대형 우주선은 워낙 커서 소형 우주선으로 한참을 돌아야만 일주(一週)가 가능하다. 또 그 일주(一週)라는 것도 대형 우주선에서는 한갓 일선(一線)에 불과할 뿐, 전체를 샅샅이 탐사하는 일은 시간이 얼마나 걸려야 할지, 종횡(縱橫)으로 몇 번이나 선회(旋回)해야 하는지 알 수가 없다. 그러나 우주의 거대한 암흑(暗黑)에서, 이런 방법을 하지 않고서는 그 대형 우주선이 어떻게 생겼는지 알 수가 없다. 그런데 나는 나의 화두가 진전이 있을수록 나의 탐조등이 점점 밝아지고 멀리 비치는 것을 느낄 수가 있었다. 그리고 언제인가는 그 빛이 더욱 강렬해져서 한 번의 조사(照射)로써 그 대형 우주선을 환히 밝힐 수 있을 것이라는 생각이 들었다.

또 바다 밑 십만 리나 되는 깊은 해저(海底)를 소형 해저탐사선으로 탐사하는 느낌이 들기도 하였다. 칠흑 같은 암흑 속에서 탐사등의 불빛으로 인해 인간이 그 동안 전혀 보지 못했던 전인미답(前人未踏)의 해저의 세계를 보게 되는 것이다. 가는 곳마다 신비한 세계이다. 감탄과 경이로움으로 가득히 차 있는 세계이다. 더구나 이런 경이(驚異)의 세계를 현미경으로 구석구석 관찰하는 것이다. 이런 탐험이 가능해지는 것은 화두(話頭)라고 하는 불빛이 있기 때문이다. 화두(話頭) 불빛으로써 곳곳을 비추어 보는 것이다. 그리고 그 불빛이 더욱 강렬해 질수록 더욱 넓게 그리고 많이 볼 수 있다. 그리고 언제인가는 한 번의 불빛으로 이 깊은 해저(海底)의 온갖 세계를 모두 볼 수 있을 만큼 되리라고 기대한다. 그러면 그 때에는 바다 밑 세계가 뻥 뚫릴 것이다.

어떤 잡화 가게가 있다고 치자. 그 상점의 진열대에는 무척이나 많은 종류의 상품들이 진열되어 있다. 사탕도 있고 빵도 있고 종이도 있고 연필도 있고 담배도 팔고… 등등 갖가지 잡화를 팔고 있다. 그런데 그 상점에 불(火)이 나서 모든 물건들이 불길에 휩싸였다. 사탕도 종이도 빵도 연필도 담배도 모든 물건에 불이 붙었다. 그래서 활활 타오른다. 이렇게 되면 모든 것이 불이다. 주변을 아무리 둘러보아도 불만 보이지 다른 물건은 안 보이는 것이다. 이렇듯이 화두참선이란 모든 것을 불로 태우는 일이다. 불이 나기 전에는 빵과 종이가 구별이 되지만 불이 나면 구별이 없어진다. 빵도 불로 변하고 종이도 불로 변했으므로 원래는 두 개이던 것이 하나로 되어 구별이 없어진다. 이렇듯이 화두참선을 하기 전에는 분별이 많던 것이 참선을 하고 나면 하나가 된다. 온 우주가 불로 변한다. 온 우주가 하나로 되는 것이다. 또 나의 마음도 하나로 된다. 잠재의식, 무의식, 감정, 사고(思考), 인식(認識), 과거의 기억, 현재의 마음 등등이 하나로 통일된다.

후기(後記)

　'히틀러'나 '스탈린' 같은 사람들의 착각은 이런 것이다. '전 세계를 정복하면 나는 행복하다', '전 세계를 공산화시키면 나는 행복하다.'
　이것은 원래 착각이다. 정복해보고 공산화시켜보아도 그저 그런 것이지 그곳에 자신의 행복은 없는 것이다. 그런데 이것을 자신의 본래 마음인 줄로 알고 살아가다 보니 무리가 따르고 여러 사람에게 해악을 끼치게 된다. 그들도 잠잘 적에는 겨우 한 평밖에 안 되는 공간에 누워서 잠자는 것이다. 전 세계를 정복했다고 해서 한쪽 발을 태평양에 나머지 한쪽 발을 대서양에 걸치고 잘 수는 없는 노릇이다.
　그리고 '히틀러'나 '스탈린' 못지 않게 착각하는 정치인들이 우리 나라에도 좀 있다. 그들은 주로 이런 착각을 하고 있다. '부정 부패가 되었건 무엇이 되었건 일단 한자리 차지했으니 이때 한 몫 챙기고 보자' 이것도 자신의 착각이다. 이것도 자신의 마음이 '한 자리'에 속은 것이고, '한 몫'에 속은 것이다.
　이들의 공통점은 아직도 '철이 들지 않았다'는 데 있다. 철들지 않은 애들은 5,000원 짜리 장난감을 사달라고 죽자사자 안달이다. 이 아이도 착각하고 있기는 마찬가지이다. 좋은 장난감을 가지고 노는 것이 자신의 본래의 모습인 줄로 알고 있는 것이다.

그래서 나는 '스탈린'에게도 '정치인'에게도 장난감 사달라고 조르는 '아이'에게도, 사실은 모든 사람에게, 나의 본래 모습을 찾아가는 '참선(參禪)'이라는 여행을 한 번 권해보고 싶은 것이다. 또 사실은 '프로이트'와 같은 정신분석(精神分析)학자에게도 '참선(參禪)'에로의 여행을 권해보고 싶다. 왜냐하면 그의 말대로 어릴 때부터 동물적인 애증(愛憎)의 갈등과 욕구만이 인간의 내면에 자리잡고 있는 것은 아니기 때문이다. 인간은 어릴 때부터 시(詩)와 사랑과 철학(哲學)이 마음속에 피어 있기 때문이다.

여하튼 그들이 참선(參禪)을 해야만 하는 이유는 이렇다.

거울 앞에서 연지 곤지 찍고 바르고 하는 나의 얼굴도 나의 본모습이 아니기 때문이다.

학교에서 반장(班長)해서 기분 좋고, 구청장·국회의원 해서 기분이 좋지만 그것 기분 좋을 것 전혀 없다. 그것도 나의 본 모습이 아니기 때문이다.

돈 많이 벌어서 기분 좋지만 그 좋은 기분도 나의 본래 마음이 아닌 것이다. 그것은 나의 마음이 돈에 속은 것이기 때문이다.

맛있는 음식 많이 먹으면 좋고 좋은 촉감이 피부에 닿으면 좋지만 그것도 나의 위장(胃腸)이 좋고 나의 피부(皮膚)가 좋은 것이지 나의 마음, 나의 본래의 마음과는 아무런 상관이 없는 것이다.

내가 참선을 시작했던 것은 1994년 봄이었으므로 현재까지 5년 여의 세월이 흘렀다. 물론 나의 참선의 경지가 선지식(善知識)처럼 깊이있지는 못하다. 사과 하나를 다 먹어야 한다면 나는 아마 사과 한 조각 정도 먹어

보았을까.

그 때와 지금을 비교하여 보자면 무엇 하나 달라진 것은 없다. 나의 얼굴 모습도 같고 나의 옷차림도 같다. 그러나 나의 내면의 마음의 세계는 좀 달라져 있다고 할 수 있다.

우선 나의 과거와 오늘을 비교하여 보자면 긴 터널을 지나온 느낌이 든다. 과거의 나는, 나의 마음은 "바늘 끝 꽂을 만한 땅이 없었다." 과거의 나는 신경이 날카롭고 신경질을 좀 많이 내는 편이었는데 지금은 그 때보다 무척 많이 순화되었다.

과거의 나는 지혜(智慧)가 없었다. 어떠한 상황에서건 그 상황을 정확히 판단하지 못하였고 따라서 주체적으로 매사에 임할 수가 없었다. 지금은 내 스스로 지혜가 생겼다고 말해도 무방할 듯 싶다. 그 전에는 무척 당황했을 만한 경우에도 지금은 거의 당황하지 않는다.

따라서 과거에는 무척 어려움을 겪던 일들이 현재에는 매우 순조롭게 되어가서 별로 신경쓰지 않게 풀려 있다. 과거에는 사실 나에게는 어려움이 많았다. 나는 그 어려움에 대해서 회피하지는 않았고 정면으로 맞부딪쳐서 해결하고자 하는 것은 과거와 동일하다. 그러나 나의 과거의 해결방식은 '분노(忿怒)'로써 점철(點綴)되어 있었다. 또 지혜(智慧)가 결여된 상태에서 일의 해결을 도모하였으므로 결과가 별로 좋지 않았다. 그러나 요즘에는 편안한 마음으로 모든 일을 해결한다. 또 지혜로써 모든 일을 해결하고자 한다. 그러므로 결과가 좋고 반면(反面)에 힘은 훨씬 적게 들어간다.

사실 진리(眞理)가 놓여 있는 곳은 그리 먼 곳이 아니다. 바로 음식점 옆에 있는 것이다. 그런데 밥 먹고 싶다는 생각이 간절하여서 식당만 보이고 그 식당 바로 옆에 있는 진리는 못 보는 경우가 허다하다. 그가 본래

원하는 것은 진리인데 배부르게 먹는 것인 줄로 착각하고 '배불러서 기분 좋다'고 하고 옆에 놓여 있는 진리는 거들떠 보지도 않는다.

과거에는 어디 가나 좌충우돌, 사방에 나의 적이 있었다. 그러나 지금은 그렇지 않다. 나는 나의 주위의 모든 사람과 편안한 관계에 있다. 모든 사람이 나의 편이 된 것은 아니다. 또 다른 사람이 나에게 돈을 주거나 어떤 이익을 주거나 하는 것도 아니다. 그렇지만 과거의 나의 마음은 '분노(忿怒)'였는데 지금은 '편안함'이므로 나의 마음이 바뀌므로 나의 주변의 우주가 바뀌는 것이다.

과거와 현재를 너무 추상적으로 비교한 것 같지만 이는 개인적인 주변 상황을 적다 보니 그렇게 되었으므로 이해하여 주시기 바랍니다. 이 책을 읽으신 모든 분들께 감사드립니다.

초보자를 위한 화두참선 수행기

1999년 8월 13일 초판 1쇄 발행
2021년 4월 10일 초판 4쇄 발행

지은이 조정연
발행인 박상근(至弘) • 편집인 류지호 • 상무이사 양동민 • 편집이사 김선경
책임편집 양민호 • 편집 이상근, 김재호, 김소영 • 디자인 쿠담디자인
제작 김명환 • 마케팅 김대현, 정승채, 이선호 • 관리 윤정안
펴낸 곳 불광출판사 (03150) 서울시 종로구 우정국로 45-13, 3층
　　　　대표전화 02) 420-3200 편집부 02) 420-3300 팩시밀리 02) 420-3400
　　　　출판등록 제300-2009-130호(1979. 10. 10.)

ISBN 89-7479-907-3 (03220)

값 12,000원

잘못된 책은 구입하신 서점에서 바꾸어 드립니다.
독자의 의견을 기다립니다. www.bulkwang.co.kr
불광출판사는 (주)불광미디어의 단행본 브랜드입니다.